Politgebiete

KARL LENGHEIMER

Politgebiete

Einblick in die politische Wirklichkeit.

STEINVERLAG

3632 Bad Traunstein, Oberer Markt 7

www.steinverlag.at

ISBN 978-3-901392-30-6

Liebe Leserinnen und Leser!
Es ist für uns gelebte Selbstverständlichkeit, dass sich die aus Gründen der besseren Lesbarkeit gewählten neutralen Bezeichnungen, wie Bürger, Politiker etc., sowohl auf Männer als auch Frauen beziehen.

1. Die Politik und ihre Grundlagen

2. Die Politik und ihre Vertreter

3. Die Politik und ihre Praxis

1. Die Politik und ihre Grundlagen

1.1. Österreich in bester Verfassung?

Die österreichische Verfassung

„Freud gebührt das Verdienst, in die Anarchie des Traumes eine Verfassung eingeführt zu haben. Aber es geht in ihr zu wie in der österreichischen.“ (Karl Kraus)

Am 1. Oktober eines jeden Jahres trifft am Sitz des Verfassungsgerichtshofes, früher in den altehrwürdigen Räumen der Böhmischen Hofkanzlei, jetzt auf der Freyung in Wien, eine illustre Runde von etwa 150 Leuten zusammen. Der Bundespräsident ist da, der oder die Justizminister(in), Obleute der Parlamentsklubs, Volksanwälte, Mitglieder der Höchstgerichte, Universitätsprofessoren der juridischen Fakultäten, juristische Spitzenbeamte und andere Würdenträger. Der Präsident des Verfassungsgerichtshofes begrüßt die Erschienenen, der Bundespräsident spricht über aktuelle politische Fragen und eine rechtswissenschaftliche Kapazität aus dem In- oder Ausland hält einen Fachvortrag. Anschließend steht man noch ein halbes oder auch ganzes Stündchen bei einem Glas Saft oder Wein zusammen, um sich hierauf wieder seinen sonstigen Verpflichtungen zuzuwenden.

Anlass dieser Veranstaltung ist das Gedenken an den 1. Oktober 1920, das ist jener Tag, an dem die österreichische Bundesverfassung beschlossen wurde. Während andere Staaten den Gründungstag ihrer Verfassung mit öffentlichen Veranstaltungen oder Volksfesten feiern, so er nicht ohnedies ihr nationaler Staatsfeiertag ist, kommen in Österreich aus diesem Anlass einige Dutzend Spitzenjuristen – völlig unbemerkt von der Öffentlichkeit – zu einer rechtswissenschaftlichen Seminarveranstaltung zusammen. Nichts könnte besser die Distanz von Herrn und Frau Österreicher zu seiner bzw. ihrer Verfassung veranschaulichen. Wie soll aber auch eine emotionale Bindung an ein Grundgesetz entstehen, das alles Mögliche von der Marktordnung über Taxikonzessionen bis zu „Schuldenbremsen" regelt und daneben noch bis in nebensächliche Details reichende Vorsitzführungs- und Mitspracheregeln enthält? (Wie etwa jene elf Verfassungsartikel[1] mit insgesamt 42 Absätzen, die mit dem einer Verfassung wahrlich unwürdigen Satz enden, dass der Bundesrat mit seinen Aufgaben in EU-Angelegenheiten auch einen Unterausschuss beschäftigen darf.)

Der Sinn einer Verfassung liegt in den vom Staat seinen Bürgern garantierten Menschenrechten und Grundfreiheiten sowie in den Spielregeln, nach denen die Macht im Staat ausgeübt wird und die eine Garantie gegen Willkür und Machtmissbrauch gewährleisten müssen. Dazu muss aber noch die Bereitschaft der Bürger kommen, die Verfassung ihres Staates zu wollen, was wiederum deren – zumindest oberflächliche – Kenntnis voraussetzt. Fehlt es am Interesse des Volkes an seiner Verfassung, dann sind auch die Freiheitsrechte und die Regeln der Machtausübung wenig wert. Denn wie jedes Kind weiß: Auch ein sinnvolles Karten- oder Gesellschaftsspiel setzt die gemeinsame Bereitschaft der Teilnehmer voraus, sich die Regeln des Spiels anzueignen und sich daran auch zu halten.

Wahrscheinlich ist es den wenigsten Österreichern bekannt, dass die Schöpfer unserer Bundesverfassung im Jahr 1920 nicht in der Lage waren, einen Katalog von Grund- und Freiheitsrechten in der Verfassung zu schaffen und dass sich daran bis heute nichts geändert hat. Sowohl in der Ersten als auch in der Zweiten Republik war es trotz jahrelang tagender Grundrechtskommissionen und Verfassungskonvents nicht möglich, sich auf einen österreichischen Grundrechtskatalog zu einigen. Und so gilt auch heute am Beginn des dritten Jahrtausends in Österreich noch immer das *„Staatsgrundgesetz vom 21. December 1867 über die allgemeinen Rechte der Staatsbürger für die im Reichs-rathe vertretenen Königreiche und Länder"*, welches damals der gute Kaiser Franz Joseph *„mit Zustimmung der beiden Häuser des Reichsrathes anzuordnen gefunden"*[2] hat. Gewiss sind Grund- und Freiheitsrechte durch die Europäische Menschenrechtskonvention und die EU-Grundrechtecharta längst zu einer übernationalen Angelegenheit geworden. Dennoch muss es bedenklich stimmen, dass die österreichische Republik bis heute nicht in der Lage war, sich auf einen Katalog elementarer Rechte der Bürgerschaft gegenüber dem Staat zu einigen.

Die republikanische Verfassung Österreichs beschränkte sich 1920 auf die Spielregeln politischer Machtausübung, wie die Wahl des Parlaments, die Rechte der Regierung, den Weg der Gesetzgebung usw. Leider hat auch diese „Spielregelverfassung“ nur dreizehn Jahre lang funktioniert. Am 4. März 1933 traten hintereinander die drei Präsidenten des Nationalrates zurück. Anlass war ihnen hierfür die Sicherung der Mehrheit ihrer Partei in der für die staatliche Existenz wohl eher unbedeutenden Frage von Maßnahmen gegen streikende Eisenbahner. Die den Vorsitz führenden Präsidenten besaßen damals kein Stimmrecht und unsere Verfassung hatte für den Fall des Rücktritts aller Parlamentspräsidenten leider keine Spielregel vorgesehen.

Aber in der Zweiten Republik hat sich unsere Verfassung doch als Regel für politische Machtspiele bewährt? Den politischen Frieden und den erst dadurch möglichen Wohlstand schaffte nach 1945 in Österreich der institutionalisierte Ausgleich zwischen Arbeitgeber- und Arbeitnehmerinteressen, welcher unter dem Begriff „österreichische Sozialpartnerschaft“ weit über die Grenzen unseres Landes hinaus bekannt und bewundert wurde. Die sogenannten Sozialpartner sorgten sich um einen für alle sozialen Gruppen akzeptablen Anteil an wirtschaftlichem Wachstum und Erfolg. Um dies zu bewerkstelligen, war es nicht nur notwendig, Absprachen über Löhne und Gehälter zu treffen, sondern auch über die staatliche Festlegung von Preisen, Unternehmerförderungen und ebenso über eine allen Bevölkerungsschichten gerecht werdende Gesundheits-, Sozial- und Bildungspolitik. Die Sozialpartner erlangten dadurch in der zweiten Hälfte des 20. Jahrhunderts in Österreich eine dominierende politische Machtposition. Selbst Bruno Kreisky, der mit seiner dreimal hintereinander errungenen absoluten Parlamentsmehrheit wohl zu den mächtigsten Politikern der Zweiten

Republik zu zählen ist, verabsäumte es nicht, seine Vorhaben mit dem ihm nahestehenden Sozialpartner, dem damaligen Gewerkschaftspräsidenten Anton Benya, in den legendären Frühstückssitzungen regelmäßig abzusprechen. Das Duo, Wirtschaftskammerpräsident und Gewerkschaftschef, war in der Lage, praktisch jede ihnen nicht genehme Maßnahme zu verhindern.

Weder der Wirtschaftskammer und der Arbeiterkammer noch der Landwirtschaftskammer und schon gar nicht dem lediglich als Verein organisierten Gewerkschaftsbund war von der Bundesverfassung diese entscheidende Rolle zugedacht. Die Kammern agierten aber nicht nur als staatliche Nebenregierung, sondern kleideten ihre sozialpartnerschaftlichen Kompromisse auch in eine Reihe von Marktordnungen und Preisregelungen, die mit der Verfassung im Widerspruch standen und daher allesamt mit dem bald zur lieben Gewohnheit gewordenen Einleitungssatz versehen werden mussten, dass das Folgende jedenfalls auch dann (als Verfassungsrecht) zu gelten habe, wenn es der Verfassung widerspreche.

Selbst in staatlichen Kernbereichen wie in der Außenpolitik ging die politische Realität der Zweiten Republik an der geschriebenen Verfassung oft weit vorbei. Einer der letzten Überlebenden der Staatsvertragsverhandlungen, der spätere Staatssekretär Karl Gruber, hat bei zahlreichen Gedenkfeiern darauf hingewiesen, dass die österreichischen Politiker Raab, Schärf, Figl und Kreisky im April 1955 in Moskau weder ein Verhandlungsmandat der österreichischen Bundesregierung noch des Parlaments für die Aushandlung der Wiedererlangung der Freiheit von der Besatzung vorweisen konnten. Was sie in Moskau auf die Waagschale legen konnten und was den russischen Politikern auch genügte, war ihre Stellung als Führer der zwei damals weitaus bedeutendsten politischen Parteien in Österreich.

Und wie ist es mit unserer Verfassung seither weitergegangen? 1996 hat man in Budgetnöten beschlossen, gesetzlich verbriefte Steuerbegünstigungen handstreichartig durch ein Sammelgesetz einzuschränken bzw. zu eliminieren. Da dies im Widerspruch zu verfassungsrechtlichen Garantien stand, musste man wieder einmal in die Verfassung eingreifen und diese Budgetsanierung als Verfassungsgesetz beschließen.(3) Diesem Sündenfall sind zahlreiche weitere gefolgt. Es galt der Grundsatz *„Ist der Ruf einmal ruiniert, lebt man gänzlich ungeniert"*. Kein politischer Wunsch von der Zahl der Taxikonzessionen bis zu den Politikerbezügen war zu unbedeutend, um sich nicht an der Verfassung zu vergreifen und sie dem politischen Anlass entsprechend zu verbiegen.

Als schließlich im Jahr 2005 ein Kärntner Bundesratsmitglied von der Partei des Landeshauptmannes Jörg Haider politisch als unkorrekt geltende Äußerungen tat, musste wieder einmal die Verfassung geändert werden. Denn der Betreffende war turnusmäßig als Erstgereihter seines Landes für ein halbes Jahr zum Bundesratsvorsitzenden zu berufen. Weil er darauf nicht verzichten wollte, hat man im Schnellverfahren, mittels einer übrigens grauenhaften Legistik, die Bestimmung über die Präsidentenwahl des Bundesrates geändert.(4) Dieser Vorfall legte beängstigend offen, wie wenig unsere Verfassung ihrer Aufgabe gerecht wird, dem politischen Machtstreben unumstrittene Spielregeln entgegenzusetzen. Sie ist – wie dieses Beispiel zeigt – nicht einmal in der Lage, den Mini-Konflikt missliebiger Äußerungen eines Landespolitikers zu überstehen, der ein halbes Jahr lang in den Sitzungen der zweiten Parlamentskammer die Glocke schwingen soll.

Bundespräsident Heinz Fischer hat in seinem Buch „Überzeugungen" aus einer von ihm gehaltenen Rede zitiert, in der er das österreichische Grundgesetz als stabil genug bezeichnet, *„um die Kräfte der Politik und die Dynamik des Konfliktes zu bändigen und auch flexibel genug, um Bewegungen zu ermöglichen und nicht als Prokrustesbett empfunden und abgelehnt zu werden."*(5) Prokrustes war bekanntlich jener schlimme Bursche aus der griechischen Mythologie, der müden Wanderern Herberge und Schlafstätte anbot, aber zu diesem Zweck nur ein Bett zur Verfügung hatte. War ein Gast für dieses Bett zu groß, dann hackte er ihm die über das Bett hinausragenden Gliedmaßen ab. War der Herbergsuchende hingegen zu klein, dehnte Prokrustes ihn auf Bettgröße aus, sodass seine Glieder zerrissen. Die Art, wie die Politik von allem Anfang an bis heute die Bundesverfassung durch fortwährende Änderungen und Ergänzungen ihren Ansprüchen zurechtzuzimmern suchte, erlaubt durchaus einen Vergleich mit der griechischen Sagengestalt, freilich anders als Heinz Fischer dies gemeint haben mag. Wäre unsere Verfassung wirklich stabil genug, um die Kräfte der Politik zu bändigen, und flexibel genug, um Bewegung zu ermöglichen, würde sie nicht aus oft geringfügigen Anlässen fortwährend verändert werden.

Die österreichische Bundesverfassung erschöpft sich zum überwiegenden Teil in formelhaften juristischen Aussagen. Sie ist daher nur in den Hirnen der Verfassungsexperten präsent, in den Herzen der Bürger ist sie nach fast hundertjährigem Bestand noch immer nicht angekommen. Eine solche Verfassung kann daher von den sogenannten Realpolitikern im Bedarfsfall als Juristen-Spielwiese verunglimpft und nach Belieben verändert werden, ohne Widerspruch der Bürger erwarten zu müssen.

Daher ist es auch nicht weiter verwunderlich, dass unter Politikern und Bürgern wenig Verständigung darüber besteht, wie Demokratie in unserem Land eigentlich funktionieren soll.

(1) Art. 23 a–k B-VG

(2) RGBl 1867/142 in der derzeit geltenden Fassung

(3) Strukturanpassungsgesetz 1996, BGBl 201/1996

(4) Art. 36 B-VG: Früher war die Bestellung des Bundesratsvorsitzenden in einem Satz mit 14 Wörtern geregelt. Nunmehr umfasst die gleiche Regelung zwei Sätze mit 114 Wörtern.

(5) Heinz Fischer: Überzeugungen. Eine politische Biografie. Graz 2006, 146 f

1.2. Das Paradoxe an der Demokratie

Das demokratische Prinzip

„Hearst es net, wie die Zeit vergeht,
gestern no hab'n d' Leit' ganz anders g'redt."
(Hubert von Goisern)

Wenn bei abendlichen Gesellschaften irgendwann einmal auch die Politik zur Sprache kommt, ist man sich ungeachtet parteipolitischer Vorlieben meist schnell über eines einig: Die Menschen – mit Ausnahme der Anwesenden selbstverständlich – sind leider dumm genug, um den Sprüchen populistischer Volksverhetzer und manipulierender Zeitungsschreiber auf den Leim zu gehen und die falschen Personen und Parteien zu wählen. Aber was könne man schon anderes von einem System erwarten, welches jedem, ob Sandler oder Universitätsprofessor, das gleiche Maß an Mitsprache einräumt. Von diesem Zeitpunkt des Gesprächs an dauert es dann höchstens noch eine Minute, bis ein Teilnehmer der geselligen Runde, der mit seiner Bildung nicht hinter den Berg halten möchte, das berühmte Churchill-Wort zum Besten gibt: *„Demokratie ist die schlechteste Regierungsform, aber wissen Sie bessere?"*[6] Mit dem beifälligen Nicken der übrigen Gäste endet dann meist das Befassen mit der Politik und man wendet sich wieder gefälligeren Themen wie der letzten Theaterpremiere, dem Golfhandicap oder dem neu eröffneten Haubenrestaurant zu.

Das Naserümpfen manch intellektueller Kreise über ein System, in dem Menschen Entscheidungen treffen, deren Bildung und geistige Interessen dafür nur mangelhaft vorhanden sind, ist nicht ganz berechtigt. Ich habe in feinen bürgerlichen Salons schon mehr politischen Unsinn verzapfen gehört als an den Theken von Dorfwirtshäusern oder Vorstadtbeisln. Dennoch, Demokratie scheint zu bedeuten, dass jeder seiner Sinne halbwegs mächtige Mensch in gleicher Weise Anteil an den öffentlichen Entscheidungen im Staat, im Land oder in der Gemeinde hat, ob er nun Universitätsprofessor für Atomphysik oder Politologie ist oder gerade noch mit viel Mühe einfach formulierte Sätze einer bebilderten Zeitschrift zu begreifen vermag; ob es sich um eine 16 Lenze zählende Minderjährige, einen altersdementen Greis oder einen reifen, politisch interessierten Bildungsbürger handelt.

Diesen der Demokratie – wie wir sie heute verstehen – scheinbar innewohnenden Widerspruch zwischen der Staatsnotwendigkeit sachlich richtiger Entscheidungen einerseits und dem mangelnden Sachverstand der aus allen Bildungsschichten und Altersgruppen gebildeten Masse der Entscheidungsträger andererseits könnte man als „intellektuelle Paradoxie“ bezeichnen.

Da hat man einen Kandidaten oder eine Partei wochen- und monatelang eines verantwortungslosen Populismus geziehen, ihre Gesinnung als ewiggestrig oder politisch inkorrekt gebrandmarkt und seiner Hoffnung Ausdruck verliehen, dass die Wählerschaft klug genug sein werde, diese ebenso üble wie durchsichtige Propaganda zu durchschauen. Um dann am Wahlabend verstört feststellen zu müssen, dass dieser Kandidat oder diese Partei überdurchschnittlich gut abgeschnitten, ja in einem bestimmten Gebiet oder einem bestimmten Wählersegment sogar die Mehrheit errungen hat. Politisierende Künstler tun sich in einer solchen Situation leicht. Sie bezeichnen die Wähler dieser „Populisten“ als Dümmlinge und stellen deren Wohngebiet der Ächtung durch die Weltöffentlichkeit anheim. Politiker, für die nach der Wahl ja auch vor der (nächsten) Wahl ist, haben es da schwerer. Ihr Leid können wir in den Interviews am Wahlabend nachempfinden, wenn Herr oder Frau Parteichef befragt werden, wie es denn sein könne, dass so viele Wähler den Schalmeientönen dieser Schmuddelpartei gefolgt sind. Einige beschränken sich darauf, trocken festzustellen, das sei eben Demokratie und da habe der Wähler immer „recht“. Manche geben sich zerknirscht, dass es nicht ausreichend gelungen sei, die Wählerschaft von den richtigen, den eigenen, Argumenten zu überzeugen und wieder andre blicken in die Zukunft und sehen dort die Notwendigkeit, die politische Bildung der Wähler zu intensivieren, um sie vor solchem peinlichen Wahlverhalten zu bewahren.

Ob man sich resignierend dem Wählerwillen beugt, ob man den eigenen Funktionären wegen ungenügender Überzeugungsarbeit die Schuld zuschiebt oder ob man sein Heil in mehr politischer Propaganda in den Schulen sucht: Allen diesen Argumenten ist das unausgesprochene Urteil gemeinsam, dass es dem Teil der Wählerschaft, der „so anders" gewählt hat, an der wünschenswerten Einsicht fehlt, um sich nicht derart plump täuschen zu lassen und solch niederen Instinkten Raum zu geben.

Neben dieser intellektuellen gibt es auch eine juristische Paradoxie der Demokratie. Populistische Politiker und quotenabhängige Medienleute halten sich nämlich nicht lang mit der Frage auf, ob denn das Volk gescheit genug wäre, Entscheidungen zu treffen. Sie verweisen auf Artikel 1 unserer Verfassung, wonach *„das Recht vom Volk ausgeht"*.(7) Dieser Satz wird in der Tat ebenso oft wie falsch zitiert. Denn dass in der Demokratie ausschließlich und jederzeit das Volk zu bestimmen hätte, was rechtens ist, wäre eine gefährliche Annahme.

Ein reicher Mensch hat sich mit viel Geld und Einfluss ein Wirtschaftsimperium aufgebaut und macht von seinem Kapital in einer zwar nicht gesetzwidrigen, aber einer breiten Öffentlichkeit höchst unsympathischen Weise Gebrauch. Enteignen wir sein Kapital, denn das Recht geht ja vom Volk aus! Ein übler Sextäter hat eine unfassbare Tat begangen, ein Bankdirektor durch seine Zockerei viele kleine Leute um ihre materielle Existenz gebracht. Sperren wir sie angesichts der allgemeinen Empörung lebenslänglich ein, auch wenn das Strafgesetz nur fünf bis zehn Jahre Haft vorsieht. Schließlich geht ja das Recht vom Volk aus. Eine Glaubensgemeinschaft baut nach allen Regeln der Bauordnung ein Gotteshaus, welches die überwiegende Mehrheit der Bewohner in der Gemeinde nicht haben will. Verweigern wir die Bewilligung, denn was rechtens ist, sagt das Volk!

Im Bewusstsein dieser Problematik sagt Verfassungsautor Hans Kelsen in seinem Verfassungskommentar: *„Unter dem Begriff ‚ihr Recht' ist selbstverständlich die objektive Rechtsordnung, nicht etwa irgendein subjektives Recht zu verstehen."* (8)

Diese Einschränkung des Rechts auf generelle Regeln ist allerdings inkonsequent, weil laut Artikel 1 der Verfassung das „Recht" vom Volk ausgeht und nicht nur die Gesetze. Deshalb werden auch immer wieder „Anlassgesetze" beschlossen, die dem Volk wenigstens für die Zukunft gegen Richtersprüche „recht" geben sollen, die von Politikern als „Juristenputsch" verunglimpft wurden.

Der kategorische Imperativ Immanuel Kants oder der Kinderspruch *„Was du nicht willst, das man dir tut, das füg auch keinem anderen zu"* könnte demnach vom Volk für seine Rechtsordnung jederzeit allgemein oder für einzelne Gruppen, die Juden, die Ausländer usw., außer Kraft gesetzt werden. Diese Paradoxie ist in der Kelsenschen Rechtstheorie zugrunde gelegt. Denn nach dieser geht das „Recht" vom Volk aus, nicht die Macht. Kelsen erzählt in seinem Verfassungskommentar, dass es ursprünglich in der Verfassung hätte heißen sollen: *„Alle öffentlichen Gewalten werden vom Volk eingesetzt und in seinem Namen ausgeübt."* (9) Seinem Einfluss war es zuzuschreiben, dass „Macht" durch „Recht" ersetzt wurde.

Macht – einerlei ob sie von einem absolut regierenden Fürsten, einer Junta, einer Partei oder in der Demokratie vom Volk ausgeübt wird – kann sachlich, vernünftig und gerecht verwendet werden, sie kann aber ebenso unsachlich, unvernünftig und ungerecht eingesetzt werden. Die Entscheidung über Gentechnik, Atomkraft, Kriegsführung oder religiöse Toleranz ist nicht schon deshalb „richtig", weil das Volk sie getroffen hat. Denn die Wankelmütigkeit der Massen ist um nichts geringer als die der Regierenden.

Hans Weigel schreibt in seinem nachgelassenen autobiografischen Roman „Niemandsland" über den 12. März 1938: *„In Österreich hat es gestern so gut wie keine Nationalsozialisten gegeben. Eine verschwindende unerhebliche Minderzahl. In Österreich gab es tags da-*

rauf ersichtlich nur noch Nationalsozialisten. Wer bis gestern noch ehrlich zu kämpfen und sich einzusetzen bereit war, der lief, als die Stunde des Kampfes ungenutzt verstrichen war, mit fliegenden Hakenkreuzfahnen in das Lager der Feinde. Jeder wusste, dass alle anderen ebenso tun würden und beeilte sich, da es ja sowieso geschehen musste, es ihm zuvorzutun.“[(10)] Vielleicht eine zu verallgemeinernde Sicht und dennoch eine treffende Beschreibung des Verhaltens der Masse.

Indem unsere Verfassung die Ausübung der Macht durch das Volk und seine Repräsentanten ohne Rücksicht auf deren Inhalt mit „Recht“ gleichsetzt, gibt sie ihr den Anschein einer a priori „gerechten“ Entscheidung. Die populistischen Parteiführer und die globalen Marktregenten lassen herzlichst dankend grüßen.

Schließlich gibt es auch eine „soziologische Paradoxie“ der Demokratie. Die Gemeinschaft der Menschen eines Staates besteht aus Männern und Frauen, Jungen und Alten, Intellektuellen und einfachen Arbeitern mit geringer Bildung, aus Unternehmern und Angestellten, Freiberuflern und Künstlern, Hausfrauen und Rentnern, Beamten und ASVG-Pensionisten. Die Liste der Bevölkerungsgruppen, die aufgrund ihrer gesellschaftlichen und wirtschaftlichen Situation völlig unterschiedliche Ansprüche an die Tätigkeit des Staates stellen, ließe sich noch lange fortführen. Da meinen die gut Verdienenden, sie sollten weniger Steuern zahlen, während jene, die an der Armutsgrenze leben, auch noch das Vermögen der Reichen besteuert wissen wollen. Die Pensionisten neiden den Beamten ihre hohe Pension, Letztere beklagen, ihr Leben lang weniger verdient zu haben als in der privaten Wirtschaft. Die Unternehmer schauen sehnsüchtig auf ihre Angestellten, die jeden Monat ihr Gehalt ausbezahlt erhalten, auch wenn sie krank oder die Auftragsbücher leer sind, diese wiederum träumen vom hohen Einkommen, Selbständigkeit und steuerlicher Abschreibemöglichkeit ihrer Chefs. Die Jungen neiden den Alten die Pension, auf die sie selbst nicht zu hoffen wagen, die Alten glauben sich erinnern zu können, dass es ihnen lang nicht so gut gegangen wäre wie der heutigen Jugend. Autofahrer fordern für ihr Maut- und Steuergeld bessere Straßen und weniger Strafen, die Benutzer von Bahn und Bim sind überzeugt, dass viel weniger für die Autos und viel mehr für die „Öffis" getan werden müsse. Einig sind sich die verschiedenen Gruppen nur darin, dass sie zu wenig Beachtung beim Staat fänden und die Politik sich um ihre Anliegen viel mehr kümmern müsste.

Die soziologische Paradoxie beruht auf der schlichten Tatsache, dass die Anforderungen der Gesellschaft an den Staat nur in Teilbereichen konsensual gestellt werden, wie etwa im Streben nach innerer und äußerer Sicherheit, nationaler Eigenständigkeit oder wirtschaftlicher Leistungsfähigkeit. Viele Forderungen, insbesondere nach Verteilungsgerechtigkeit oder öffentlichem Förderbedarf, werden von den einzelnen gesellschaftlichen Gruppen kontroversiell gesehen und sind daher schlecht geeignet, sachgerecht durch Mehrheitsbildungen entschieden zu werden. Die Politik sieht sich in solchen Fällen vor die Entscheidung gestellt, die eine oder andere gesellschaftliche Gruppierung durch ihr Handeln vor den Kopf zu stoßen und bei den Wahlen dafür die Rechnung präsentiert zu bekommen, oder – insbesondere als Großpartei, die auf eine hohe Zustimmung zur Machterhaltung angewiesen ist – wichtige Entscheidungen immer wieder hinauszuschieben, wenn diese nicht einer ausreichenden Zustimmung sicher sind.

Die Demokratie scheint somit eine paradoxe Staatsform zu sein, weil es in ihr an intellektuellem, rechtlichem und sozialem Gleichklang und Ebenmaß fehlt. Dieser Schein trügt jedoch. Demokratie als Teilhabe wirklich aller Menschen in einer sozialen Einheit ist dann nicht paradox, wenn man sich dessen bewusst ist, was Demokratie zu leisten vermag.

(6) „Democracy is the worst form of government except for all those other forms that have been tried from time to time" (angeblich aus einer Rede Churchills im britischen Unterhaus)

(7) Art. 1 B-VG: Österreich ist eine demokratische Republik.
Ihr Recht geht vom Volk aus.

(8) Hans Kelsen/Georg Fröhlich/Adolf Merkl: Die Bundesverfassung vom 1. Oktober 1920. Wien 2003, 65

(9) Kelsen/Fröhlich/Merkl: Bundesverfassung. 65

(10) Hans Weigel: Niemandsland. Wien 2006

1.3. Demokratie – das ist, wenn man demokraaatisch ist

Demokratie und Politik

„Es gibt viele gescheite Definitionen für Demokratie. Meine ist ganz simpel – die praktizierte Erkenntnis, dass der andere vielleicht auch recht haben könnte.“ (11)
(Leopold Gratz, ehemaliger SPÖ-Politiker)

In Georg Büchners sozialkritischem Dramenfragment „Woyzeck“ belehrt der Hauptmann seinen Burschen, der ein uneheliches Kind hat: *„Woyzeck, er hat keine Moral! Moral, das ist wenn man moralisch ist, versteht er. Es ist ein gutes Wort.“* Alban Berg hat in seiner Oper „Wozzeck“ die selbstgefällige Primitivität dieser Aussage mittels Vokal-Überdehnung der Wörter „moralisch“ und „gut“ trefflich skizziert. Der Hauptmann, der sich dem armen Teufel Woyzeck moralisch überlegen erachtet, scheitert kläglich bei dem Versuch, die Wertehaltungen glaubhaft zu machen, aus denen er sein überhöhtes Selbstwertgefühl bezieht.

An Georg Büchners Drama und dessen Vertonung durch Alban Berg werde ich immer erinnert, wenn ich Politiker bei festlichen Anlässen über den Wert der Demokratie reden höre. Wenn da so mancher im Vollgefühl seiner daraus abgeleiteten Überlegenheit die demokratische Gesinnung preist, zweifle ich, inwieweit die wohl gewählten Worte mit der Realität praktizierter Politik im Einklang stehen. Denn aus demselben Politikermund, der das Hohelied der Demokratie singt, kann man auch die Meinung vernehmen, Demokratie sei jenes System, in welchem der Wille der Mehrheit entscheidet. Solches hört man freilich nur von Politikern, deren Partei mit eben dieser Mehrheit ausgestattet ist und die diese Mehrheit immer wieder „demokratisch“ einsetzen. Oppositionsvertreter sprechen in solchen

Fällen eher von „Drüberfahren“, von mangelnder Dialogbereitschaft und von „undemokratischer“ Unterdrückung der Minderheit.

Der Demokratie-Experte Giovanni Sartori spricht vom „Zeitalter der verworrenen Demokratie“ und meint damit, Demokratie könne nicht alles und jedes bedeuten. Wenn man als Demokratie völlig gegensätzliche Dinge bezeichnen und gegensätzliche Praktiken verherrlichen kann, ist der Ausdruck sinnlos.(12)

Das Wort „Demokratie“ wird bekanntlich aus den griechischen Wörtern „demos“ (das Volk) und „kratein“ (herrschen) gebildet und bedeutet damit so viel wie „Volksherrschaft“. Wenn aber Demokratie Herrschaft des Volkes ist, dann kann sie nicht gleichzeitig Herrschaft der Mehrheit sein. Denn zum Volk gehört auch die Minderheit. Die sozialdemokratisch gesinnten Arbeiter in einer Waldviertler oder Tiroler Bauernregion gehören zweifelsohne genauso zum Volk wie die konservativ denkenden Großbürger, die ihre Heimstätte im Wiener Gemeindebezirk Simmering oder in einem steirischen Industriegebiet gefunden haben. Wenn Demokratie Herrschaft des Volkes in seiner Gesamtheit ist, dann sind Mehrheitsentscheidungen nicht demokratisch im eigentlichen Wortsinn. Versteht man unter Demokratie hingegen die Erfüllung der Wünsche der Mehrheit des Volkes, ist sie keine Volksherrschaft, sondern Mehrheitsherrschaft.

Logiker mögen über diese Schlussfolgerung die Köpfe schütteln, aber hier geht es nicht um logische Schlussfiguren. Es geht um die Feststellung, dass Mehrheitsermittlung in der Demokratie gewiss eine, aber eben nur eine von vielen und ganz gewiss nicht die beste Methode einer sachgerechten Entscheidungsfindung ist.

Versuchen wir uns dies an einem einfachen Beispiel zu veranschaulichen. Nehmen wir an, eine Familie bestehend aus Vater, Mutter und drei halbwüchsigen Kindern, im Alter von acht bis vierzehn Jahren, hätte sich als Vorbild der „Demokratisierung aller Lebensbereiche“ dazu entschlossen, auf demokratischem Weg über die Gestaltung des Sonntags zu entscheiden. Die Eltern wollen einen Ausflug machen, vielleicht auch ein Museum oder eine Ausstellung besuchen. Denn sie halten es für wichtig, ihren Kindern frische Luft und eine gute Bildung angedeihen zu lassen. Der Sinn der Kinder hingegen steht nach anderem. Sie wollen am aufgabenfreien Tag fernsehen, Computer spielen oder möglichst beides zugleich. Wenn unsere demokratische Musterfamilie abstimmt, dann ist das Ergebnis klar. Die Kinder sind drei, die Eltern nur zwei, die Entscheidung kann daher nur auf Zuhausebleiben lauten. Und an diesem Stimmenverhältnis wird sich auch an den nächsten Sonntagen nichts ändern. Die Eltern können auf diese Situation verschiedentlich reagieren. Sie können resignierend zur Kenntnis nehmen, dass in der Demokratie eben „Mehrheit Mehrheit ist", auch wenn sie das Ergebnis für falsch halten. Sie können aber auch auf ein demokratisches Familienleben pfeifen und die Kinder zwingen, das zu tun, was sie wollen. Gibt es noch eine andere Lösung?

Ja, doch! Man könnte eine Diskussion darüber beginnen, warum die Eltern fortgehen und die Kinder zu Hause bleiben wollen. Jeder könnte versuchen, den anderen Teil davon zu überzeugen, dass der eigene Wunsch auch ihm nützlich ist. Man könnte andererseits versuchen, sich in die Wünsche des anderen hineinzudenken, zu prüfen, ob der Wunsch des anderen vielleicht auch etwas für sich hat und überlegen, warum man denn eigentlich das wolle, was man sich durchzusetzen bemüht, und ob die Sache nicht längst zu einer Prestigeangelegenheit geworden ist. Wollen die Eltern wirklich unbedingt ausgehen, auch wenn das Wetter unfreundlich und die Ausstellung gar nicht unbedingt sehenswert ist? Wollen die Kinder wirklich jeden Sonntag zu Hause sitzen und wird ihnen das nicht mit der Zeit langweilig?

Man könnte dem Abstimmungsgegner auch ein Angebot unterbreiten, um auch seine Wünsche zu berücksichtigen. *„Wenn wir fortgehen, machen wir Station bei einem guten Eisgeschäft"*, könnten die Eltern argumentieren, oder *„Okay, bleiben wir dieses Mal zu Hause, aber spielen wir gemeinsam ein kreatives Spiel, statt nur vor der Glotze zu sitzen"*. In einer solchen Diskussion könnten sich unversehens andere Mehrheiten bilden. Der Achtjährige lässt sich vielleicht vom Eis- oder Fußballangebot des Herrn Papa zum Fortgehen überreden, die Vierzehnjährige von der Möglichkeit, während einer Wanderung einmal in Ruhe mit den Eltern über ihre Zukunftspläne zu reden.

Freilich, wenn die lieben Kinder wissen, dass Demokratie nur Mehrheitsentscheidung ist, werden sie solche Überlegungen erst gar nicht anstellen. Sie wissen ja, egal, was Mami und Papi so alles vorbringen, am Ende des Tages wird ja doch abgestimmt und dann steht's drei gegen zwei, weil wir sind die mehreren.

Die Auffassung von Demokratie als reiner Mehrheitsentscheidung erinnert an die Beweisregeln des alten germanischen Prozessrechtes. Wenn nach diesem Recht der Richter einen Fall zu entscheiden hatte, musste er sich nicht den Kopf darüber zerbrechen, ob die Zeugen des Klägers oder des Beklagten glaubwürdiger sind. Es galt die Beweisregel der Mehrheit. Hatte ein Prozessbeteiligter sechzig Zeugen aufzubieten, die seine Behauptung zu beschwören bereit waren, der andere aber nur vierzig, so galt das Vorbringen des Ersteren für wahr. Im Prozessrecht wird eine solche Beweisregel heute als Auffassung ungebildeter Barbaren aus grauer Vorzeit belächelt, in der Politik moderner demokratischer Staaten scheint dieses Prinzip offenkundig vielen noch heute als der Weisheit letzter Schluss.

Über Demokratie und Demokratietheorien sind von Verfassungs- und Politikwissenschaftern ganze Bibliotheken geschrieben worden. Die Demokratie auf Stimmenzählen zu reduzieren wurde dabei von zahlreichen Denkern immer schon als problematisch angesehen. Denn eine größere Zahl ist ein Zeichen von Quantität, nicht auch schon von Qualität. Oder anders ausgedrückt: Eine Mehrheit, ob das parlamentarische Zweidrittelerfordernis für Verfassungsänderungen, ob in einer Volksabstimmung, ist zunächst lediglich ein Zeichen von Macht. Zum Recht wird ein solches Votum erst durch eine gesetzliche Regel, die die Entscheidung der Mehrheit zum (alleinigen) Maßstab dessen macht, was Recht ist.

Demokratie benötigt jedoch unbestrittene, allgemein anerkannte Leitideen als unabdingbare Voraussetzungen,[(13)] die mehr sind als ein mit dem erforderlichen Quorum beschlossenes Verfassungsgesetz. Sie erfordert insbesondere die Bereitschaft, demokratische Entscheidungsprozesse nicht nur aus der Sicht persönlicher Vorteile, sondern der Verantwortung für ein gemeinsames Ganzes zu betrachten. Zu glauben, dass die Summe aller Einzelinteressen ein für alle hinreichendes Gruppeninteresse ergeben würde, erweist sich in der politischen Praxis recht oft als irrig. Politiker fördern leider diesen Irrglauben, wenn sie mehr oder weniger offen von einzelnen Bürger- und Wählergruppen Stimmen für die ihnen gewährten Vorteile und Wohltaten erwarten und erbitten.

Erst wenn der Bürgerschaft und ihren Politikern klar wird, dass sie über ihre Eigeninteressen hinaus das Staatswohl im Auge zu behalten haben, nämlich gemeinsame Werte und Ziele sowohl ideeller als auch materieller Art, erst dann kann demokratische Politik gelingen, ohne bei jedweder Interessensdivergenz zum Spielfeld des Populismus auszuarten.

Die Bereitschaft, die eigene Meinung im Interesse allgemeiner Werte oder aus Rücksicht auf die Bedürfnisse anderer hintanzustellen, setzt allerdings voraus, dass das Ergebnis des demokratischen Prozesses nicht schon durch die mathematische Methode der Meinungszählung vorherbestimmbar ist. Die obligatorische Mehrheits- oder Minderheitsfeststellung macht hingegen die kompromissorientierte und an den übergeordneten Werten des Staatswohles orientierte Demokratie geradezu unmöglich. Denn die Mehrheit wird im Bewusstsein ihrer numerischen Überlegenheit nur wenig Kompromissbereitschaft an den Tag legen, und wenn, dann nur als taktisches Manöver, aus Sorge um diese Mehrheit, und nicht, weil man den politischen Gegnern das Recht auf seine Überzeugung zuerkennt.[(14)] Daher ist auch die eingangs zitierte Erkenntnis des Leopold Gratz, dass auch der anders Denkende recht haben könnte, in seiner Zeit als Wiener Bürgermeister meiner Beobachtung nach eben deshalb oft nicht praktiziert worden, weil sich seine Partei ihrer Mehrheit sicher wähnte.[(15)] Der Richtigkeit seiner Erkenntnis tut dies freilich keinen Abbruch.

Ein demokratischer Prozess wird gewiss nicht ganz ohne Mehrheitsentscheidungen auskommen. Sie sind die „ultima ratio", ein probates Mittel politischer Entscheidungen, dort wo sachgerechte Lösungsversuche kein Ergebnis verheißen, aber auch dann, wenn eine notwendige Entscheidung auf sachlicher Basis gar nicht getroffen werden kann. Die Frage, ob Herr X oder Frau Y Bundespräsident werden soll, lässt sich trotz aller wünschenswerter Erörterung in einem fairen Wahlkampf erfahrungsgemäß letztlich nur durch die persönlichen Vorlieben des Wählervolkes beantworten und nicht durch die Erkenntnis, dass nur einer der Kandidaten wirklich für dieses Amt geeignet ist. Ähnlich wie bei unserer demokratischen Musterfamilie nach einem erfolgreichen Diskussionsergebnis, einmal fortzugehen und einmal zu Hause zu bleiben, die Frage, womit begonnen werden soll, mangels anderer Beweggründe am besten durch Abstimmung gelöst werden wird.

Wenn die Anerkennung gemeinsamer Werte und Ziele und die Bereitschaft, Eigeninteressen hintanzustellen und legitime Interessen anders Denkender zu berücksichtigen, essentielle Voraussetzungen einer Demokratie sind, muss es auch einen Weg geben, dorthin zu gelangen. Der Verfahrenskonsens über die Konfliktlösung ist eine notwendige Vorbedingung der Demokratie.(16)

Diesen Weg rechtlich zu fassen, ist freilich schwierig. Können denn Verfassungsnormen demokratische Beschlüsse überhaupt anders als in Form numerischer Mehrheitsfeststellung regeln? Um diese Frage positiv beantworten zu können, muss man sich von der herrschenden Auffassung von Recht als bloßer Abfolge von Wenn-Dann-Sätzen lösen. Voraussetzung einer konsensorientierten Demokratie ist zunächst einmal Zeit. Werden Entscheidungen in einem Kollegium getroffen, ohne dass dessen Mitglieder ihre Gedanken und Meinungen austauschen oder gar, ohne die zur Verhandlung und Entscheidung stehenden Tatbestände intellektuell erfassen zu können, führt sich eine Demokratie schon dadurch ad absurdum. Daher sind Regierungskoalitionen, die ein Parlament zwingen, komplizierte Gesetzesmaterien innerhalb weniger Tage mit ihrer Mehrheit zu entscheiden, gewiss effektiv, keinesfalls aber konsensual orientiert und daher nicht wirklich demokratisch.

Allerdings ist die Zeit nicht der einzige für eine Konsensdemokratie unerlässliche Faktor. Denn die Einhaltung einer bestimmten Frist bis zu einer demokratischen Entscheidung sagt noch nichts über deren Nutzung aus. Oft versucht eine in der Mehrheit befindliche Partei oder Gruppe den Eindruck zu erwecken, dass man ohnedies verhandle und einen Kompromiss suche, während in Wahrheit die Gremien schon längst im kleinen Kreis beschlossen haben, die Sache „durchzuziehen". Ein erfolgreicher, demokratischer Entscheidungsprozess lässt sich am ehesten durch seine Transparenz bewerkstelligen. Diese einzufordern ist Aufgabe der von einer Entscheidung betroffenen Bürger und der Medien, also der zivilen Gesellschaft.

Demokratie kann nicht – wie uns Rechtsdogmatiker glauben machen wollen – durch prozessuale Vorschriften und Mehrheitszählungen verwirklicht werden. Sie artet ohne einen demokratischen Grundkonsens, ohne die Toleranz aller Beteiligten und ohne Transparenz ihrer Abläufe unweigerlich in Populismus und in der Folge in Anarchie und/oder Despotentum aus. Das wussten bereits die alten griechischen Staatstheoretiker und das hat sich im europäischen 20. Jahrhundert besonders schmerzlich bewahrheitet. Diesen ungeschriebenen, legistisch nicht herstellbaren Grundkonsens hat es nach den Verheerungen des großen Krieges in den relativ jungen europäischen Demokratien gegeben. Ihn gilt es zu erhalten, zu stärken und gegen relativistische Formalismen ebenso zu immunisieren wie gegen politischen Extremismus. Ein Zusammenwirken zwischen dem Volk und seinen Repräsentanten, zwischen direkter und indirekter Demokratie ist dafür unabdingbar.

(11) Die Presse 3.3.2006

(12) Giovanni Sartori: Demokratietheorie. Darmstadt 1997, 14

(13) Ota Weinberger: Leitideen der Demokratie in Rechtsstaat und Menschenwürde. Festschrift für Werner Maihofer. Frankfurt/Main 1988, 619 ff

(14) Ernst Wolfgang Böckenförde: Kirche und christlicher Glaube in den Herausforderungen der Zeit. In: Wissenschaftliche Paperbacks Bd. 25, 14

(15) Walter Pleschberger/Christian Mertens: Zur Parteipolitisierung der direkten kommunalen Demokratie. In: MIP 2012, 24 ff

(16) Sartori. Demokratietheorie. 100

1.4. Das Spiel mit dem Feuer

Demokratie und Volk

„Ei, sprach sie, ei, wie schön und fein!
Das muß ein trefflich Spielzeug sein.
Ich zünde mir ein Hölzlein an,
wie's oft die Mutter hat getan."
(Heinrich Hoffmann, „Struwwelpeter")

Der Arzt und Kinderbuchautor Heinrich Hoffmann verfasste im 19. Jahrhundert die unsterblichen Geschichten des Struwwelpeters. Darunter findet sich die gar traurige Episode vom Paulinchen, welches, allein zu Hause, mit dem Feuerzeug spielt. *„Minz und Maunz, die Katzen, die heben ihre Tatzen und drohen mit den Pfoten, weil Vater und Mutter es doch verboten."* Paulinchen hört nicht auf sie und verbrennt schließlich. Ob der „Struwwelpeter" heute noch als Kinderlektüre geeignet ist, darüber gehen die Meinungen auseinander. Für Politiker könnte er durchaus pädagogische Wirkungen entfalten. Denn sie benehmen sich das eine Mal wie Paulinchen und betrachten Volksbegehren und -abstimmungen als treffliches Spielzeug, dem sie nicht widerstehen können, um ein anderes Mal in die Rolle der Katzen zu schlüpfen und vor dem Spiel mit Plebisziten warnend die Pfoten, Pardon, die Stimme zu erheben.

Als sich der designierte Bundeskanzler Alfred Gusenbauer nach der Nationalratswahl 2006 um ein Regierungsprogramm mit der ÖVP bemühte, suchte er auch das Wahlversprechen durchzusetzen, den Abfangjägerkauf zu stornieren. Die ÖVP weigerte sich, wohl wissend, in welche Schwierigkeiten sie damit den zukünftigen Koalitionspartner wegen seiner voreiligen Wahlpropaganda bringen würde. Da sprang ihm flink sein Klubobmann „Paulinchen" Cap bei und meinte, man könne doch über den Kauf der Abfangjäger das Volk entscheiden lassen. Die ÖVP-Katzen miauten über diesen „Populismus", im Bewusstsein, wie eine solche Abstimmung vermutlich ausgehen würde, und die Idee war schnell wieder vom Tisch. Kaum zwei Jahre später nahmen die österreichischen Sozialdemokraten – dort, wo sie über die Mehrheit verfügen, auch nicht immer von direktdemokratischen Anwandlungen geplagt – einen neuen Anlauf an direkter Demokratie. Der Parteichef versprach gegenüber einem Massenblatt, bei künftigen Änderungen des EU-Vertrages eine Volksabstimmung abhalten zu wollen. Wieder war die ÖVP-Führung aus sachlichen Erwägungen dagegen, obwohl auch in ihr ein Paulinchen schlummert. Hatte man doch vor Jahren, von oppositioneller Schwäche gezeichnet, mit einem Volksbegehren den Bau des Wiener Konferenzzentrums zu verhindern versucht und erst jüngst wieder die große Begeisterung für direkte Demokratie entdeckt.

Das Paulinchen-/Katzensyndrom im Umgang mit dem Feuerzeug der direkten Demokratie scheint allgemein verbreitet zu sein. Die laut eigener Einschätzung basisdemokratisch organisierten Grünen wanden sich in innerparteilichen Krämpfen, als ein von der Parteiführung nicht gewünschter Spitzenkandidat für die EU-Wahlen eine letzte Chance in einem Vorzugsstimmenwahlkampf suchte. Der deutsche CDU-Spitzenpolitiker Ronald Pofalla wurde einmal mit dem Satz zitiert: *„Ich bin ein entschiedener Gegner von Volksbefragungen auf Bundesebene."*(17) Auf die Frage, ob die CDU/CSU im Bundestag die Mehrheit halten soll, wünscht er sich bei der Wahl aber doch wohl eine (positive) Antwort. Auch die Tatsache, dass in einigen österreichischen Verfassungen Steuergesetze noch immer vom Recht des Volkes auf Einleitung eines Volksbegehrens oder einer Volksabstimmung ausgenommen sind, deutet ebenso auf ein gestörtes Verhältnis politischer Funktionsträger zur (direkten) Demokratie hin wie die Vorbehalte der Grünen Wiener Vizebürgermeisterin Maria Vassilakou, die es als „Binsenweisheit" bezeichnet, über Steuern und Gebühren das Volk nicht abstimmen zu lassen.(18) Man kann diese wechselnde Einstellung der Politiker zur direkten Demokratie – will man sich vornehm ausdrücken – als ambivalent bezeichnen, man kann sie aber auch – weniger vornehm und doch treffend – opportunistisch nennen.

Feuerzeuge gehören nicht in Kinderhand und wichtige, staatspolitische Entscheidungen nicht in die Hände der breiten Masse, so eine recht allgemein verbreitete Auffassung. Offenkundig hält man den Souverän für verantwortungslos genug, den Bankrott des Landes herbeizuführen oder Grund- und Freiheitsrechte einzuschränken, wenn man ihn nur ließe. Daraus spricht die für eine Demokratie seltsam anmutende Unsicherheit, wie viel von ihr den Menschen – und dem Land – zumutbar ist. Nur so viel, um alle paar Jahre über die Führung zu entscheiden, oder doch mehr und wie viel mehr?

Aus der tragischen Geschichte vom verbrannten Paulinchen lässt sich lernen, warum das Verbot des Zündelns bei dem Kind keine Wirkung zeigte. Paulinchen könnte noch leben, hätten die Eltern ihrem Kind erklärt, wozu ein Feuerzeug nützlich ist und welche Konsequenzen in seiner Handhabung liegen, anstatt ihm bloß den Umgang mit dem Gegenstand zu verbieten, dessen wundersame Wirkung das Kind schon öfters beobachten konnte *(„wie's oft die Mutter hat getan")*. Ebenso stünde es Politikern und Bürgern gut an, Volksabstimmungen weder zu verdammen noch als Allheilmittel staatlicher Entscheidungen zu preisen, sondern auf den sorgsamen Umgang mit dem plebiszitären Feuerzeug zu achten.

Bei einem Ausfall der Triebwerke während des Fluges sollte wohl der Pilot entscheiden, ob man besser zum Flugplatz zurückkehren oder eine Notlandung auf dem Meer versuchen soll. Allenfalls bleibt noch Zeit, sich mit dem Tower oder dem Kopiloten zu beraten. Er könnte freilich aus Unentschlossenheit auch eine Abstimmung unter den Passagieren durchführen, was diese denn lieber hätten. Schließlich geht es ja um ihrer aller Leben und warum sollen sie da nicht mitbestimmen dürfen. Nachträglich könnte sich sowohl die Piloten- als auch die Bauchentscheidung der Passagiere als richtig oder auch als falsch herausstellen.

Bei politischen Entscheidungen ist es nicht anders. Dem Volk stehen die nötigen personellen und fachlichen Ressourcen für eine

Entscheidung nicht oder nur durch die Filter manipulierender Parteien, Medieninhaber oder Konzerne zur Verfügung. Den Regierungen und Parlamenten andererseits mangelt es oft vor lauter kognitiver Betriebsblindheit an jener affektiven Komponente, die insbesondere für die in der Demokratie notwendige Akzeptanz einer politischen Entscheidung unabdingbar ist. Eine demokratische Willensbildung muss daher immer auf zwei Grundlagen beruhen, auf den nötigen Entscheidungskriterien und auf dem Konsens der betroffenen Bürgerschaft. Je besser die eher kognitive (wissenschaftliche, technische usw.) Vorbereitung durch die politischen Repräsentanten, desto geringer der eher affektive Widerspruch des Volkes. Je ungenügender oder unsicherer die Entscheidungsgrundlagen, umso notwendiger das – wenn auch emotionale – Votum der Bürger.

Von meinem Rechtsanwalt erwarte ich mir, dass er mich aufgrund seiner Ausbildung und Praxis rechtlich gut vertritt. Ihm fortwährend mit prozessualen Schritten dreinzupfuschen, die ich mir als Laie im Internet angeeignet habe, wäre nicht sehr gescheit. Dennoch werde ich mir die Grundsatzentscheidung über eine Klage oder ein Rechtsmittel vorbehalten. Schließlich geht es um meine Sache, um mein Vermögen. Einem Anwalt, der – weil er es ja besser zu wissen glaubt – eine derart grundlegende Prozessentscheidung trifft, ohne mich vorher zu kontaktieren, oder einem solchen, der erklärt, sich nicht auszukennen und daher lieber mir die Entscheidung überlassen zu wollen, werde ich die Vollmacht kündigen und mir einen anderen Rechtsvertreter suchen.

Was für das Verhältnis eines Rechtsanwaltes zu seinem Klienten gilt, kann auch für das Verhältnis zwischen Mandataren und Bürgern in der Demokratie Richtschnur sein. Auch das Volk ist gut beraten, politische Sachentscheidungen von seinen Politikern treffen zu lassen. Eine Volksentscheidung ohne Einbeziehung der gewählten Mandatare zu treffen, ist ebenso „gescheit", wie einem Anwalt Prozessvollmacht zu erteilen und dann hinter seinem Rücken Prozesshandlungen zu setzen. Zwar muss dem Volk in einer Demokratie das Recht zugestanden werden, selbst jene Entscheidungen zu treffen, deren Auswirkungen es schließlich zu tragen hat, allerdings aufgrund einer gediegenen Entscheidungsvorbereitung und Beratung durch und mit seinen Mandataren und nicht aufgrund einer von Populisten gesteuerten irrationalen Gelegenheitsmajorität.

Eine Regierung oder Parlamentsmehrheit hingegen, die dem Volk die direkte Entscheidungsmöglichkeit nur deshalb zugestehen möchte, weil sie selbst keine Einigung zustande bringt, gleicht dem oben erwähnten Rechtsanwalt, der seinem Klienten die Entscheidung überlässt, weil er sich selbst zu keiner Vorgangsweise durchringen kann. Rechtsanwälte wie politische Mandatare wurden dazu ausgewählt und werden dafür bezahlt, um für ihre Mandanten zu handeln und sie auch bei jenen Entscheidungen eingehend zu beraten, die sich diese vorbehalten möchten. Sind sie dazu nicht fähig, muss man ihnen das Mandat entziehen. Denn direkte Demokratie ist eine ernste Angelegenheit und kein Spielzeug für Politiker und Parteien, die mit ihrem Latein am Ende sind oder die sich in einem mittels Volksaufwiegelung entfachten Feuer ins rechte Licht zu setzen und den politischen Gegner zu verbrennen hoffen.

Unsere an formalen Strukturen orientierte Verfassung nimmt auf das nötige Zusammenwirken zwischen dem Volk und seinen Repräsentanten allerdings kaum Rücksicht, weil sie für Volksabstimmungen und Volksbefragungen lediglich Antrags- und Abstimmungsquoren festlegt. Plebiszite bedürfen aber nicht bloß numerischer Erfordernisse, die von den politischen Parteien nach dem (abgewandelten) Krämerspruch *„Darf's a bisserl weniger sein"* ermittelt werden. Sie brauchen prozessuale Vorgaben, wie die ausreichende Information der Bevölkerung aufgrund der verfügbaren fachlichen Entscheidungskriterien und eine (vorhergehende) Meinungsbildung der dazu berufenen politischen Repräsentanten. Darin wären rechtliche, politische und sachliche Konsequenzen des gewünschten Volksentscheides allgemein verständlich darzustellen. Insbesondere wäre eine sorgfältige Entscheidungsformulierung vonnöten, die der Wählerschaft unzweifelhaft klarmacht, was es mit dem Plebiszit zu entscheiden gilt. Juristische Vertragswerke oder extra für eine Volksabstimmung künstlich formulierte Gesetze entsprechen bestimmt nicht dem Erfordernis direkter Demokratie.

Solche Voraussetzungen in einer Verfassung zu regeln, ist gewiss nicht leicht. Es wäre aber nötig, sich dieser schwierigen Aufgabe zu unterziehen, wenn wir nicht in Fragen der direkten Demokratie fortwährend zwischen Anbiederung an die Bürger und hochmütiger Bevormundung derselben hin- und herlavieren wollen.

Die Ergebnisse des Österreich-Konvents zu den Instrumenten der direkten Demokratie erwiesen sich als äußerst bescheiden.(19) Lediglich über die Behandlung eines beim Ablauf der Gesetzgebungsperiode nicht erledigten Volksbegehrens konnte überwiegend Konsens erzielt werden. Dass solches in der Verfassung geregelt sein muss und nicht der politischen Verantwortung überlassen werden kann, zeigt meines Erachtens die schräge Auffassung, die sich von dieser Einrichtung breitgemacht hat und von der noch kurz die Rede sein soll.

Eigentlich dient das Volksbegehren dazu, dem Volk neben Bundesregierung, National- und Bundesrat auch die Möglichkeit einer Gesetzesinitiative zu geben. Das erste Volksbegehren der Zweiten Republik, zur Reform des Österreichischen Rundfunks, war noch von diesem Zweck bestimmt. Seither wurden Volksbegehren meist als Trägerraketen zur Durchsetzung oder Beschleunigung parlamentarischer Initiativen unter Berufung auf Volkes Stimme verwendet. Das war schon beim zweiten, von der SPÖ während der ÖVP-Alleinregierung initiierten Volksbegehren zur Einführung der 40-Stunden-Arbeitszeit so und bei zahlreichen weiteren Volksbegehren der Zweiten Republik nicht anders. Der FPÖ-Generalsekretär gab 2006 anlässlich des von seiner Partei initiierten Volksbegehrens „Österreich bleib frei" (gegen EU-Verfassung, Türkeibeitritt, für Neutralität) ganz offen zu, dass man sich angesichts der Investition auch eine entsprechende „Verzinsung" (bei der nächsten Wahl) erwarte.(20) Für die ÖVP hat sich die selbst für eine Großpartei enorme Anstrengung, fast 1,4 Millionen zu einem Begehren gegen das Wiener Konferenzzentrum zu bewegen, auf jeden Fall gut verzinst. Das Konferenzzentrum wurde zwar trotzdem errichtet, aber der demokratiepolitische Hype trug dazu bei, dem SPÖ-Kanzler Bruno Kreisky wenige Monate später den Verlust der seit zwölf Jahren gehaltenen absoluten Mehrheit zu bescheren.

Die große Anzahl der Unterstützer war übrigens für die ÖVP – wie nach ihr für zahlreiche andere Volksbegehrer – der „Beweis", dass dem Verlangen entsprochen werden müsse. Der sozialdemokratische Regierungschef Bruno Kreisky argumentierte demgegenüber, dass über 1,3 Millionen zwar eine beachtliche Zahl sei, aber nicht einmal ein Drittel aller österreichischen Wahlberechtigten ausmache. Beide Seiten haben damit den Sinn eines Volksbegehrens – ob bewusst oder unbewusst – missverstanden. Denn ein Volksbegehren ist ein Begehren und keine Entscheidung und es kommt nicht vom ganzen Volk, sondern von einem, wenn auch vielleicht bedeutenden Teil, weshalb es auch richtiger Bürgerbegehren heißen sollte.

Beschränkte man das Volksbegehren auf seinen eigentlichen Zweck, eine parlamentarische Debatte dort zu erzwingen, wo sie von der Politik verweigert wird, könnte man das Verfahren wesentlich vereinfachen und vor allem verbilligen. Denn dann bedürfte es lediglich der öffentlichen Kundmachung der Auflage eines Volksbegehrens und der notariell beglaubigten oder vor der Behörde geleisteten Unterschriften in der vom Gesetz erforderten Anzahl. Die ungeheuer aufwändige „Eintragungswoche" könnte durch eine bürgerfreundliche, etwas länger andauernde Frist zur Unterzeichnung ersetzt werden, um die erforderliche Anzahl erreichen zu können. Der übliche Wettkampf der Initiatoren von Volksbegehren, zwecks Verstärkung des politischen Drucks im Ranking der besten Volksbegehren einen möglichst guten Platz zu erringen, wäre durchaus entbehrlich.

Andererseits würden es weit weniger Bürgerunterschriften als derzeit rechtfertigen, um das Parlament mit einem Anliegen der Bürger zu beschäftigen. Für die beiden einzigen Volksbegehren auf Bundesebene, die bisher die erforderlichen Unterschriften nicht geschafft haben, „Pro Motorrad" und „Raus aus Euratom", konnten sich immerhin 75.000 bzw. 98.000 Bürger erwärmen. Ist eine Anzahl von 50.000 Menschen wirklich nicht groß genug, sich mit ihrem Anliegen im Parlament zu befassen, während andererseits wochenlang der Staatsapparat aufgeboten wird, um Abgeordneten die Einbringung eines Antrages als „Volksbegehren" zu ermöglichen, für den ihnen ohnedies parlamentarische Mittel zur Verfügung stünden?

Selbst ein so vorsichtig formulierender und dem Verfassungsstaat verpflichteter Jurist wie der ehemalige Verfassungsgerichtshofpräsident Ludwig Adamovich spricht vom *„Glaubwürdigkeitsproblem der repräsentativen Demokratie"*. Denn es sei offenkundig, dass nicht alles, was Vertretungskörper beschließen, wirklich der aktuelle Wille des Volkes ist.[(21)] Volksbegehren und -abstimmungen können daher immer in ein Spannungsverhältnis zu den Maßnahmen der gewählten politischen Organe geraten. Die Lösung liegt nicht in einem Automatismus, nach dem über ein – unter Umständen von Populisten erzeugtes – Volksbegehren unvermittelt das Volk entscheidet. [(22)] Sie liegt aber auch nicht in einer Teilentmündigung des Souveräns, dem einzelne Bereiche vorenthalten bleiben, weil es die UNO, die EU, ein Währungsfonds oder schlicht die „political correctness" verlangt. Die Auflösung des Spannungsverhältnisses zwischen direkter und indirekter Demokratie liegt in einem gründlichen Mediations-, Diskussions- und Entscheidungsprozess zwischen Politikern und Bürgern, der von beidseitiger Empathie getragen wird. Wenn Bürger ihre politischen Repräsentanten verachten und diese sich vor ihren Bürgern und Wählern fürchten, kann Demokratie auf Dauer weder direkt noch repräsentativ funktionieren.

Welche negativen Folgen aus einem falschem Demokratieverständnis der Politik erwachsen können, soll noch in einem Exkurs über den Österreichischen Staatsrundfunk dargestellt werden.

(17) Der Standard, 7./8.2.2009

(18) Heute.at, 27.3.2012

(19) Bericht des Ö-Konvents Bd. 2 Teil 4A. 237 ff

(20) Kurier, 14.3.2006

(21) Ludwig Adamovich: Sommerwerkstatt 2005. (Hg.) Zukunfts- und Kulturwerkstätte und SPÖ Parlamentsklub, Wien 2005

(22) Einem solchen Automatismus hat der Verfassungsgerichtshof anhand der derzeitigen Verfassung einen Riegel vorgeschoben, VfGH Slg 16241

1.5. Die (ORF-)Theatermacher

Die Demokratie und ihre Praxis

„Wenn wir ehrlich sind, können wir kein Theater machen.“
(Thomas Bernhard, „Der Theatermacher“)

„Es wird nun ein Gesetz geschaffen, welches den für die Verbreitung der Kultur und des Wissens, für die Aufklärung des Volkes, für die Aussöhnung der Völker und damit für die endliche Schaffung des heiß ersehnten Friedens so bedeutsamen Rundsprechverkehr auch bei uns geregelt.“(23) So hieß es 1924 in den parlamentarischen Materialien zum Telegrafengesetz.

Nun, mit dem *„heiß ersehnten Frieden“* ist es bekanntlich nicht so geworden, wie sich das die Parlamentssprecher 1924 vorgestellt haben. Dennoch war die Bedeutung des „Rundsprechverkehrs“ von allem Anfang enorm. Wer bei einer Revolution mit Gewehren und Kanonen das Rundfunkgebäude in seine Hand bekommen konnte, hatte schon halb gewonnen. In unserer modernen Zeit bedient man sich subtilerer Methoden, um die Öffentlichkeit via Rundfunk und Fernsehen politisch zu beeinflussen. Die Bitte, die wichtige Pressekonferenz des Parteiobmannes mit einem ORF-Redaktions- samt Kamerateam zu beschicken, der dezente Hinweis, dass der X oder die Y bei der Premiere oder dem Sommerfest anwesend sei und solcherart unauffällig ins rechte Licht gerückt werden könnte, oder die Drohung, nicht länger zuzuschauen, wenn der Koalitionspartner in jeder Nachrichtensendung um ein paar Sekunden länger im Bild ist, haben einen weitaus nachhaltigeren Erfolg. Solange ÖVP und SPÖ in der ersten Zeit der Zweiten Republik allein die politische Macht ausübten, teilten sie auch Rundfunk und später Fernsehen geschwisterlich untereinander auf. Daran hat sich bis heute nur insoweit etwas geändert, als neue politische Gruppierungen auf den Plan der Begehrlichkeiten getreten sind. Zwar hat ein Volksbegehren den ORF schon 1964 von seinem bis dahin ministerialbürokratischen Zuschnitt befreit, die Beherrschung durch die Parteien ist jedoch geblieben. Die politische oder zumindest weltanschauliche Zugehörigkeit des Generalintendanten und später Generaldirektors korrespondiert fast immer mit der politischen Farbe des Bundeskanzlers. Wo dies – in Übergangszeiten – nicht der Fall war, wusste man durch Gesetzesänderungen und Neuwahlen der ORF-Führung nachzuhelfen. Dennoch oder gerade deshalb legte das Bundesverfassungsgesetz vom 10. Juli 1974 (24) ‚als eines jener seltenen und verstreuten Staatsziele unserer Verfassung, den Rundfunk als öffentliche Aufgabe und die Unabhängigkeit der Personen und Organe fest, die ihn betreiben. Und dies ist der Grund, warum in einer Abhandlung über Demokratie in unserem Land eine kritische Erörterung der Organisation des Staatsrundfunks nicht fehlen darf.

Ob Rundfunk und Fernsehen heutzutage noch als Staatsaufgabe ihre Berechtigung haben, da über Kabel und Satellit Programme aus der ganzen Welt empfangen werden können, mag dahingestellt bleiben. Mit dem Programmauftrag,(25) der zu einer Fülle von Angeboten verpflichtet, die einerseits Kultur, Kunst und Wissenschaft vermitteln, andererseits Unterhaltung bieten und sich obendrein an der Vielfalt der Interessen **aller** Hörer und Seher orientieren und diese ausgewogen berücksichtigen sollen, erinnert der ORF stark an die tragikomische Figur des Theaterdirektors in Thomas Bernhards „Der Theatermacher", weil er sich mit niveauvollen Programmen von der privaten Konkurrenz unterscheiden und doch gleichzeitig deren Zuseherquote überbieten möchte. Mehr noch als dieser Programmauftrag des Gesetzgebers ist jedoch die Organisation des öffentlichen Rundfunks ein exemplarischer Beweis dafür, dass die politische Klasse den Bürgern und Wählern mitunter – zum Schaden der Demokratie – ein Theater vorzumachen sucht.

Wenn der Staat den Betrieb von Rundfunk und Fernsehen als seine Aufgabe ansieht, kann er diese durch eigene Organe besorgen oder einem ausgegliederten Rechtsträger überantworten, dessen Tätigkeit im Sinn des Auftrages vom Staat sorgfältig zu überwachen wäre. Stattdessen hat man mit dem geltenden ORF-Gesetz[(26)] die Rechtsform einer eigens für diesen Zweck konstruierten „Stiftung des öffentlichen Rechts" geschaffen und damit den clownesken Balanceakt zwischen privater Gestaltungsfreiheit und öffentlicher Beherrschung fortgesetzt, der seit jeher in Rundfunkangelegenheiten gepflogen wurde.

Die Rechtsform einer Stiftung soll den öffentlichen Rundfunk als vom Staat unabhängiges Institut bemänteln. Demselben Zweck sollen auch die Unvereinbarkeitsbestimmungen für das oberste Entscheidungsgremium, den Stiftungsrat, dienen, die nicht nur Träger öffentlicher Funktionen des Bundes und der Länder von einer Mitgliedschaft ausschließen, sondern auch deren Büroangestellte und parlamentarische Mitarbeiter. Dieser vom Gesetzgeber angeordneten politischen Unberührtheit steht dessen expliziter Auftrag entgegen, die Mitglieder von der Bundesregierung, je eines von den neun Bundesländern und die weiteren nach Proporzsystem auf Vorschlag der im Nationalrat vertretenen Parteien, nominieren zu lassen.

Es bieten sich grundsätzlich zwei sinnvolle Möglichkeiten an, die Mitglieder des ORF-Stiftungsrates zu bestellen. Entweder man sucht jene ausfindig zu machen, die in besonderem Maß für die Mitgliedschaft in einem solchen Aufsichtsratsgremium geeignet sind oder man will wichtige staatliche Institutionen im Stiftungsrat vertreten wissen. Der ORF-Gesetzgeber gibt mit seinem Bestellungsmodus vor, beides zu vereinen,[(27)] aber das geht nicht. Denn einerseits ist kaum anzunehmen, dass die aufgrund *„ihrer fachlichen Eignung, ihrer Berufserfahrung, ihrer Vorbildung und ihres hohen Ansehens in Wirtschaft, Wissenschaft, Kunst und Bildung"* (alles gesetzliche Bestellungskriterien) bestens geeigneten Personen sich ausgerechnet unter jeder der im Hauptausschuss vertretenen Parteien in deren Stärkeverhältnis finden lassen oder im gleichen Verhältnis aller neun österreichischen Bundesländer. Andererseits ist aber auch nicht anzunehmen, dass die Bundesregierung, die Länder und die politischen Parteien bei der Bestellung der Stiftungsräte ausschließlich deren Eignung im Auge haben und nicht ihre eigenen

Interessen als Gebietskörperschaften oder politische Fraktionen. Eine Bundesregierung, ein Bundesland, hat politische, ein Parlamentsklub parteipolitische Interessen wahrzunehmen. Sie sind keine Personalberatungsunternehmen zur objektiven Auswahl geeigneter Aufsichtsräte. Es ist zwar nicht illegitim, das oberste Organ eines im Staatsinteresse geschaffenen Betriebes durch demokratisch legitimierte Organe bestellen zu lassen. Ein Gesetzgeber, der den Eindruck zu vermitteln sucht, auf solche Weise ein Gremium bestens geeigneter Fachleute zu bestellen, denen ausschließlich das Wohl des öffentlichen Rundfunks am Herzen liegt und nicht die Befolgung politischer Interessen, muss sich aber den Vorwurf gefallen lassen, mit gespaltener Zunge zu sprechen.

Fällt es doch der medialen Berichterstattung niemals schwer, die parteipolitische Zuordnung der Stiftungsräte zu diagnostizieren, die sich nach ebendieser in fraktionellen Vorgesprächen zusammenfinden, die man euphemistisch als „Freundeskreis" bezeichnet. Verweigert einmal so ein Stiftungsrat den politischen Fraktionszwang, gilt dies als Sensation. Daher sind sich Öffentlichkeit und Berichterstatter völlig darüber im Klaren, dass einer Generaldirektorenbestellung oder -wiederbestellung nicht in erster Linie die Suche nach der bestgeeigneten Person vorangeht, sondern die Frage, welche Partei mit welcher koalitionsmäßig verbunden ist oder welche welcher anderen eins auswischen möchte. *„Keine Partei wird jemanden in den Stiftungsrat schicken, der dort völlig anderer Meinung ist"* (28), wusste auch die dank einer solchen „Parteienvereinbarung" nicht wiederbestellte Generaldirektorin Monika Lindner, und sie schloss die Vermutung an, dass es nie möglich sein werde, diese (welche?) Entpolitisierung in letzter Konsequenz durchzuführen. Das wird ganz gewiss nicht möglich sein. Will man einen Staatsrundfunk, dann wird dieser auch von den Vertretern des Staates – und das sind in der Demokratie die gewählten Politiker und ihre Parteien – beherrscht werden.

Die gesetzlich verordnete Janusköpfigkeit des ORF-Stiftungsrates als parlamentarisches Gremium einerseits und als Fachleutegremium andererseits ist ein Beispiel für das offenbar unausrottbare Bestreben der Politik, die Bürger über ihre Absichten im Unklaren zu lassen. Hier wird Theater gespielt und zwar *„billige, volkstümelnde Komödie"*[29], wie sich der Vorsitzende des Redakteursrates Fritz Wendl einmal auszudrücken beliebte.

Die Schmiere der ORF-Theatermacher setzt sich als zweiter Akt in der Institution des sogenannten Publikumsrates[30] fort. Man könnte fragen, wozu es einer Vertretung des Publikums bedarf, wenn ohnedies die Nationalratsfraktionen und die Bundesländer, also Repräsentanten der Bürger, im Aufsichtsrat des ORF vertreten sind. Die Leitungs- und Aufsichtsorgane einer öffentlichen Stiftung sollten doch selbst alles Erforderliche zur Erreichung des Stiftungszweckes hervorkehren. Es sei denn, der Publikumsrat wäre das Eingeständnis, dass von den anderen Stiftungsorganen die Wahrnehmung der Publikumsinteressen nicht oder nicht ausreichend zu erwarten ist.

Allerdings darf das „Publikum" nur sechs der insgesamt 35 Mitglieder des Publikumsrates selbst wählen. Die übrigen hat der Gesetzgeber einerseits bestimmten Institutionen und andererseits dem Bundeskanzler zur Nominierung überlassen. Zu den Institutionen gehören selbstredend die Wirtschaftskammer Österreich, die Präsidentenkonferenz der Landwirtschaftskammern, die Bundesarbeitskammer und der Gewerkschaftsbund – gelegentlich auch despektierlich die vier Dorfheiligen Österreichs genannt –, die katholische und die evangelische Kirche (warum gerade nur diese beiden von allen anerkannten Religionsgesellschaften?), die freiberuflichen Vertretungen (allerdings nur ein Mitglied gemeinsam), die Akademie der Wissenschaften, und nicht zuletzt auch die Parteiakademien. Letzteres stellt eine seltsame Inkonsequenz des Gesetzgebers dar. Dürfen doch auch dem Publikumsrat keine Angestellten oder leitenden Funktionäre einer politischen Partei angehören.

Die knappe Hälfte der Publikumsräte bestellt nach den vom Gesetzgeber vorgegebenen Publikumsgruppen der Bundeskanzler nach (parteipolitischer) Lust und Laune. An die Repräsentativität der von ihm zur Bestellung Aufgerufenen ist er nicht gebunden. Daher sind in dem unter SP-Kanzler Werner Faymann im Jahr 2010 neu konstituierten Publikumsrat ausschließlich Personen nominiert worden, die seiner Partei nahestehen, beispielsweise für die Schüler ein Aktion-kritischer Schüler-, für die Kraftfahrer ein ARBÖ-, für den Umweltschutz ein Naturfreunde- und für die Behinderten ein Volkshilfevertreter.[31]

Die restlichen sechs der 35 Mitglieder dürfen schließlich von den Rundfunkteilnehmern gewählt werden, worunter das Gesetz jene versteht, die gemäß Rundfunkgebührengesetz zur Gebührenzahlung verpflichtet sind. Gewählt werden können nur die von repräsentativen Gruppen für Bildung, Jugend, ältere Menschen, Familien, Sport und Konsumenten vorgeschlagenen Personen. Bei Ansicht der solcherart zur Wahl Stehenden kommen allerdings Zweifel auf, ob es sich dabei um besonders geeignete Persönlichkeiten im Hinblick auf ihre Gruppen und deren Bedürfnisse nach ORF-Angeboten handelt oder ob die Kandidaten nicht vielmehr von den großen politischen Parteien nach deren Bekanntheits- und Beliebtheitsgrad „empfohlen" wurden. Gehören doch kraft ORF-Gesetz[32] drei der so gewählten Publikumsräte dem Stiftungsrat an, dem die Bestellung des Generalsdirektors und der übrigen Direktoren obliegt. Deshalb konnte man bei der letzten Wahl des Publikumsrates für die älteren Menschen etwa zwischen dem bekannten Mimen Gerhard Tötschinger und dem mindestens ebenso bekannten ehemaligen Tabakgeneral und Fußballpräsidenten Beppo Mauhart wählen. Für den Sport standen die Fußballgrößen Ivica Vastic und Peter Pacult zur Auswahl, die Jugend sollte auf Wunsch einer Partei durch die Schirennläuferin Kathrin Zettel vertreten werden und in der Gruppe Bildung hatte man die Qual der Wahl zwischen der Lehrerinteressensvertreterin Eva Scholik und dem Schlager- und Fernsehstar Marika Lichter. Bei der vorvergangenen Wahl standen auch noch die unbestrittene Volksschauspielerikone Fritz Muliar und die damals noch erfolgreiche Leichtathletin Stefanie Graf zur Auswahl.

All die genannten Persönlichkeiten sind gewiss hervorragende und erfolgreiche Vertreter ihrer Profession. Ob sie deshalb auch besonders geeignet sind, das ORF-Publikum zu vertreten, ist eine andere Frage. Aber jedenfalls werden sie einer der beiden größten Parteien, der SPÖ oder der ÖVP, zugerechnet, weshalb die SPÖ bei der vorletzten Wahl einen 6:0-Sieg ihrer Kandidaten feierte, während sich 2010 die ÖVP dank der etwas bekannteren Kandidaten und einer teilweisen Aufsplittung bei den Gegnern über einen 5:1-Erfolg der ihren freuen durfte.[(33)]

Das Aufstellungsverfahren dient ganz offenkundig dem Zweck, für einen marginalen Bereich der Entscheidungsstrukturen des Staatsrundfunks einen demokratischen Bestellungsmodus vorzutäuschen. Die ORF-Konsumenten erteilen dem Gesetzgeber darauf die erfreuliche Antwort der kollektiven Vernunft, indem sie sich nicht für dumm verkaufen lassen und von ihrem Wahlrecht mit einer Wahlbeteiligung von nur sieben Prozent Gebrauch machen.[(34)] Da macht es dann auch nichts mehr aus, dass die elementarsten Grundsätze demokratischen Wahlverfahrens außer Acht gelassen werden. Weder haben die den Publikumsrat wählenden Gebührenzahler die Möglichkeit, selbst Kandidaten ihrer Wahl zu nominieren, wie es bei Wahlen vom Bundespräsidenten abwärts bis zum Gemeinde- und Betriebsrat allgemein üblich ist. Noch dürfen die Stimmen in geheimer Wahl abgegeben werden. Die längst außer Gebrauch gekommene und nur wenigen Haushalten zur Verfügung stehende Faxübermittlung „ermöglicht" obendrein, dass die Stimmeneinholung hauptsächlich über die politischen Organisationen bewerkstelligt wird, die sich den Wahlberechtigten hierfür hilfreich zur Verfügung stellen.

Sowohl für den Stiftungsrat als auch für den Publikumsrat der öffentlichen Stiftung ORF gilt daher: Weder die Zusammensetzung noch das Kreationsverfahren dieser Organe wird den vom Gesetzgeber vorgegebenen Zielen gerecht, einen parteifreien öffentlichen Rundfunk zu ermöglichen und die Hörer- und Seherschaft daran angemessen zu beteiligen. Wäre dies nur auf legistisches Unvermögen zurückzuführen, ließe sich relativ leicht Abhilfe schaffen. Aber es lässt sich schwerlich die Absicht des Gesetzgebers übersehen, den Rundfunk unter Beherrschung des Bundes, der Länder und weiterer öffentlicher Institutionen zu halten, ohne sich der hierfür erforderlichen demokratischen Kontrolle unterziehen zu müssen, und all dies mit prozessualen und organisatorischen Tricks, so gut es geht, zu kaschieren.

Gegen solche Methoden des Gesetzgebers bedürfte es in unserer Verfassung eines Schutzes für die Gemeinschaft. Die österreichische Verfassung bietet derzeit kaum Chancen, gegen sachfremde Bestellungsmodalitäten des Gesetzgebers einzuschreiten. Anliegen des allgemeinen Gleichheitssatzes und seines Sachlichkeitsgebotes sind nur Individualrechte und keine Schutzbedürfnisse kollektiver Gruppen oder des gesamten Staatsvolkes.(35) Der Verfassungsgerichtshof hat zwar mit Erkenntnis vom 27. September 2011 die Publikumswahl aufgehoben, aber nur wegen ungenauer Bezeichnung der Wahlberechtigten. Das ist bedauerlich, denn es braucht – wie sich am Beispiel der ORF-Gesetzgebung erweist – eine solche zusätzliche Korrekturmöglichkeit gesetzgeberischen Handelns, um die für eine Demokratie unabdingbare Achtung der Mandatare vor ihren Mandanten zu gewährleisten.

(23) II GP, 51. Sitzung

(24) BGBl 1974/396

(25) § 4 ORF-Gesetz

(26) BGBl I 2001/83

(27) § 20 ORF-Gesetz

(28) Der Standard, 17.8.2007

(29) Die Presse, 26.1.2008

(30) § 28 ORF-Gesetz

(31) Der Standard, 20./21.2.2010

(32) § 30 ORF-Gesetz

(33) OÖ Nachrichten, 6.2.2010

(34) Die Kronen Zeitung, 6.2.2010

(35) Vgl. Magdalena Pöschl: Gleichheit vor dem Gesetz. Wien 2008, 278

1.6. Zurück zum Vormärz?

Der Gesetzesstaat

„Juristen sind schlechte Christen."
(Deutsches Sprichwort)

Sie sind als Fußgänger in der Stadt unterwegs, Ihnen ist kalt oder Sie haben es eilig. Sie kommen zu einer durch eine Verkehrsampel geregelten Kreuzung, die für Sie Rot zeigt. Weit und breit ist kein anderer Verkehrsteilnehmer zu erblicken. Wie verhalten Sie sich? Sie gehen einfach bei Rot über die Kreuzung? Ich auch. Willkommen im Klub – der fakultativen Gesetzesbrecher.

Sie bleiben stehen und warten, bis es grün wird? Bravo, Sie sind ein gesetzestreuer Mensch. Aber Sie sind mir ein wenig unheimlich. Denn wer eine Anordnung der staatlichen Autorität befolgt, die in der konkreten Situation niemandem nutzt und ihm selbst sogar schadet, den könnte diese Folgsamkeit vielleicht einmal dazu verleiten, auch etwas zu befolgen, das anderen Schaden zufügt, nur weil es Gesetz ist. Solches hatten wir schon und die Täter haben sich nachher darauf ausgeredet, dass sie nur ihre Pflicht getan hätten.

Eine für eine Vielzahl von Fällen geschaffene (abstrakte) Norm verkehrt im konkreten individuellen Einzelfall ihren Sinn mitunter ins Gegenteil oder kann – trotz bestem Willen eines demokratisch legitimierten Gesetzgebers – ungerecht oder schädlich sein. Politiker führen in solchen Fällen gerne einen lockeren Spruch und erklären, sich über gesetzliche Bestimmungen im Interesse der Bürger auch einmal hinwegzusetzen. *„Das Klo räum ich weg, auch wenn ich dabei gegen Gesetze verstoße"*[36], tönt es da aus dem Mund einer Kommunalpolitikerin, und so manch erfolgreicher und beliebter Politiker ist schon mal bereit, die Vollziehung eines oft von seiner eigenen Partei mitbeschlossenen Gesetzes als „Juristenmeinung" abzutun, die er als „Praktiker" unter dem Schirm seiner rechtlichen oder politischen Unangreifbarkeit für sich nicht gelten lässt.

Unsere in Gesetzgebung und Verwaltung tätigen Juristen sind geprägt vom Rechtspositivismus. Für diese Rechtslehre, die in Österreich mit dem Namen des Verfassers unseres Grundgesetzes Hans Kelsen verbunden ist, gilt ausschließlich das „gesetzte" (lat. „positum" = „gesetzt") Recht als Gegenstand ihrer Betrachtung. Für den Rechtspositivisten, der zwischen moralischen Werten und staatlichen Rechtswerten klar trennt,[37] gibt es kein gutes oder schlechtes, kein sinnvolles oder sinnloses Gesetz. Jedes Gesetz, welches der Rechtsordnung entspricht, weil es auf dem für die Rechtserzeugung vorgeschriebenen Weg zustande gekommen ist, hat nach eben dieser Rechtsordnung befolgt zu werden, einerlei wie diese Befolgung vom einzelnen Adressaten oder von der Allgemeinheit empfunden werden mag.

Generationen von Juristen in Österreich wurde das positivistische Denken angelegt wie den Fiakerpferden die Scheuklappen. Jedwede nicht am „positiven", das heißt am geschriebenen Recht orientierte Betrachtung sollte als unwissenschaftlich vermieden werden. Kriterien wie Nachsicht, Menschlichkeit, Lebenserfahrung, Vertrauen oder auch Misstrauen haben außer Betracht zu bleiben. Es sei denn, das gesetzte Recht würde deren Gebrauch ausdrücklich anordnen, was es in den meisten Fällen nicht tut. Legisten werden vielmehr darauf gedrillt, jeden nur irgendwie denkbaren Fall „positivrechtlich" zu konstruieren und gehen damit in oft grotesker Weise an den realen Sachverhalten des Lebens vorbei, die sich nicht in das vorgegebene Schema pressen lassen. Wie beispielsweise bei den Staatsbürgerschaftstests, die mittels Multiple Choice abfragen, was „Rotes Wien" bedeutet oder dass die niederösterreichische Landeshauptstadt „aelium cetium" geheißen hat.[38] Mit solchen Tests ermittelt man zwar eher Gehirnakrobaten als treue Neo-Österreicher, dafür lassen sie sich aber leicht als Wenn-Dann-Beziehungen normativ ausdrücken.

Der Staatsrechtslehrer Günther Winkler, der an der Wiener Universität viele Jahre hindurch Seminare über die „Reine Rechtslehre" Hans Kelsens abgehalten hat, betonte, dass die Dynamik des Rechts in ihrer sozial-kulturellen Kausalität und nicht nur in ihren formal-logischen Strukturelementen und Funktionsbedingungen liegt.[39]

Diese für Laien wohl ziemlich kompliziert klingende Feststellung hat die Volksmeinung in der einprägsamen Floskel ausgedrückt: *„Zwei Juristen – drei Meinungen“*. Selbstverständlich war sich auch Hans Kelsen darüber im Klaren, dass Gesetzesinterpretation und Rechtsanwendung nicht mechanisch erfolgen. Dennoch wollte er im Sinne seiner „reinen“ Rechtslehre diese Elemente aus der Wissenschaft vom Recht ausgeklammert wissen. Er war damit durchaus ein Kind seiner aufklärerischen Zeit, die glaubte, mit dem positiven Recht nach den Zeiten des fürstlichen Absolutismus den Schlüssel gefunden zu haben, um Gewalt und Willkür der Obrigkeit einsperren und verbannen zu können. Die Machtübernahme durch Hitler, die verfassungspolitischen Ereignisse 1933 in Österreich belehrten uns eines Besseren. Das gesetzte Recht erwies sich nicht nur als untauglich, die Gewalt in Schranken zu halten, sondern musste im Gegenteil noch zu deren Legitimierung herhalten. Mit welchen juristischen Tricks und Manövern etwa der damalige Bundeskanzler Engelbert Dollfuß und sein juristischer Berater 1933 nach dem als „Selbstauflösung des Parlaments“ gedeuteten Rücktritt der Nationalratspräsidenten Parlament und Verfassungsgericht auszutricksen und „die Spielregel-Verfassung“ in ihrem Sinn umzudeuten suchten, kann man in einschlägigen Untersuchungen nachlesen.[40] Bezeichnend auch ein Kommentar im „Völkischen Beobachter“ vom 26. April 1938, wo geschrieben stand: *„Das merke sich jeder: Deutschland ist ein Rechtsstaat. Das heißt: In unserem Reiche geschieht nichts ohne gesetzliche Grundlage. Niemand hat das Recht, durch irgendwelche Handlungen eigener Initiative seinen privaten Senf zur Lösung der Judenfrage dazuzugeben.“* Nein, das war auch nicht nötig, denn die „Judenfrage“ wurde durch Befehl des Führers und seiner Mitläufer „gelöst“ und diese Befehle waren geltendes Recht in positivistischer Erkenntnis. Dass Hans Kelsen selbst jüdischer Abstammung war, wurde daher oft als tragische Groteske bezeichnet.

Man mag dies als unzulässiges Argument ansehen, weil das Recht, im Sinne Kelsens Lehre, der Gewalt als außerrechtlichem Phänomen

„neutral“ gegenübersteht. Was kann ein Rechtssystem als Werkzeug dafür, dass es von gewalttätigen Diktatoren zum Schaden der Menschen missbraucht wird? Auch das Messer ist „neutral“ gegenüber seiner Verwendung als Operationsbesteck oder als Mordwerkzeug. Aber eine Betrachtungsweise, die das Messer ausschließlich nach seiner Eignung zur Durchdringung des menschlichen Körpers beurteilt, einerlei ob zu Mord- oder zu Heilungszwecken, wäre, gelinde gesagt, einseitig. Ebenso einseitig wie eine Jurisprudenz, die sich in der „Rechtsstaatlichkeit“ der Erzeugungsregeln ihrer Normen, dem sogenannten Stufenbau der Rechtsordnung (Verfassung–Gesetz–Verwaltungsakt), erschöpft.

Diese einseitige Betrachtungsweise kommt schon in den Grundfesten unseres Staates zum Tragen. Hans Kelsen sah in der Verfassung ausschließlich ein Regelwerk, welches festlegt, wie Gesetze zustande kommen und wie die Verwaltung zu agieren habe. Deshalb gibt es in unserer Bundesverfassung weder ein Bekenntnis zum Staat Österreich noch zu den gemeinsamen Zielen, welche dieser aus der Monarchie neu entstandene Reststaat anstreben sollte, geschweige denn einen Hinweis auf religiöse oder historische Wurzeln, wie dies in anderen Staatsverfassungen gang und gäbe ist. Selbst der oft und gern zitierte erste Satz der österreichischen Bundesverfassung, wonach Österreich eine demokratische Republik sei, ist gegen den Willen Hans Kelsens aufgenommen worden und nur der Hartnäckigkeit von Karl Renner zu verdanken, der als Politiker wohl besser wusste, wie die Menschen denken. Denn Kelsen war ganz im Sinn seiner Lehre der Meinung, ob ein Staat eine Demokratie oder eine Republik sei, müsse sich aus den Normen ergeben, eine Feststellung tue da nichts zur Sache.[41]

Vor einem Scheitern unseres Staates und seines Grundgesetzes schützen uns aber keine noch so sorgfältig gezimmerten Verfassungsnormen, sondern nur der Glaube der überwiegenden Mehrheit an diesen Staat, seine Aufgaben und seine Ziele. Das beweist die leidvolle Geschichte unserer Ersten Republik und das beweist neuerdings wieder die Kluft zwischen den europäischen Völkern und ihrer Europäischen Union.

Auch in der alltäglichen Rechtssetzung und Rechtsanwendung sollten sich Juristen und Politiker das Goethe-Zitat angelegen sein lassen: *„Was ist das Allgemeinste? Der einzelne Fall!“* Dann müssten sie nicht immer wieder die Enttäuschung erleben, dass die vermeintlich „richtige“ Gesetzesanwendung im Einzelfall von vielen Menschen als ungerechtfertigt empfunden wird und sich daher als schwer oder überhaupt nicht durchsetzbar erweist. Beispiele hiefür gibt es genug und bald nahezu täglich, wie etwa bei Abschiebungen von bereits integrierten Ausländern. Von sturen Bürokraten, engstirnigen Juristen oder herzlosen Politikern ist dann die Rede, aber diese Vorwürfe treffen die Einzelnen zu Unrecht. Der Fehler liegt vielmehr im System dieser Rechtserzeugung und -anwendung.

In Wien wurde einmal eine gehbehinderte ältere Frau von einem Sicherheitsorgan beanstandet, weil sie über die Straße gegangen war, ohne gemäß der Straßenverkehrsordnung den einige Meter entfernten Schutzweg zu benutzen. Der Polizist hat sich mit dieser Amtshandlung, die öffentlich bekannt geworden ist, keine Lorbeeren, sondern herbe Kritik eingehandelt, obwohl er völlig gesetzeskonform gehandelt hat. Das vom Gesetzgeber gut gemeinte Ziel, Fußgänger zum Benutzen von Schutzwegen zu veranlassen, wenn solche zur Verfügung stehen, wird zum Unsinn, wenn im konkreten Fall wenig oder gar kein Verkehrsaufkommen gegeben ist, aber auch, wenn jemand – auch ohne Behinderung – Schweres zu tragen hat und bis zum Schutzweg einen Umweg zu machen hätte. Er wird ihn nicht machen.

Der Gesetzgeber reagiert auf solche Tatsachen nicht mit einer Änderung oder Aufhebung einer solchen Norm, sondern – mit einer weiteren Norm. Da sich das flotte Befahren innerstädtischer Straßen und Gassen schlecht mit dem Bedürfnis des Publikums verträgt, dieselben je nach Bedarf und möglichst schnell zu überqueren, schafft man eine neue Norm, indem man Tempo-30-km/h-Zonen verordnet und so die Fahrgeschwindigkeit in jenen Straßen, deren Seitengassen man zuvor mit „Vorrang geben“-Tafeln „abgesichert“ hat, wieder zu vermindern trachtet.

Könnte man stattdessen nicht mit einer Norm das Auslangen finden, die Verkehrsteilnehmer, ob Fußgänger oder Autofahrer oder auch Radfahrer, verpflichtet, aufeinander Rücksicht zu nehmen und ihr Verhalten so einzurichten, dass sie einander nicht gefährden? Eine solche Norm wäre nicht „sinnambivalent", sondern in jeder Situation sinnvoll, weil sie nichts verlangte, was in einer konkreten Situation sinnlos wäre.

Wer sein Fahrzeug in einer unübersichtlichen Kurve einer Landstraße parkt und dadurch Ursache eines Unfalls werden kann, hat sich zweifellos schwerer an den Interessen der Allgemeinheit versündigt als ein Lenker, der in einer städtischen Nebengasse mangels Parkmöglichkeit in zweiter Spur eine Ladetätigkeit verrichtet und den anderen Verkehrsteilnehmern nicht mehr antut, als dass sie ihre Spur wechseln und dabei vielleicht ein entgegenkommendes Auto abwarten müssen. Das weiß auch der Gesetzgeber, der darauf mit Ausnahmen vom Halteverbot in zweiter Spur für Taxis oder öffentliche Dienstfahrzeuge reagiert. Er provoziert damit Ungleichheiten, denn auch private Dienste wie etwa der Lieferverkehr gewerblicher Unternehmen liegen im gesellschaftlichen Interesse. Der Gesetzgeber nimmt sich's zu Herzen und ermöglicht „Ladezonen", die in einem bürokratisch aufwändigen Verfahren genehmigt werden und dann wochenlang leer stehen, weil die Firma, für die sie verordnet wurden, gerade auf Urlaub ist oder ihren Standort verlegt hat.

All das könnte man sich sparen, hielte man lediglich fest, dass Stehenbleiben mit dem Auto überall dort verboten ist, wo es gefährlich sein oder andere unzumutbar behindern könnte. Eine solche „finale" – also am Zweck eines Gesetzes orientierte – Legistik erforderte freilich sowohl von den Bürgern als auch von der Exekutive ein wesentlich höheres Maß an persönlicher Verantwortung als eine sture und in einzelnen Fällen dem gesunden Menschenverstand Hohn sprechende Regel.

Der Anspruch staatlicher Machtträger, das gemeinschaftliche Zusammenleben über strikte positivrechtliche Anordnungen zu gestalten, ohne natürlichen oder moralischen Grundsätzen Raum zu geben, führt zu einem staatlichen Absolutheitsanspruch, der sich vom biedermeierlichen Unterdrückungssystem des Vormärz lediglich darin unterscheidet, dass sich die Vorschriftenerzeuger unserer Tage auf demokratische Strukturen berufen, wenn sie bis in unser Intimleben regelnd eingreifen.

Wer dies für übertrieben hält, sei beispielsweise auf einen Artikel verwiesen, der schon vor einigen Jahren in der deutschen Wochenschrift „Die Zeit“ erschienen ist.[(42)] Der Redakteur Harro Albrecht schreibt unter der Titelzeile *„Ein bisschen Diktatur kann nicht schaden“*, es sei angebracht, dass der Staat gesetzlichen Zwang gegen Fettleibigkeit ausübe. Zwar müsse man die Freiheit des Menschen schon hochhalten, aber der Mensch sei eben nicht frei, weil er von der Werbung zum Genuss ungesunder Lebensmittel wie Fastfood indoktriniert werde. Dagegen müsse der Staat – auch mit gesetzlichem Zwang – helfen. Die Einschränkung der Freiheit der Nahrungszufuhr durch ein Gesetz wird solcherart zur sozialen Leistung des Staates hochstilisiert.

Aus einer derartigen Argumentation lässt sich eine, nur auf den ersten Blick sarkastisch anmutende Schlussfolgerung ziehen. Wenn die Bürger durch gesetzlichen Zwang von schädlichen, manipulativen Einflüssen geschützt werden müssen, um wie viel mehr müsste man sie durch Gesetze vor dem Einfluss politischer Parteien bewahren, welche fortwährend ihre Meinungen zu beeinflussen suchen? Nach dem allgemeinen Verständnis von Demokratie sind alle Bürger berufen, zu bestimmen, was rechtens ist. Zumindest entscheiden sie über die Qualität der Regierenden und werden von diesen insbesondere in Vorwahlzeiten dementsprechend hofiert. Dieselben Regierenden setzen aber keinen Cent auf das Verantwortungsbewusstsein der Bürger, welches sie im Wahlkampf nicht genug loben können, sondern halten diese für dumm und verantwortungslos genug, um die notwendigen und sinnvollen Regeln geordneten Zusammenlebens zu missachten und zum eigenen so wie zum Schaden anderer zu handeln.

Der vorgebliche „Souverän“ wird wie ein unmündiges Kind nach längst überholter Pädagogik durch Zufügung von Leid, also Strafen, von Selbst- wie Gemeingefährdung abgehalten. Daher lässt man es etwa auch nicht bei der Feststellung bewenden, dass alles zu unterlassen sei, was am Beherrschen eines Fahrzeuges hindern könnte, sondern schafft Tatbestände wie das „Handyverbot am Steuer“ – und vernachlässigt dabei, dass auch der Griff zur Zigarette, auf das Knie der Beifahrerin oder die Nachholung des in der Eile versäumten Make-ups die Fahrsicherheit beeinträchtigen können. Ähnlich wie man kleinen Kindern nicht zutraut, Gefahren richtig einzuschätzen und deshalb zu altbekannten Sprüchen wie *„Messer, Gabel, Scher' und Licht sind für kleine Kinder nicht!“* Zuflucht nimmt. Der autoritärer Pädagogik entstammende Spruch *„Ein gutes Kind gehorcht geschwind“* gilt bei Gesetzen auch für den erwachsenen Staatsbürger und angeblichen Souverän: *„Gesetze hinterfragt man nicht, folgen ist des Bürgers Pflicht!“*

Die Pädagogik ist indessen vorangeschritten, die staatliche Gesetzgebung nicht. Kindern versucht man heute zu erklären, warum sie etwas tun oder unterlassen sollen, um sie derart zu mündigen Menschen zu erziehen anstatt zu willigen Befehlsempfängern. Sollte es bei erwachsenen Staatsbürgern nicht möglich sein, sich auf die Festlegung von einzuhaltenden Zielen zu beschränken, anstatt den Zweck der jeweiligen Norm hinter strikten Verboten zu verbergen, die dann dem Einzelfall nicht gerecht werden und daher stetig verändert werden müssen?

Gewiss, die Wahrheit liegt – wie so oft – in der Mitte. Eine Gemeinschaft kann nicht darauf verzichten, jene ihrer Mitglieder unter Umständen mit Zwang zur Ordnung zu rufen, die ihre Ziele elementar behindern oder unmöglich machen. Es kommt aber auf das Maß an, mit dem eine freiheitlich sein wollende demokratische Gesellschaft in das Leben ihrer Mitglieder regelnd eingreift. Die normative Tätigkeit des Staates sollte dort ihre Grenze finden, wo der in einem demokratischen Prozess ermittelte Vorteil für die Gesellschaft den Nachteil der Bevormundung ihrer Mitglieder nicht eindeutig übersteigt.

Um diese Grenze aufzuspüren, hätten die Gesetzgeber zu überlegen, ob in Anerkennung der persönlichen Handlungsfreiheit des einzelnen Menschen und der im Staat inkorporierten menschlichen Gemeinschaften wie Familien, Vereine, Gemeinden nicht gelindere oder auch gar keine gesetzlichen Maßnahmen zu treffen wären. Eine groteske

Werteskala verpflichtet die mit der Gesetzentstehung befassten Stellen zu Erläuterungen, welche Kosten das neue Gesetz dem Staat verursacht, ob es der Gendergerechtigkeit, dem Klimabündnis oder den Vorschriften der EU entspricht, nicht aber darüber, inwieweit es die individuelle Handlungsfreiheit beschränkt und ob das angestrebte Ziel nicht auch ohne eine solche Einschränkung erreicht werden könnte.

Ein Mindestmaß an Vernunft dürfte der Gesetzgeber seinen Bürgern und Wählern schon zumuten. Immerhin hat es der Gesetzgeber (noch) nicht zu regeln für notwendig befunden, dass man sich im Restaurant nicht ins Tischtuch schnäuzt, mit der Gabel am Kopf kratzt und laut herumschreit. Sehr wohl hingegen hat ein Kommunalpolitiker ernsthaft mit dem Gedanken gespielt, den Gebrauch von Mobiltelefonen in öffentlichen Verkehrsmitteln zu untersagen, weil das oft laute Reden die übrigen Passagiere nerve. Als vor einiger Zeit bekannt wurde, dass man in einem Wiener Spital einem Patienten seine Krebs-Erkrankung ein Jahr lang nicht mitgeteilt hat, weil er im Spital eine unrichtige Adresse angegeben hatte, sah sich der Wiener Patientenanwalt dadurch zur Forderung nach einer gesetzlichen Bestimmung veranlasst, wonach Befunde an die Patienten eingeschrieben übermittelt werden müssen. Und wenn die eingeschriebene Sendung als unzustellbar oder nicht behoben zurückkommt? Braucht man wirklich ein Gesetz, damit ein Spital oder ein Arzt in einem solchen Fall alles nur Menschenmögliche unternimmt, um den schwerkranken Patienten zu erreichen und einer Behandlung zuzuführen? Braucht es wirklich eine Rechtsnorm, um Passagiere öffentlicher Verkehrsmittel zur Rücksichtnahme auf ihre Mitmenschen zu veranlassen? Sollte es nicht möglich sein, in solchen und ähnlichen Fällen vorerst an die sonst so gerne beschworene zivilgesellschaftliche Vernunft zu appellieren, anstatt Verbote auszusprechen?

Das Spannungsverhältnis zwischen (verständlichem) Misstrauen gegenüber dem Guten und Verständigen im Menschen und seiner Herabwürdigung zum willigen Untertanen eines (durchsetzungskräftigen) Gebieters ist seit alters her bekannt. An einer der – sozialwissenschaftlich wohl bedeutendsten – Stellen der Heiligen Schrift des

Christentums, im Paulus-Brief an die Galater, heißt es: *„Das Gesetz ist unser Erzieher gewesen bis auf Christum hin. Da aber der Glaube gekommen ist, sind wir nicht mehr unter dem Erzieher ... Gott sandte seinen Sohn, damit er die, welche unter dem Gesetz waren, erlöste und wir an Kindes statt angenommen wurden."* (43) Ob man nun an Jesus Christus glaubt oder nicht: Diese, leider manchmal auch in kasuistischen Ge- und Verboten von Kirchen und Religionsgemeinschaften missachtete Erkenntnis verkündet eine Entwicklung des Menschen vom unverständigen Sklaven, dessen Verhalten durch Zwang gesteuert werden muss, hin zum „Sohn/Tochter" oder „Erben/Erbin", die aus eigener Erkenntnis und aus eigener Verantwortung richtig handeln.

Aufgabe der Staatsorgane, der Regierung und insbesondere des Gesetzgebers wäre es, diese zivilgesellschaftliche Vernunft zu fördern, anstatt den Menschen jedwede Entscheidungsverantwortung für ihr Tun abzunehmen, indem man sie mit möglichst vielen Normen versorgt, zu Befehlsempfängern degradiert und insoweit des wichtigen Gutes der persönlichen Freiheit beraubt.

(36) Die Presse, 19.10.2005

(37) Hans Kelsen: Reine Rechtslehre. Wien 1960, 2. Aufl., 60 ff

(38) Kurier, Die Presse 21.9.2006

(39) Günther Winkler: Glanz und Elend der Reinen Rechtslehre. In: Georg Ress/Michael Will: Berichte aus dem Europa-Institut Nr. 144. Saarbrücken 1988, 29

(40) Peter Huemer: Sektionschef Dr. Hecht und die Entstehung der ständisch autoritären Verfassung in Österreich. Wien 1968

(41) Kelsen, Rechtslehre, 65

(42) Die Zeit, 19.3.2009

(43) Galaterbrief, 3/24 f, 4/4 f

1.7. Freiheit in Krähwinkel

Die Grundrechte

„Recht und Freiheit sind ein paar bedeutungsvolle Worte, aber nur in der einfachen Zahl unendlich groß, drum hat man sie uns auch immer nur in der wertlosen vielfachen Zahl gegeben.“
(Johann Nepomuk Nestroy, „Freiheit in Krähwinkel“)

Darf das Militär ein voll besetztes Passagierflugzeug abschießen, mit dem offenkundig ein Terroranschlag geplant ist, der (zusätzlich) vielen Menschen das Leben kosten könnte? Nein, sagte das Deutsche Bundesverfassungsgericht und kassierte die entsprechende Bestimmung des Luftsicherheitsgesetzes.(44) Denn auf diese Art würden die unschuldigen Passagiere zum reinen Objekt einer staatlichen Maßnahme „verdinglicht“ werden.

Spätestens seit dem 11. September 2001 scheinen sich selbst bei elementaren Menschenrechten Nützlichkeitsüberlegungen breitzumachen. Ausgehend von den Vereinigten Staaten, dem lange Zeit unbestrittenen Vorbildland von Demokratie und Freiheit, gelten Einsichtnahmen in intime Bereiche, Datenüberwachung, Freiheitsentzug ohne Richterspruch, ja sogar Folter als legitime Mittel zur Abwehr des Terrorismus. Polizeiliche Vorratsdatenspeicherung oder elektronische Erfassung der Gesundheits- bzw Krankheitsdaten gelten als nützliche Maßnahmen zur Verbrechensbekämpfung, oder um Arzt und Apotheker mit Mausklick erkennen zu lassen, was für den Patienten das Beste ist.(45)

Im Österreichischen Allgemeinen Bürgerlichen Gesetzbuch aus dem Jahr 1811 ist zu lesen, dass jeder Mensch *„angeborene, schon von der Vernunft einleuchtende Rechte“*(46) habe und daher als Person zu bezeichnen sei. Ein Satz, der dem heutigen Gesetzgeber wohl kaum über die Lippen käme. Denn der herrschende Rechtspositivismus kennt keine der Vernunft einleuchtenden, sondern nur vom staatlichen Machtträger als richtig anerkannte Rechte. Demnach findet die menschliche Freiheit ihre Grenzen in den von der staatlichen oder einer überstaatlichen Gemeinschaft angenommenen Nützlichkeitserwägungen.

Doch die Freiheit des Menschen ist keine „Erfindung" des modernen Rechtsstaates, denn auch unsere Vorfahren lebten nicht alle ständig in Ketten.[(47)] Er hat die Freiheit zwar teilweise gesetzlich garantiert, gleichzeitig aber mit allerlei, der staatlichen Gemeinschaft nützlich oder notwendig erscheinenden Einschränkungen versehen. So sieht etwa Artikel 10 der Europäischen Menschenrechtskonvention das Recht der Freiheit der Meinungsäußerung vor. Allerdings wird dabei – gleichsam mit erhobenem Zeigefinger – darauf hingewiesen, dass die Ausübung dieser Freiheit Pflichten und Verantwortung mit sich bringe und daher vom Gesetz vorgesehenen Formvorschriften, Bedingungen, Einschränkungen oder Strafdrohungen unterworfen werden könne, die „in einer demokratischen Gesellschaft" im Interesse der Sicherheit, der Aufrechterhaltung der Ordnung, des Schutzes von Gesundheit und Moral (!) usw. unentbehrlich seien.[(48)] Von „Grundrechten mit Gesetzesvorbehalt" sprechen in solchen Fällen die Experten.

Der Gesetzgeber bestimmt also im Sinn der kollektiven Interessen oder der kollektiven Moral das „richtige" Maß an Freiheit, welches dadurch zum Diskussions- und Streitobjekt wird. Das zeigt sich insbesondere im Aufeinandertreffen unterschiedlicher Religionen und Kulturen. Nicht nur rechtsradikale Populisten, auch gemäßigte Repräsentanten unserer Gesellschaft verfallen da leicht in martialische Aussagen. *„Nulltoleranz für kulturellen Rückschritt"*[(49)] inserierte ein Wiener ÖVP-Politiker. Wo nimmt der gute Mann die Gewissheit her, was kulturell Rück-, was Fortschritt ist? Und ein sozialdemokratischer Landesparteisekretär wird gegen den Ganzkörperbadeanzug muslimischer Frauen mit dem Sager zitiert: *„Wenn bei uns wer öffentlich baden gehen will, hat er sich an die Badeordnung zu halten"*.[(50)] Wenn hier jemand „baden geht", dann die Freiheit der Person vor einer kommunalen Badeordnung als Wertmaßstab eines Grundrechtes.

Man kann das Maß individueller Freiheit in weltanschaulichen Fragen auch – gemäß dem hierzulande tief verwurzelten Obrigkeitsglauben – den jeweiligen religiösen Autoritäten überlassen wie eine ehemalige Wiener Kommunalpolitikerin: *„Wenn die Burka im Islam keine theologische Notwendigkeit darstellt, kann ein Verbot der Vollverschleierung meines Erachtens kein Eingriff in die Religionsfreiheit sein."*(51) Die individuelle Handlungsfreiheit wäre damit doppelt bedingt: einmal durch die gesellschaftliche Anschauung von „kulturellem Fortschritt" etwa in Form einer „bei uns" üblichen Badeordnung und ein weiteres Mal durch das Diktum außerstaatlicher, religiöser Autoritäten, die am zulässigen Maß der Freiheitseinschränkung mitmessen dürfen.

Während das elementare Grundrecht der persönlichen Freiheit auf diese Art zunehmend ins Wanken gerät, rücken andere staatsrechtliche Garantien in den Vordergrund. Von den klassischen Schlagworten der Französischen Revolution, die als Maßstab der Grundrechtsentwicklung im aufgeklärten Europa gelten, gewinnt die „Fraternité" gegenüber der „Liberté" an Bedeutung.

Verfassungsrechtliche Garantien – so die neue Sichtweise der Grundrechte – sollen nicht bei Freiheits- und politischen Mitwirkungsrechten halt machen, sondern den Bürgern die zu deren Ausübung nötigen Voraussetzungen wie Nahrung, Wohnung, Kleidung, Pflege und Gesundheit, Bildung, Arbeit usw. garantieren. Es soll nicht einer – mehr oder weniger – sozialpolitisch engagierten Politik knapper Mehrheiten überlassen bleiben, Sozialmaßnahmen zu gewähren oder auch wieder abzuschaffen.

Im Österreichischen Verfassungskonvent trachtete vor allem die SPÖ darnach, den Sozialstaat verfassungsrechtlich zu verankern, und scheute dabei anfangs auch vor unrealistischen Floskeln wie *„Jeder Mensch hat das Recht auf Gesundheit"*(52) nicht zurück. Die ÖVP leistete hinhaltenden Widerstand, indem sie die staatlichen Gewährleistungen auf Sozialpartnerkompromisse und jene Fälle zu beschränken suchte, in denen Österreich ohnedies bereits kraft internationaler Abkommen dazu verpflichtet ist.(53)

Insbesondere über das erforderliche Ausmaß sozialer Rechte fehlte oft der Konsens. Soll jeder Anspruch auf Grundsicherung haben, auch wenn er vielleicht in Form von Ersparnissen oder einer Liegenschaft über ein kleines Vermögen verfügt? Soll auch Anspruch auf Gratis-Gesundheitsleistungen haben, wer durch die Ausübung von Extremsportarten oder durch einen ungesunden Lebenswandel selbst wesentlich zu seinen Krankheitskosten beigetragen hat? Muss eine Gemeinde ihren behinderten Bürgern zu allen öffentlichen Anlagen die gleiche Zugangsmöglichkeit gewähren wie nicht behinderten oder darf sie sich auf die Bereitstellung von Einrichtungen beschränken, die deren besonderen Bedürfnissen auf Zugänglichkeit gerecht werden, also z. B. Beratung im Erdgeschoß statt Einbau eines Treppenliftes im Amtsgebäude?

Solche Fragen führen direkt zu einem weiteren Grundrechtsfundament, der Gleichheit der Bürger, der „Egalité". Artikel 7 unserer Verfassung besagt, dass alle Staatsbürger vor dem Gesetz gleich sind. Sowohl der Gesetzgeber als auch die Verwaltung dürfen Gleiches nicht ungleich behandeln. Aber wann ist etwas gleich, wann ungleich? Niemand hätte Verständnis dafür, dass alle unabhängig von ihrem Einkommen gleich hohe Steuern zahlen müssen.

Die Verfassungsexpertin Magdalena Pöschl hat die Frage, was gleich und was ungleich zu behandeln ist, in einer umfangreichen Monografie über den Gleichheitssatz sehr anschaulich wie folgt dargelegt:(54) Eine Mutter teilt bei der Geburtstagsjause die Torte unter den Kindern „gleich" auf. Allen Kindern ein gleich großes Stück? Oder dem Geburtstagskind ein größeres? Den Kindern, die beim Backen geholfen haben, ein wenig mehr? Den größeren, stärkeren ein großes und den kleineren, schwächeren ein kleineres? Oder umgekehrt, weil die Starken weniger und die Zarten mehr essen sollten?

Inwieweit die Ungleichbehandlung von Personen oder Sachverhalten gerechtfertigt ist oder nicht, ist ein Wertungsproblem. Es ist, so Pöschl, anhand der Werteentscheidungen des Gesetzgebers und insbesondere der Verfassung zu lösen.[55] Die keinesfalls unschwierige Schnüffelei in Verfassungs- oder Gesetzestexten nach widerspruchsfreien eindeutigen Werteentscheidungen des Gesetzgebers kann man sich sparen, wenn die Recht setzende Autorität von sich aus klar sagt, ob die „Kuchenstücke“ nach dem Hunger der Empfänger, nach ihrem Körpergewicht, ihrer Mitarbeit an seiner Herstellung, der Möglichkeit, sich selbst einen leckeren Kuchen zu bereiten, oder nach sonstigen Kriterien verteilt werden sollen.

Wie die Sicherstellung eines menschenwürdigen Daseins rechtstechnisch bewerkstelligt wird, ist für die Bürger zweitrangig. Vorrangig ist, dass im modernen Leistungsstaat mehr garantiert werden muss als nur der Schutz von Leben und Eigentum gegen staatliche Eingriffe. Gewiss kann es nicht darum gehen, den Menschen das Recht auf die staatlich finanzierte Hängematte einzuräumen, andererseits soll und darf in einem humanitären Werten verpflichteten Land die notwendige Ernährung, das Dach über dem Kopf, die Hilfe zum Ausgleich von Behinderungen geistiger oder auch körperlicher Art nicht von der Wohltat einzelner Politiker oder ihrer Parteien abhängen. Dass man sich auf eine solch moderne Grundrechtsauffassung dank juridischer Hinsicht und politischer Rücksicht auch im Konvent nicht konfliktfrei einigen konnte, ist verwunderlich.

Weiters unbestritten sollte sein, dass Bund, Länder und Gemeinden auch dann an die Grundrechte und insbesondere an den Gleichheitssatz gebunden sind, wenn sie „nur“ als Wirtschaftspartner auftreten, das heißt – gesetzlich nicht festgelegte – Subventionen vergeben oder Aufträge erteilen. Diese, in Fachkreisen – nicht sehr erhellend – als „Fiskalgeltung“ bezeichnete Bindung der öffentlichen Hand an die Grundrechte ist erforderlich, um die Bürger vor willkürlichem, möglicherweise parteipolitisch motiviertem Einsatz öffentlicher Ressourcen (Steuergelder!) zu bewahren. Schon jetzt vertreten Judikatur und rechtswissenschaftliche Lehre mehrheitlich diese nicht zum klassischen Verständnis von Grundrechten gehörende Geltung.[56] Eine verfassungsrechtliche Klarstellung wäre dennoch wünschenswert und wichtiger als manch anderes, was in unser Grundgesetz Aufnahme gefunden hat.

Ein moderner demokratischer Staat muss den elementaren Rechtsschutz aber auch gegen andere gewähren, deren Eingriffe in die persönliche Existenz mitunter weit schwerer wiegen können als staatliche. In der Rechtswissenschaft wird dies als „Drittwirkung der Grundrechte" bezeichnet.

Der Staat schützt zwar Leben, Freiheit oder Eigentum seine Bürger nicht nur vor sich selbst, sondern auch vor anderen, indem er Mord, Körperverletzung, Diebstahl oder Freiheitsberaubung unter Strafe stellt. Auch wenn er dies – was Nicht-Juristen verwundern mag – nicht verfassungsrechtlich, sondern nur einfachgesetzlich tut. Wie aber sieht es mit Diskriminierungen im zivilen Rechtsleben aus? Die Rechtsprechung vertritt in solchen Fällen, wenn auch nicht unumstritten, eine „mittelbare Drittwirkung" der Grundrechte. Damit ist gemeint, dass die Gesetze, welche private Rechtsbeziehungen regeln, im Sinne der Grundrechte auszulegen wären.

Ein typisches Beispiel hierfür ist der sogenannte Kontrahierungszwang. Darf ein Gastwirt einer Person das Betreten seines Lokals verweigern, weil sie ihm nicht sympathisch ist? Ja, im Sinne der Vertragsfreiheit, so der Oberste Gerichtshof, es sei denn, dass damit eine „Monopolstellung" ausgenutzt wird. Wenn beispielsweise in einem Ort nur ein Gasthaus besteht, darf der Wirt einem Gemeinderat dessen Betretung zwecks Teilnahme an einer Gemeinderatssitzung nicht verbieten.(57)

So sehr eine Einschränkung privater Handlungs- und Vertragsfreiheit zu begrüßen ist, weil sonst im Privatleben jene brutale Ausnutzung wirtschaftlicher oder persönlicher Macht zu befürchten wäre, die die Grundrechte gegenüber dem Staat verhindern sollen, so sehr muss gleichzeitig vor allzu starken Einschränkungen der Freiheit gewarnt werden. Wenn die Gemeinschaft die bürgerliche Existenz ihrer Mitglieder nicht zu schützen vermag, ist Freiheit nicht lebbar. Wenn andererseits die Bürger nicht mehr frei entscheiden können, entarten auch soziale Rechtswohltaten zur Zwangsbeglückung und deren Adressaten zu leibeigenen Untertanen, zwar nicht mehr eines Fürsten oder Grundherrn, wohl aber der – über sie bestimmenden – Gesellschaft.(58)

Die freie Selbstbestimmung des Menschen ist leider im Recht kaum verankert. Wir haben zwar zahlreiche, in der Europäischen Menschenrechtskonvention verankerte Rechte wie das Recht auf Privat- und Familienleben, auf freie Meinungsäußerung, auf Niederlassungsfreiheit und viele andere mehr, aber alle mit Vorbehalten, die zwar das Grundrecht nicht beseitigen, wohl aber durch Gesetze einschränken dürfen. Wir haben auch ein ausdrückliches Recht auf Freiheit,(59) bei dem allerdings hauptsächlich von den Umständen die Rede ist, unter welchen man verhaftet werden darf, nicht aber von den Grenzen staatlicher Einflussnahmen auf den freien Menschenwillen.

So können Gleichbehandlungs- und Antidiskriminierungsgesetze erlassen werden, die es etwa einer Damenboutique verbieten, ihr Stelleninserat nur an Frauen zu richten, oder einer in Österreich lebenden Ausländerin, zwecks besserer Spracherlernung nur ein Kindermädchen mit österreichischer Elternsprache zu suchen. Aber nicht nur im Interesse der Drittwirkung der Grundrechte greift der Staat in die Freiheit seiner Bürger ein. Die Erziehung von Kindern, die Pflege alter oder kranker Familienangehöriger wird, wenn schon nicht untersagt, so doch mehr und mehr von einer staatlich geprüften Befähigung abhängig gemacht oder einer staatlichen Qualitätskontrolle unterworfen werden – auch dann, wenn nicht Gefahr für Leib und Leben droht.

Viele dieser Gesetze, die die Privatsphäre einschränken, mögen ihren Sinn haben, aber es stellt sich doch die Frage, ob nicht ein Handlungsspielraum erhalten bleiben sollte, der selbst dann dem Einfluss des Staates entzogen ist, wenn dieser die Aufgabe nachweislich „besser“ oder „gerechter“ besorgen könnte. Dieses „Bis hierher und nicht weiter“ zum Schutz des Individuums, seiner Weltanschauung und seiner persönlichen Lebensweise ist in den nationalen und übernationalen Verfassungsordnungen leider nicht verankert.

Und so fühlt man sich vor lauter unübersehbarer, garantierter und auch wieder relativierter Rechte mit Staats-, Fiskal- und Drittwirkung bisweilen nach Krähwinkel versetzt und sucht nach der ganz einfachen individuellen Freiheit, zu tun und zu lassen, was einem beliebt.

(44) Deutsches Bundesverfassungsgericht,15.2.2006, 1 BvR 357/05

(45) Vgl. die ausführliche Darstellung dieser Problematik in Ilija Trojanow/Juli Zeh: Angriffe auf die Freiheit. München 2009

(46) § 16 ABGB

(47) Antonio D'Atena: Die Verflechtung von Konstitutionalismus und Grundrechten. In: Staat und Recht in europäischer Perspektive. Festschrift Heinz Schäffer. Wien 2006, 153 ff

(48) Artikel 10 EMRK; man soll dies gewiss nicht überbewerten, aber bezeichnend scheint es mir doch, dass sich in der legistischen Formulierung der Freiheit der Meinungsäußerung doppelt so viele Wörter mit ihrer Einschränkung befassen.

(49) Die Presse, 14.8.2008

(50) NÖN, 9.11.2009

(51) Die Presse, 8.5.2010

(52) Grundrechtskatalog für eine neue Bundesverfassung der Republik Österreich, Diskussionsentwurf des sozialdemokratischen Grundrechtsforums 2.12.2003; später im Ö-Konvent in „Recht auf Schutz der Gesundheit" geändert.

(53) Vgl. www.konvent.gv.at (112/POSP-K)

(54) Pöschl, Gleichheit, 152 ff

(55) Pöschl, Gleichheit, 188 f

(56) Vgl. Robert Walter/Heinz Mayer/Gabriele Kucsko-Stadlmayer: Bundesverfassungsrecht. Wien 2007, 10. Aufl., 628

(57) Näheres dazu in Lamiss Khakzadeh-Leiler: Die Grundrechte in der Judikatur des Obersten Gerichtshofes. Wien 2011, 126 ff

(58) Vgl. Hans Kelsen: Vom Wesen und Wert der Demokratie. Tübingen 1929, 12

(59) Art. 5 EMRK

1.8. Die große Schimäre

Die staatliche Gewaltenteilung

„Ist alles Schimäre, aber mich unterhalt's."
(Johann Nepomuk Nestroy)

„Bin ich jetzt vorbestraft?" Diese bange Frage wird Juristen hin und wieder von Leuten gestellt, über die eine mehr oder weniger geschmalzene Strafe verhängt wurde, weil sie mit dem Auto wie die Irren über die Lande gerast sind oder „vergessen" haben, den verursachten Einparkschaden zu melden. Nein, kann man die Übeltäter beruhigen, denn solche Strafen verhängt nicht das Gericht, sondern eine Verwaltungsbehörde. Wie kann es sein, wird sich schon so mancher gefragt haben, dass man wegen eines Delikts von einer Verwaltungsbehörde eine Strafe aufgebrummt erhält und die Sache damit erledigt hat, während man ein anderes Mal wegen eines anscheinend weniger schweren Delikts vor dem Strafrichter landet und als vorbestraft gilt? Sind nicht Gerichtsbarkeit und Verwaltung getrennt?

Die Trennung der Staatsfunktionen Gesetzgebung, Verwaltung und Gerichtsbarkeit ist selbst jenen irgendwie geläufig, die nicht wissen, wie viele Mitglieder der Nationalrat hat oder was ein Ministerrat ist. Sie beruht auf der Lehre eines Baron de La Brède et de Montesquieu, der in der ersten Hälfte des 18. Jahrhunderts gelebt und gewirkt hat. Seine grundlegende Forderung, dass Macht geteilt sein müsse, um deren Missbrauch zu unterbinden, erweist sich in der österreichischen Verfassung, mehr aber noch in der österreichischen Verfassungsrealität, als Trugbild, als Schimäre eben.

Das Anliegen des Gründungsvaters der Gewaltenteilung ist die Forderung, keine der drei Gewalten ausschließlich einem Staatsorgan oder einer „sozialen Kraft" anzuvertrauen, andererseits aber jede „soziale Kraft" an den Gewalten angemessen zu beteiligen.[60] „Soziale Kräfte" sind bei Montesquieu das Volk, der Adel, der König. In unserer Gesellschaft sind es die politischen Parteien, die Kammern und Interessensverbände, wirtschaftliche Mächte, die Zivilgesellschaft. Die rechtspositivistisch orientierte österreichische Bundesverfassung kennt keine „sozialen Kräfte", sondern nur staatliche Organe, die in einem arbeitsteiligen Verfahren „Gesetzgebung" und „Vollziehung" ausüben. Als „Vollziehung" gilt nach der österreichischen Bundesverfassung die Durchführung der Gesetze einerseits durch unabhängige Organe (Gerichtsbarkeit) und andererseits durch die Regierung und die ihr unterstellten Verwaltungsorgane (Verwaltung).

Diese Nomenklatur ist längst nicht mehr geeignet, staatliche Tätigkeiten umfassend zu beschreiben. Ein immer größer werdender Teil der Regierungstätigkeit besteht in Planungen, in unternehmerischer Tätigkeit, in der Herstellung und Pflege von allerlei Beziehungsgeflechten zwischen öffentlichen und privaten Rechtsträgern, in Kultur- und Freizeitmanagements, in Werbe- und Marketingstrategien und vielem anderen mehr. Allen diesen Aktivitäten ist gemeinsam, dass sie ohne ausdrücklichen gesetzlichen Auftrag vor sich gehen und lediglich durch politische Programme der Parteien, Einflüsse von Märkten oder Interessen ziviler Gruppen gesteuert werden und daher nicht als Vollziehung von Gesetzen bezeichnet werden können.

Aber auch dort, wo tatsächlich gesetzliche Normen vollzogen werden, lässt die von der Verfassung angeordnete Trennung von Verwaltung und Gerichtsbarkeit viel an Klarheit vermissen. Der Artikel 94 unserer Bundesverfassung, wonach die Gesetzesvollziehung in Form der Verwaltung und in Form der Gerichtsbarkeit in allen Instanzen getrennt sei, erinnert an einen Witz, der in seiner Anwendung auf Juristen wie folgt lautet:

„Zwei Menschen müssen mit einem Ballon in einem ihnen völlig unbekannten Gelände notlanden. Sie fragen einen zufällig vorbeikommenden Wanderer, wo sie sich denn befänden. ‚Sie befinden sich in einem Ballon', ist seine Antwort. Der Wanderer muss Jurist sein, vermuten die

beiden Ballonfahrer. Seine Auskunft ist exakt, sie ist unzweifelhaft richtig, aber sie hilft überhaupt nicht weiter.“

Ähnlich verhält es sich mit der Aussage der Bundesverfassung, dass die Justiz von der Verwaltung getrennt sei. Sie ist exakt und richtig, aber die Normunterworfenen können aus ihr nichts gewinnen. Denn diese Unterscheidung von Verwaltung und Gerichtsbarkeit ist keine inhaltliche, sondern lediglich eine funktionelle, das heißt, sie wird davon bestimmt, was das Gesetz den Gerichten oder den Verwaltungsorganen als Aufgabe zuweist.

Für die inhaltlich verschwommenen Grenzen zwischen Justiz und Verwaltung mag es eine Reihe guter Gründe geben. Wenn zum Beispiel Mietrechtssachen vorerst vor einer gemeindeeigenen Schlichtungsstelle verhandelt werden und dann erst vor einem Gericht, so ist dies insbesondere in Ballungszentren eine sinnvolle Einsparung gerichtlicher Rechtsstreitigkeiten durch Vorschaltung einer Art Mediationsverfahren. Einfache Verkehrsdelikte wie Schnellfahren vor einem Strafrichter zu verhandeln, hieße mit Kanonen auf Spatzen zu schießen. Für solche Gesetzesübertretungen und deren Ahndung ist wohl schon der Ausdruck „Strafe“ und „Strafverfahren“ unangemessen, weil es sich doch eher um Ordnungswidrigkeiten handelt, deren Unrechtsgehalt nicht etwa mit einer Körperverletzung vergleichbar ist.

Die Höhe des Unrechtsgehalts einer Straftat zu bemessen und sie daher einmal von einem weisungsgebundenen Verwaltungsbeamten, einmal von einem unabhängigen Richter mit höheren Rechtsfolgen ahnden zu lassen, ist meistens von rechtspolitischen – oft tagespolitischen – Anschauungen der jeweiligen Machthaber und nicht von objektiven Kriterien abhängig. So ging man in der Umweltpolitik dazu über, Verletzungen von Vorschriften zu „kriminalisieren“, also statt durch Verwaltungsbehörden durch Strafgerichte ahnden zu lassen. Ähnliches gilt für sozialversicherungs- oder arbeitsrechtliche Vorschriften, deren Übertretungen – ebenfalls dem politischen Mainstream folgend – unter Tatbildern wie „Sozialbetrug“ den Strafgerichten überantwortet wurden.

Freilich sind dem Gesetzgeber bei der Verteilung der Staatsangelegenheiten auf Gerichte und Verwaltungsstellen gewisse Schranken auferlegt, die sich insbesondere aus der internationalen Verpflichtung der Menschenrechtskonvention ergeben.

Dieses Erfordernis sucht man zu erfüllen, indem man zuerst die Politik mit der ihr untergeordneten Beamtenschaft entscheiden lässt, so als ob es nur Gesetze auszulegen gelte. Um die Sache dann in einem zweiten Rechtsgang einem Richter zu überlassen, der damit auch (politische) Verwaltungstätigkeit ausüben muss. Die gewiss mitunter schwierige inhaltliche Unterscheidung zwischen Verwalten = Gestalten und Richten = Urteilen unterbleibt dabei. Der Verfassungsgesetzgeber hat sich diesen schludrigen Umgang mit der Gewaltenteilung längst zum Prinzip gemacht, indem er etwa die weisungsgebundene Staatsanwaltschaft als ein Organ der Gerichtsbarkeit dekretiert oder die inhaltliche Abänderung von Verwaltungsentscheidungen Gerichten überantwortet.(61)

Womit wir bei der Gesetzgebung wären. Ist diese von den übrigen Staatsgewalten getrennt? Tatsächlich entscheiden formell die Parlamente, was als Gesetz zu gelten hat. Unter den schwierigen Bedingungen eines hochtechnisierten Staatsapparats müssen sie aber in der Praxis die Gesetzesentstehung weitgehend den dafür mit entsprechenden Ressourcen ausgestatteten Regierungen überlassen. Zwar war auch schon zu Zeiten Montesquieus die Regierung das aktive Element im politischen Entscheidungsprozess.(62) Aber die technokratische Vielfalt heutiger Normen, die Dominanz der Regierungsvertreter auf dem internationalen Parkett, insbesondere in der Europäischen Union, haben deutlich gemacht, dass die vom Parlament ausgeübte Gesetzgebungsautonomie in vielen Fällen nur auf dem geduldigen Papier eines Gesetzblattes besteht.

Unsere Parlamente suchen zwar durch zahlreiche und detailfreudige Normen die Regierungen an die Leine zu nehmen, sind aber dabei doch weitgehend von deren Vorschlägen und Kenntnissen abhängig. Sie finden sich dergestalt in der Rolle eines Hundebesitzers, der von seinem Tier, obwohl er es an der Leine führt, mangels entsprechender Körperkraft bald hierhin, bald dorthin gezogen wird. Was tut ein Hundebesitzer, der zu schwach ist, um seinen großen und kräftigen Liebling an der Leine dorthin lenken zu können, wohin er will? Er wird ihm den nötigen Auslauf ohne Leine, aber begrenzt durch einen eingezäunten Garten oder eine Hundezone gewähren.

In gleicher Weise sollte das gesetzgebende Parlament darauf verzichten, jedwedes Verwaltungshandeln, das es ohnedies weder zu überblicken noch zu steuern vermag, mit Normen festzulegen, sondern sich auf das Wesentliche beschränken, und der Regierung jene Grenzen setzen, die diese im Interesse und zum Schutz der Bürgerschaft nicht übersteigen darf.

Ein solches Verständnis der Gewaltenteilung hätte viele Vorteile. Der Souverän, die Damen und Herren Abgeordneten, könnten das bestimmen, was sie beziehungsweise ihre Mandanten, die Bürger, für richtig halten und nicht das, was ihnen die Verwaltung für richtig zu halten vorgibt. Sie könnten ihre Vorgaben dem jeweiligen Gegenstand entsprechend feineinstellen. Die Frage etwa, wann ein Polizist einen Bürger seiner Freiheit berauben darf, würde man wohl exakt regeln und nicht einem rudimentären Ziel überlassen. Die Festlegung der Erfordernisse für die Standsicherheit eines Gebäudes oder einer technischen Anlage könnte hingegen getrost den Verwaltungsorganen überlassen bleiben, die davon aufgrund ihrer täglichen Praxis etwas verstehen. Solcherart würden sich dutzende Gesetzesbestimmungen, hunderte dazu ergangene gerichtliche Interpretationsentscheidungen und tausende, für berücksichtigungswürdige Einzelfälle notwendige Ausnahmegenehmigungen sparen lassen. Zum Nutzen der Bürger, wenn auch nicht jener Juristen, die als Legisten immer neue Regeln austüfteln, sich als Verwaltungsbeamte oder Richter an deren Auslegung delektieren oder als Anwälte ihren Klienten zu ihrem vermeintlichen „Recht" zu verhelfen trachten.

Der sachliche Einwand gegen eine Reform der Gesetzgebungstätigkeit in Richtung der Vorgabe von Zielen und Rahmen liegt in der unbestreitbaren Tatsache, dass dadurch Verwaltungsbeamten eine noch größere Verantwortung übertragen würde, als sie schon derzeit durch ihren Wissensvorsprung im Gesetzgebungsverfahren haben. Ohne Zweifel würde ein solch hohes Maß an Gestaltungsfreiheit für die Gesetzesvollziehung eine entsprechende parlamentarische Kontrolle der Einhaltung vorgegebener Ziele und des Gleichheitsgrundsatzes bedingen. Die Damen und Herren Abgeordneten hätten als wahre Volksvertreter die Auswirkungen ihre Zielvorgaben zu beobachten und zu prüfen, ob diese im beabsichtigten Sinn zum Tragen gekommen sind.

Die Bevölkerung könnte sich das nur wünschen. Die Erfolgskontrolle in Form eines Evaluierungsprozesses seitens der Volksvertreter findet nämlich derzeit so gut wie gar nicht statt. Die Gesetze werden von den Parlamenten im wahrsten Sinn des Wortes „verabschiedet", was so viel heißt, wie dass man damit nichts mehr zu tun hat. Allfällige, sich aus der Praxis ergebende nützliche oder notwendige Änderungsanordnungen kommen meist wiederum von der Regierung und nicht vom Parlament.

Mag sein, dass eine solche Weiterentwicklung des Rechtsstaatsgebotes zum Bürgerrechtsgebot eine zu idealistische Vorstellung ist. Man könnte sie immerhin in Teilbereichen einmal erproben, um in der Praxis herauszufinden, ob die Bürgernähe gestärkt und – als gewiss nicht unwillkommener Nebeneffekt – der Verwaltungsaufwand juristischer Glasperlenspiele minimiert werden könnte. Vielleicht ließe sich daraus ein Gewaltentrennungsprinzip gewinnen, das nicht nur in den Köpfen von Lehr- und Schulbuchautoren und deren Lesern vorkommt, sondern auch in der politischen Praxis.

Das Grundanliegen Montesquieus, nicht alle Staatsfunktionen von einer „sozialen Kraft" beherrschen zu lassen, erforderte aber vor allem, dass Gesetzgebung, Verwaltung und Gerichtsbarkeit nicht – gleichsam wie die Parallelen in der Unendlichkeit – außerhalb der Verfassungsregeln wieder zusammenlaufen. In einer politischen Realität, in der Richter zu Politikern werden können, Abgeordnete auf die höheren

Weihen eines Regierungsmitgliedes hoffen dürfen und Vertrauensleute einer politischen Partei ansatzlos in die höchsten Gremien des Richterstandes wechseln, erscheint Gewaltenteilung nur als Trugbild.

Der Staatslehrer und ausgewiesene Kritiker der Parteienallmacht Gustav Kafka hat es schon vor fast fünfzig Jahren als *„das Elend der österreichischen Bundesverfassung"* bezeichnet, dass sie die Gewaltenteilung im politischen Sinn nicht verwirklicht.(63) Aber davon mehr im Abschnitt über die politische Praxis.

(60) Alois Riklin: Geschichte der Mischverfassung. Darmstadt 2006, Kapitel 12

(61) Art. 90a B-VG bzw. die Einrichtung von erstinstanzlichen Verwaltungsgerichten mit reformatorischer Befugnis

(62) Riklin, Geschichte, 269 ff

(63) Die Presse, 31.12.1964

1.9. Von der Missgeburt zur Miss-Geburt

Die österreichische Nation

„Die Nation ist eine moderne Erscheinung."
(Johannes Messner)

Es gibt Sachen, die man in Österreich nicht sagen darf. Man läuft Gefahr, deshalb gesellschaftlich gemieden, beruflich ins Abseits geschoben oder zumindest als Spinner abgetan zu werden. Wenn man etwa einem Erfolg österreichischer Schirennläufer gleichgültig gegenübersteht oder den Opernball als überflüssige, staatlich unterstützte Selbstdarstellung der Seitenblicke-Gesellschaft betrachtet. Einer dieser sakrosankten Gegenstände, deren kritische Betrachtung jedermann zum Sonderling werden lässt, ist neben Sängerknaben, Lipizzanern, Wintersport und Volksmarathon auch die österreichische Nation.

Österreich ist eine Nation und damit hat sich's. Noch in den 50er und 60er Jahren des 20. Jahrhunderts war die politische Rechte der Ansicht, dass Österreich zwar ein eigener Staat sei, aber der deutschen Volks- und Kulturgemeinschaft angehöre. Österreichischer Staat ja, aber österreichische Nation, das sei eine ideologische Missgeburt, hieß es. Denn wenn man slowenischer, kroatischer, ungarischer Österreicher sein könne, dann gebe es eben auch deutsche Österreicher. Oder wie der frühere italienische Staatspräsident Francesco Cossiga einmal meinte, die Südtiroler seien keine österreichische, sondern eine deutsche Minderheit. Andererseits bestand in den Nachkriegsjahren eine starke Berührungsangst gegen alles, was „deutsch" ist, sodass man jedwede Gemeinsamkeit mit dem ehemaligen Aggressor zu leugnen pflegte. Nur besonnene Politiker wie der langjährige sozialdemokratische Linzer Bürgermeister Ernst Koref warnten davor, die Österreicher wegen der schlimmen Erlebnisse der nahen Vergangenheit vor die Alternative zu stellen, deutsch oder österreichisch zu sein: *„Man erschrecke nicht! Ich halte dies für grundsätzlich und taktisch verfehlt. Ich bin fest davon überzeugt, dass wir unsere Staatsbürger nicht vor dieses Dilemma stellen sollten ... Sagen wir es vielmehr klipp und klar: Wir sind deutsche Österreicher, und spielen wir nicht weiterhin aus Opportunitätsgründen Verstecken!"* [64]

Herr und Frau Österreicher haben heute damit kein Problem mehr. Stimmten noch 1964 nicht einmal 50 Prozent der Feststellung zu, dass Österreich eine Nation sei, waren es 1995 bereits stolze 85 Prozent.[65] Allerdings konnte in den Umfragen nur ein statistisch verschwindender Teil der Österreicher angeben, was eine Nation ist. Bei Multiple-Choice-Antworten belegt die Rubrik „Weiß nicht" mit Abstand den ersten Platz und bei freien Antwortmöglichkeiten dominieren Begründungen wie *„Österreich ist eine Nation, weil wir alle Österreicher sind"*.[66]

Mit dem Nationsbegriff hatte die Wissenschaft zu allen Zeiten ihre liebe Not. Während etwa der österreichische Staatsrechtslehrer Peter Pernthaler in seiner „Allgemeinen Staatslehre" der „Nation" ein ganzes Kapitel widmet, kommt der Begriff in der gleichfalls „Allgemeinen Staatslehre" des gleichfalls österreichischen Verfassungsrechtslehrers Friedrich Koja nicht einmal im Sachverzeichnis des Buches vor.[67] Auch in der österreichischen Bundesverfassung wird man „Nation" vergeblich suchen. Wenn sich auf einem bestimmten Gebiet gegenüber den dort lebenden Menschen eine Rechtsordnung durchgesetzt hat, spricht der Rechtspositivist von einem Staat. Historische Wurzeln, Selbstbestimmungsdrang der Völker, natürliche Rechte sprachlicher oder ethnischer Minderheiten, Zusammengehörigkeitsgefühl oder Fremdenhass kennt diese Rechtslehre nicht, obwohl solches die politische Entwicklung auch heute noch oft krisenhaft bestimmt.

Näher an der Realität liegen daher jene Begriffsbildungen, die „Nation" als das Zusammengehörigkeitsbewusstsein der Bewohner eines staatlichen Territoriums verstehen, das *„stärker als Volkssouveränität und Menschenrechte an Herz und Gemüt appelliert."*[68] Die Nation unterscheidet sich somit vom Volk, weil auch eine Mehrheit von Völkern, selbst unterschiedlicher Sprache, in einer Nation vereinigt sein kann. Andererseits kann ein Volk auch auf zwei Nationen aufgeteilt sein. Vom Staat im rechtlichen Sinn unterscheidet sich die Nation dadurch, dass zur gesetzlichen Zwangsgemeinschaft das subjektive Bedürfnis ihrer Bürger hinzutritt, in einer Staatengemeinschaft vereinigt zu sein. In diesem eher subjektiven Sinn kann Nation über sprachliche, ethnische oder historische Grenzen oder Gemeinsamkeiten hinaus dynamisch entstehen und in diesem Sinn kann man – trotz sprachlicher Vielfalt – von einer Schweizer Nation sprechen, aber auch – trotz sprachlicher Einheit – von einer eigenen deutschen und einer eigenen österreichischen Nation.

Das österreichische Nationalbewusstsein entstand praktisch aus dem Nichts. Es knüpft nicht wie die amerikanische, englische oder französische Nation an eine mehr oder weniger große Vergangenheit an. Das im heutigen Österreich lebende Volk wurde nach dem Ersten Weltkrieg von den Siegermächten, und hat sich auch selbst seiner Identität beraubt. Die einstmals glorreichen Habsburger wurden als Verursacher des verlorenen Krieges und damit als Quelle allen Übels festgemacht und aus dem historischen Bewusstsein entsorgt. Während andere europäische Kleinstaaten mit weit kürzerer Geschichte ihre Traditionen pflegen, kommt das historisch-politische Österreich heutzutage meist nur in leicht debilen Aristokratenrollen seichter Fernseh- und Operettendarbietungen vor. Man hat sich von seiner eigenen Vergangenheit abgenabelt und musste daher eine neue Identität finden.

Der Weg dahin war mühe- und qualvoll. Denn bis zum Einmarsch der deutschen Truppen 1938 und auch noch darüber hinaus haben recht viele Österreicher nichts sehnlicher gewünscht, als in den Mutterschoß eines Reiches mit gleicher Sprach- und Kulturtradition zurückzukehren. Karl Renner sprach 1938 von einer *„zwanzigjährigen Irrfahrt des österreichischen Volkes“*, die nun beendet sei. Das traurige Zwischenspiel des halben Jahrhunderts 1866 bis 1918 gehe in der tausendjährigen gemeinsamen Geschichte unter und daher werde er –

obschon mit den Methoden nicht einverstanden – für den Anschluss an Deutschland stimmen.(69) Es stellt daher eine arge Geschichtsverdrehung dar, alle jene, die 1938 nicht nur aus Angst für den Anschluss an Deutschland stimmten, allein schon deshalb als begeisterte Nationalsozialisten abzuqualifizieren.

Das Findelkind Österreich wurde 1945 ein zweites Mal geboren und dazu bestimmt, allein in der grausamen Welt zurechtzukommen. Die alliierten Mächte fungierten als ungeliebte Stiefeltern, unter deren strenger, nicht eben angenehmer Erziehung es für Österreich als selbständiger Staat zu existieren galt. Die Erlangung der Volljährigkeit in Form des Abzugs der Besatzungstruppen im Jahr 1955 wurde dankbar angenommen. Die junge Nation ging fortan den Weg vieler junger Menschen, denen es nicht schnell genug gehen kann, von Eltern und Erziehern unabhängig zu werden, die aber dennoch fest mit deren Unterstützung rechnen, wenn etwas schiefläuft. Die Neutralität war das für die österreichische Nationalität typische Werkzeug, sich die Einmischung anderer zu verbitten, nirgends dabei sein zu müssen, wo es gefährlich werden könnte, gleichzeitig aber im Fall des Falles mit der Hilfe der Großen rechnen zu dürfen.

Mit der Entlassung in die Unabhängigkeit und in die nationale Eigenständigkeit begannen die früheren Zieheltern der österreichischen Nation das Interesse an ihrem Sprössling zu verlieren. Nur die russische Babuschka versuchte noch eine Zeit lang in mütterlicher Gluckenhaftigkeit das kleine Österreich von dem ihrer Meinung nach schädlichen Umgang mit europäischer Gemeinschaft und NATO fernzuhalten. Aber auch Mütterchen Russland hatte zunehmend andere Sorgen. Österreich, das noch im Jahr der Erlangung seiner Freiheit als Mitglied in die Vereinten Nationen aufgenommen wurde, sah sich fortan als Bindeglied zwischen den beiden Machtblöcken des Kalten Krieges und glaubte, aus der Befreiung von sowjetischer Besatzung und dem Status „immerwährender Neutralität“ eine Sendung als Mittelpunkt der künftigen Weltordnung ableiten zu können. So schrieb Friedrich Heer schon wenige Tage nach dem Abschluss des Wiener Staatsvertrages im

Mai 1955 in der „Furche“: *„Wien muss die Hauptstadt des künftigen Europas sein. Kein Ort des europäischen Kontinents ist so geeignet als Mittelpunkt“*. Diese Euphorie ist mit zunehmendem Erwachsenwerden der jungen Zweiten Republik einem nüchternen Realitätssinn gewichen. Der österreichische Staat und sein Volk mussten sich daran gewöhnen, nicht mehr jener Mittelpunkt oder jenes Niemandsland zu sein, als welches man sich in den Zeiten des Kalten Krieges und der beiden großen weltbeherrschenden politischen und militärischen Machtblöcke USA und NATO auf der einen, Sowjetunion und Warschauer Pakt auf der anderen Seite gerne gesehen hätte. Zu stark durchmischt sind in der Gegenwart die machtpolitischen Grenzen, die sich – vor allem was das Militärische betrifft – durch die Osterweiterung der NATO weit nach Osteuropa vorgeschoben haben. Österreich ist damit in der Normalität eines europäischen Kleinstaates angekommen.

Trotz diesem Verlust an vermeintlicher Exklusivität ist das langsam gewachsene Nationalbewusstsein der Österreicher ungebrochen. Dieses Phänomen scheint auf einer Art Trotzreaktion zu beruhen. Je weniger man in der Welt als etwas Besonderes gelten kann, umso mehr ist man bestrebt, für sich eine Exklusivität in Anspruch zu nehmen. Das österreichische Nationalbewusstsein, durch verlorengegangene Brückenfunktion, Waldheim-Affäre und EU-Sanktionen beschädigt, verlegt sich auf politikferne Bereiche. Man sieht die nationale Größe durch Kulturevents, Sporterfolge oder Freizeitbewerbe bestätigt. Das in alle Welt übertragene Neujahrskonzert der Philharmoniker, ein sportlicher Erfolg im alpinen Schiweltcup oder – selten genug – gegen eine Fußballgroßmacht, aber auch nur der Sieg bei einer internationalen Miss-Wahl geben dem Nationalgefühl die nötige Nahrung zum Überleben.

Diese Ersetzung einer staatspolitischen durch eine Jetset-Nation ist kein spezifisch österreichisches Phänomen. In der Bundesrepublik Deutschland – aus vergleichbaren Gründen mit ihrer historischen Nationalität im Unreinen – suchte man daher die negative Attitüde eines integrations- und globalisierungsfeindlichen Neo-Nationalismus in die positive Chiffre der Verfassungstreue umzuwandeln. Der vom deutschen Politikwissenschaftler Dolf Sternberger apostrophierte „Verfassungspatriotismus" soll das – im Hinblick auf die historische Pflicht, nötigenfalls dafür zu sterben – ehemals „tödliche" Vaterland zum „lebendigen" Vaterland der politisch aktiven Bürger werden lassen.(70) Die wohl vom Herzen der deutschen Nation kommende Zeitungs-Schlagzeile „Wir sind Papst" anlässlich der Wahl eines Deutschen zum Oberhaupt der katholischen Kirche spricht allerdings eher für die Bildung eines „(fan)atischen Vaterlandes" oder einer „(fan)atischen Nation" als eine Art öffentlicher Fanklub nationaler Sport-, Kultur- und Gesellschaftsprominenz.

Es fragt sich, inwieweit „Nation" und „Patriotismus" angesichts der Entwicklung von Technik, Wirtschaft, Tourismus und persönlicher Freiheit noch von zeitgemäßer Bedeutung sind. Noch vor fünfzig Jahren war eine Italienreise etwas Besonderes, das als Vorbereitung nicht nur eines Reisepasses, sondern auch eines eigenen Dokuments für das Kraftfahrzeug, des Umtausches der Währung und längerer Grenzaufenthalte für die Zollkontrolle bedurfte, da die nationalen Preise so unterschiedlich waren, dass viele dem (unerlaubten) Einkauf jenseits der Grenze nicht widerstehen konnten. Junge Menschen von heute, die gelegentlich zum Besuch eines Events übers Wochenende nach Prag, Venedig oder Frankfurt reisen, haben da wohl eine ganz andere Sichtweise. Die nationale Zugehörigkeit ist teilweise zu einem überholten, nur für ältere Generationen geläufigen Unterscheidungsmerkmal geworden, welches zwar noch als Ausdruck eines historisch überkommenen emotionalen Zusammengehörigkeitsbedürfnisses fortlebt, freilich nur soweit dies mit den Ansprüchen der heutigen Wirtschafts-, Wissens- und Freizeitgesellschaft vereinbar ist.

Aber auch die Geschichte bildet auf Dauer kein tragfähiges Fundament des gegenwärtigen Nationengefüges. Tirol, Steiermark, Flandern, Burgund oder die Toskana sind als historisch gewachsene territoriale Einheiten um Jahrhunderte älter als etwa die Nationalstaaten Belgien, Österreich oder Italien. Die Europäische Union ist mit ihrem starken

Eintreten für einen unabhängigen Kosovo einen aus der Sicht ihrer politischen Interessenslage zwar verständlichen Weg gegangen, welche rationalen Argumente lassen sich aber dagegen finden, falls Schottland, das Baskenland oder Tirol sich als nationale Einheiten zu fühlen beginnen? Die zahlreichen staatlichen Neugründungen in Osteuropa, die Auflösung Jugoslawiens und der Tschechoslowakei, die Spannungen zwischen Flamen und Wallonen in Belgien oder in Spanien mit Katalanen und Basken zeigen kaum noch als Haarrisse zu verharmlosende weitere Bruchstellen im europäischen Nationalstaatsgefüge.

Waren es im 19. Jahrhundert die Nationalstaaten und im 20. die internationalen Gemeinschaften, welche neue Maßstäbe des öffentlichen Zusammenlebens setzten, können im 21. wirtschaftliche Leistungsfähigkeit, technische, wissenschaftliche oder militärische Zusammenarbeit und neue gesellschaftliche Bedürfnisse nur mehr gleichzeitig auf mehreren territorialen Ebenen von der Region bis zur Union befriedigt werden. Diese Vielfalt verläuft in unterschiedlichen Geschwindigkeiten und Entwicklungsschüben, wobei „inter-nationale“ auf der einen und „sub-nationale“ (regionale und lokale) Erfordernisse tendenziell an Bedeutung eher zu-, die in der Mitte gelegenen, nationalen hingegen eher abnehmen. Denn an der Wichtigkeit internationaler Gerichtshöfe zur weltweiten Ahndung von Kriegsverbrechen, von Weltwirtschaftsforen zur Regulierung eines aus den Rudern laufenden monetären Marktes oder von internationalen Gesundheits- und Kulturschutzorganisationen ist ebenso wenig zu zweifeln wie an kommunalen Erfordernissen der Daseinsvorsorge oder der regionalen Organisation zur Betreuung von Kindern oder zur Pflege kranker und alter Menschen. Die dazwischen liegenden Strukturen, die „klassischen“ Nationalstaaten, verlieren dabei viel von ihrer ursprünglichen Kompetenz und Bedeutung. Die subjektiv irrationale Attitüde der „Nation“ wird sich für diese territorial und personell einander überlagernden und inhaltlich ergänzenden sozialen Einheiten freilich kaum noch eignen.

(64) Die Zukunft H. 6/1965

(65) Max Haller: Identität und Nationalstolz der Österreicher. Wien 1996

(66) Robert Menasse. In: Sommerwerkstatt 2005, 68

(67) Friedrich Koja: Allgemeine Staatslehre. Wien 1993;
Peter Pernthaler: Allgemeine Staatslehre. Wien 1996, 2. Aufl.

(68) Jürgen Habermas: Die Einbeziehung des Anderen.
Studien zur politischen Theorie. Frankfurt/Main 1997. 136 ff

(69) Neues Wiener Tagblatt Nr. 92, 3.4.1938

(70) Näheres bei Daniel Schulz: Verfassung und Nation. Wiesbaden 2004, 266 ff

1.10. Akzelerator Europa

Die europäische Integration

„Wir befinden uns auf einer gemeinsamen Insel. Früher hieß sie Österreich, dann Europa, jetzt umfasst sie die ganze Welt.“
(Franz Kardinal König)

Salzburger Nockerl schmecken nur in Salzburg wirklich gut. Diese Feststellung ist mir aus Kindertagen in Erinnerung. Als man in Europa noch anhand der Kraftfahrzeuge erkennen konnte, in welchem Land man sich gerade befindet. Denn Italiener fuhren hauptsächlich Fiat, Franzosen Peugeot oder Citroën, Deutsche VW, Opel oder Ford.

Gewiss, heutzutage ist die Küche international und Markenautos werden auf der ganzen Welt erzeugt und exportiert. Aber an der Einstellung zu nationalen Produkten scheint sich wenig geändert zu haben. Einer Einstellung, die freilich nicht nur beim „dummen, ungebildeten Volk“ vorherrscht, sondern ebenso unter Fachleuten und vor allem bei jenen, die zur Führung des Volkes berufen sind. Manager bemänteln ihre Fusionspläne mit der Notwendigkeit einer „österreichischen Strom-, Banken- oder Rohstofflösung“, Gewerkschafter warnen vor den ausländischen Arbeitskräften, Kammervertreter vor der mangelnden Qualität ausländischer Dienstleistungsanbieter und Umweltpolitiker raten zum ausschließlichen Kauf österreichischer Nahrungs- und Genussmittel, weil nur der „Feinkostladen Österreich“ unsere Umwelt und Gesundheit garantieren könne. Wer sich seine Zähne im EU-Staat Ungarn erneuern lässt, dem werden sie bald wieder ausfallen und er wird dann (zur Strafe?) von einem österreichischen Zahnarzt nicht mehr behandelt, weil er nicht gleich dessen qualitätsvollere (und meist teurere) Dienstleistung in Anspruch genommen hat. Und als vor einigen Jahren der Verkauf des Industriekonzerns Böhler-Uddeholm an ein ausländisches Unternehmen „drohte", dann aber letztlich doch die heimische VOEST zum Zug kam, überschlugen sich führende Politiker aller Couleurs vor Begeisterung, dass ein Ausverkauf österreichischen Wirtschaftsgutes verhindert werden konnte. Lediglich der Wirtschaftskammerpräsident rang sich in seinem erfreuten Statement den Hinweis ab, dass die Übernahme durch ein nichtösterreichisches Unternehmen, vornehmlich aus dem EU-Raum, doch nicht grundsätzlich negativ bewertet werden dürfe.

All diese Äußerungen stehen in seltsamem Spannungsverhältnis zu den politischen Belehrungen über die Notwendigkeit und Nützlichkeit der europäischen Integration. Während in öffentlichen Reden von den Vorteilen des gemeinsamen Marktes geschwärmt und der Öffnung aller Grenzen das Wort geredet wird, bedient man auf der anderen Seite recht eifrig chauvinistische Vorurteile eines breiten Publikums. Die Bürger werden ständig mit solchem Zwiedenken konfrontiert und dadurch verunsichert.

Die politischen Führer der europäischen Staaten haben in ihrer überwiegenden Mehrheit längst erkannt, welche Vorteile das gemeinsame Europa für den Frieden, die Wirtschaftsentwicklung und damit für die Bevölkerung des gesamten Kontinents bedeutet. Als nationale Politiker, die in ihrem Land durch allgemeine Wahlen an die Macht gekommen sind und diese auch erhalten möchten, sind sie jedoch ständig der Versuchung ausgesetzt, ihre europäische Gesinnung dann zu vergessen, wenn eine europäische Entscheidung scheinbar nationalen Interessen zu widersprechen droht. Da kann es dann sein, dass ein Bundeskanzler, welcher gerade von einer Ratssitzung in Brüssel über Maßnahmen zur Stabilisierung der europäischen Gemeinschaftswährung zurückkehrt, stolz vermeldet, weiter die alleinige nationale Entscheidung über die Finanzierung der staatlichen Pensionen durchgesetzt zu haben. Dieses Hin und Her zwischen europäischem Integrationsdenken und nationalem Egoismus, welches insbesondere in Vorwahlzeiten in Richtung des Letzteren ausschlägt, ist nicht dazu angetan, das europäische Bewusstsein der Völker unseres Kontinents zu stärken. Wenn selbst „die da oben" zumindest phasenweise nationalistische Ideen hervorkehren, wie sollen da die Bürger zu überzeugten Europäern werden?

Dazu kommt noch eine weitere Ausprägung politischen Denkens und Redens mit „gespaltener Zunge". In Interviews wird gelegentlich an Europapolitiker die Frage gestellt, ob Europa im Hinblick auf die fortschreitende Übertragung ehemals nationaler Entscheidungskompetenzen an EU-Organe nicht schon längst auf dem Weg zu einem Bundesstaat etwa nach dem Muster der USA sei. Manche lehnen dies entrüstet ab, andere winden sich wie die Schlange im Unterholz, um letztlich zu versichern, dass die Nationalstaaten selbstverständlich auch in Zukunft erhalten bleiben werden. Was ist von solchen Beteuerungen zu halten?

Die EU ist zunächst in erster Linie eine europäische Wirtschaftsgemeinschaft (EWG) gewesen, wenn auch immer schon mit politischen Zielsetzungen, insbesondere der gemeinsamen und daher friedlichen Nutzung kriegsrelevanter Rohstoffe. Der Anfang Europas war der gemeinsame Markt, auf dem Waren auch außerhalb der ehedem schmalen Grenzen der Nationalstaaten ohne regionale Wettbewerbsverzerrungen angeboten werden können. Dies erfordert Regulierungen, um im gesamten europäischen Markt gleiche Voraussetzungen zu schaffen. Denn wer etwa in Polen Fertigteilhäuser produziert und in England und Österreich absetzt, möchte in allen seinen Abnehmerländern die gleichen Genehmigungsvoraussetzungen vorfinden.

Auf der Seite des Produktionsfaktors Arbeit bedingt dies nicht nur eine Angleichung des Lohnniveaus, sondern auch aller mit Löhnen und Gehältern verbundener sozialer Abgaben und nicht zuletzt eine Homogenisierung der Arbeitsbedingungen. Dieser verdanken wir europäische Standards mit vermeintlichen Auswüchsen, wie dass Kellnerinnen im Freien nicht der Sonne ausgesetzt werden und daher keine Dirndl auf der Alm tragen dürfen, oder dass Musiker nicht zu laut spielen dürfen, um ihr Gehör nicht zu schädigen.

Vieles davon, so heißt es bei Europa-Befürwortern, sei Gräuelpropaganda und die im Interesse des gemeinsamen Marktes erlassenen

EU-Vorschriften seien gar nicht so. Aber das ist nicht das Entscheidende. Entscheidend ist vielmehr, dass sie kraft EU-Verfassung und -Recht so sein könnten und auch so sein werden, wenn es dem gemeinsamen Arbeits- und Warenmarkt dienlich ist. Deshalb wird zwar wohl weiterhin kein EU-Vollzugsorgan der Kellnerin auf der Almhütte in den Ausschnitt gucken, wohl aber werden EU-Richtlinien etwa betreffend die öffentlichen Angaben über die CO2- Belastung in Automobil-Verkaufslokalen erlassen, die in ihrer Detailfreudigkeit bereits an Lächerlichkeit grenzen. Die EU droht in ihrem Bestreben, gleiche Wettbewerbsbedingungen für Arbeit und Kapital zu schaffen, *„den protektionistischen Nationalstaat von gestern zur Brüssler Super-Nanny von morgen“*(71) werden zu lassen – wie ein Journalist formulierte.

Das menschliche Zusammenleben wird überall dort normativ beschränkt, wo es die EU-Märkte, nicht aber unbedingt auch die EU-Bürger wünschen. Daher wird etwa der Handel mit Glühbirnen europaweit geregelt, nicht aber der mit Atomenergie, der Schutz des menschlichen Lebens vor den Gefahren des Rauchens und wohl bald auch des Essens und Trinkens, nicht aber der bei Sterbehilfe, Präimplantations- und Pränataldiagnostik. Oder wie der langjährige EU-Abgeordnete Reinhard Rack einmal prägnant formulierte: *„Die Kommission ist bei den großen Dingen zu langsam und bei den kleinen zu voreilig.“*(72)

Der Präsident des Verfassungsgerichtshofs Gerhart Holzinger hat schon 2007 darauf hingewiesen, dass wichtige Dinge wie der Vorrang des Gemeinschaftsrechts nicht in den Gemeinschaftsverträgen stehen und die rhetorische Frage gestellt, ob bei einer ausdrücklichen Formulierung einzelne Mitgliedstaaten überhaupt beigetreten wären.(73) Ähnliche Überlegungen kann man auch darüber anstellen, ob es zu einer gemeinsamen europäischen Währung gekommen wäre, wenn die Partnerländer einen „Fiskalpakt“ mit Eingriffsrechten in ihre Budgetpolitik vorausgesehen hätten. Wenn schließlich jüngst der österreichische Verfassungsgerichtshof zu dem Ergebnis gelangte, dass die von der EU-Grundrechtecharta garantierten Rechte auch nach österreichischem Verfassungsrecht geltend gemacht werden können und einen Prüfungsmaßstab in Verfahren der generellen Normenkontrolle bilden,[74] sodass der Verfassungsprofessor und Vorsitzende des Grundrechteausschusses des Österreich-Konvents, Bernd-Christian Funk, daraus den Schluss zog, eine Neukodifizierung der Grundrechte sei damit hinfällig,[75] so wird leicht klar, was von dem politischen Credo der souveränen europäischen Nationalstaaten noch zu halten ist.

Man könnte diese Widersprüchlichkeiten zwischen nationalem Egoismus und europäischem Bewusstsein im politischen Denken, Reden und Handeln als eine Art Akzelerationsprozess ausmachen. Als Akzeleration beim Menschen bezeichnet man allgemein eine Entwicklungsbeschleunigung, in Form eines früheren Eintritts der Geschlechtsreife, mit dem keineswegs auch ein früherer allgemeiner Reifeprozess des jungen Menschen einhergehen muss. In ähnlicher Weise hinkt auch die nationale Denk- und Handlungsweise dem offenkundigen Erfordernis einer europäischen Integration hinten nach.

Dieser Akzelerationsprozess macht sich nicht nur in den Köpfen der Unionsbürger und ihrer politischen Repräsentanten bemerkbar, sondern konsequenterweise auch in den gemeinschaftlichen Organen. Zwar gibt es seit der Neugestaltung des EU-Vertrages einen ständigen Ratsvorsitzenden und eine Art EU-Außenminister, doch beweisen schon die ersten personellen Besetzungen dieser Funktionen, dass es den EU-Staaten dabei keineswegs um die Schaffung entscheidungsfähiger und entsprechend verantwortlicher gemeinschaftlicher Organe zu tun war.

Die tatsächliche Macht übt in der EU weiterhin der Europäische Rat aus, der nichts anderes als die Gemeinschaft der europäischen Staats- und Regierungschefs ist, welche allesamt aus machtpolitischen Gründen eher den Interessen ihres Staates verpflichtet sein müssen als denen der Gemeinschaft. In diesen und nicht in der EU wollen und müssen sie schließlich wiedergewählt werden. Man kann sich das so vorstellen, wie wenn Österreich nicht von einer durch das Parlament unterstützten Regierung, sondern von der Konferenz der österreichischen Landeshauptleute geführt werden würde und diese gleichzeitig oberstes Gesetzgebungs- und oberstes Verwaltungsorgan wäre. Die regionalen Interessen kämen dabei mehr zur Geltung, die Erfordernisse des Gesamtstaates wohl weniger. Denn die Landeshauptleute brauchen das Vertrauen ihres Landes – nicht aber des Bundesvolkes. Ebenso wie die EU-Regierungschefs ihren nationalen Wählern verantwortlich sind und nicht denen der gesamten Europäischen Gemeinschaft.

Bliebe als wichtigstes demokratisch-politisches Entscheidungsorgan das Europäische Parlament. Das Grundproblem des EU-Parlamentes ist die Tatsache, dass es von allem Anfang nicht als **das** demokratisch legitimierte, normative Entscheidungsorgan des gemeinsamen Europas konzipiert war. Ursache hierfür mag sein, wie der Schweizer Historiker Urs Altermatt vermutet, dass die europäische Integration *„im Stile der Kabinettspolitik des 19. Jahrhunderts“*(76) erfolgt ist, also unter Ausschluss der Öffentlichkeit und erst nachheriger Einholung der Zustimmung der eigenen Bevölkerung.

Die Bürger haben sich längst ihren Reim auf diese Tatsache gemacht und sind daher den EU-Parlamentswahlen in viel größerem Ausmaß ferngeblieben als nationalen Wahlgängen. Die nationalen Parteien versuchen dem Dilemma dadurch zu entkommen, dass sie nicht ihre kompetentesten, fleißigsten und politisch stärksten Mandatare als Spitzenkandidaten für das Europäische Parlament nominieren, sondern solche, die als Bestsellerautoren, Fernsehkommentatorinnen oder ehemalige Minister einen möglichst hohen Bekanntheitsgrad im Inland aufweisen. Der Erfolg gibt ihnen – freilich oft nur kurzfristig – recht, weil es ja auch in der Wahlwerbung meist nicht so sehr um Europa als um Innenpolitik geht und die EU-Parlamentswahl mehr als eine Art nationaler Zwischenwahlkampf angesehen wird.

Die Wahl eines europäischen Parlamentes gedeiht nur dann zu einer echten Mitbestimmung der Europäer in politisch entscheidenden Europafragen, wenn dafür europäische Parteien kandidieren, die entsprechend dem ihnen von den Bürgern Europas eingeräumten Vertrauen sowohl gegenüber der Regierung der europäischen Räte als auch gegenüber der Bürokratie der Europäischen Kommission etwas zu sagen und auch durchzusetzen haben. Dass für Wahlen zum Europäischen Parlament noch immer keine europäischen Parteien, sondern nur die im jeweiligen nationalen Spektrum tätigen Gruppen kandidieren, sagt mehr über die mangelnde politische Bedeutung der europäischen Volksvertretung als ihr normierter Aufgabenbereich.

Wenn jedoch das Europa-Parlament auch in Zukunft nur aus Vertretern dutzender Nationalparteien bestehen soll, die sich dann bestenfalls in Fraktionen organisieren, könnte man sich die politisch und finanziell belastenden Europa-Wahlen getrost sparen und das EU-Parlament jeweils in Form des Verhältniswahlrechts aus den nationalen Parlamenten zusammensetzen. Für das EU-Parlament könnte dies sogar eine Qualitätsverbesserung bedeuten, weil die nationalen Parteien fachlich geeignete Persönlichkeiten entsenden würden und nicht darauf angewiesen wären, Spitzenkandidaten zu präsentieren, die unbeschadet ihrer Europa-Kompetenz bei der nationalen EU-Wahl als Trümpfe reüssieren können, um sich dann unter Umständen recht bald als Loser zu erweisen.

Die rechtliche Umsetzung des europäischen Einigungsgedankens ist zum Prüfstein für unser Rechtssystem geworden, weil sie die den Juristen aus der Lehre vom Stufenbau der Rechtsordnung allgegenwärtige Frage nach dem maßgeblichen Geltungsgrund von EU- und nationalem Recht nicht befriedigend zu beantworten vermag.[(77)] Der „sense of belonging“ (co. Ralf Dahrendorf), das europäische Zusammengehörigkeitsgefühl, lässt sich nicht rechtsdogmatisch verorten und auch nicht der Vorbehalt vieler gegen eine Regelungsdichte, die die Achtung des Privatlebens mehr und mehr einzuschränken droht.

Zur Sicherstellung einer demokratischen Abwehr gegen normative Übergriffe der Zentralorgane wurde zwar im europäischen Recht das Subsidiaritätsprinzip in Stellung gebracht. Dieses eignet sich freilich nur wenig für eine Kompetenzabgrenzung zwischen europäischen und nationalen oder gar regionalen Gesetzgebungsautoritäten. Denn seine Anwendung setzt den Konsens voraus, was EU-weit geregelt werden und was dem einzelnen Nationalstaat verbleiben muss. So hat etwa der frühere EU-Parlamentarier Johannes Voggenhuber in einer Diskussion die Auffassung vertreten, wesentliche Bereiche der Sozialpolitik wären nach dem Subsidiaritätsprinzip einheitlich in der EU zu regeln, weil nur diese dazu wirklich in der Lage sei. Ob dies nationale Politiker, die immer wieder trotzig betonen, sich in ihrer Sozialpolitik von der EU nicht dreinreden zu lassen, auch so sehen?

Vielleicht müssen wir auch hier etwas weniger rechtsdogmatisch denken. Der frühere Institutsvorstand für Politikwissenschaft an der Uni Wien, Heinrich Schneider, meinte, dass eine föderale Gestaltung der EU neuer kategorialer Voraussetzungen bedarf und dass ihre Völker neuer Repräsentationsformen bedürfen. Eine *„bloße Supranationalisierung des parlamentarischen Regierungssystems“*(78) würde nicht ausreichen, um europäisches Bürgerbewusstsein zu schaffen.

Wie immer sich die Mitgliedstaaten der Europäischen Union entscheiden mögen, ob man weiterhin den durch nationale Politiker und Gerichtshöfe erzeugten Schein aufrechterhält, dass die Union nichts anderes sei als ein juridisch exakt bemessener und jederzeit änderbarer Staatenbund im Rahmen der herrschenden nationalen Staatsidee, oder ob man sich mit etwas mehr Mut und Weitblick dazu bekennt, dass europäische Integration ein Akzelerationsprozess ist, dem durch entsprechend flexible Organisationsformen Rechnung zu tragen ist: Das Projekt eines gemeinsamen Europas ist wohl im Großen und Ganzen unumkehrbar.

Aus der Ergonomie weiß man: Die biologische Akzeleration, derentwegen Größe und Form von Sitzmöbeln nicht mit dem Wachstum der Menschen Schritt halten, kann bei diesen zu Haltungsschäden führen. Solche Haltungsschäden haben auch Politiker zu verantworten, die einmal das „Friedensprojekt Europa“ loben, um bei nächster Gelegenheit opportunistisch in den Nationalismus der Vergangenheit zu verfallen, anstatt gemeinsam mit ihren Bürgern behutsame und zumutbare Schritte auf dem Weg zu Integration zu setzen.

(71) Michael Prüller: Die Presse, 2.1.2010

(72) Die Presse, 10.2.2007

(73) Schriftenreihe Institut für Föderalismus Nr. 106. Innsbruck 2008, 210

(74) Verfassungsgerichtshof, Beschluss vom 14.3.2012, U 466/11

(75) Der Standard, 5./6.5.2012

(76) Urs Altermatt: Nation Europa oder Europa der Nationen. In: Marko Joseph (Hg.): Politik, Staat und Recht im Zeitenbruch. Symposion zum 60. Geburtstag von Wolfgang Mantl. Wien 2011, 71

(77) Vgl. etwa Diskussionen zum europäischen Staaten- und Verfassungsverbund. In: Zeitschrift für Verwaltung 2007/4, 29 ff

(78) Heinrich Schneider: Die europäische Union als Staatenverbund oder als multinationale „Civitas Europea“. In: Albrecht Randelzhofer/Hugo Scholz/Karl Wilke (Hg.): Gedächtnisschrift für Eberhard Grabitz. München 1995

2. Die Politik und ihre Vertreter

2.1. Mit doppelter Kraft zu halber Tat

Der Bundespräsident

„Der Sinn meines Amtes ist, meine Völker vor ihren Politikern zu schützen.“ (79)

(Kaiser Franz Joseph zu US-Präsident Theodore Roosevelt anlässlich dessen Besuches 1910 in Wien)

Der Ausschuss 3 des Österreichischen Verfassungskonvents (staatliche Institutionen) richtete an das Konventspräsidium das Ersuchen, die zukünftige Rolle des Staatsoberhauptes in einer neuen Verfassung erst nach geschlagener Bundespräsidentenwahl 2004 diskutieren zu dürfen. Das Konventspräsidium lehnte dieses Ansinnen glattweg ab.(80) Stattdessen durfte der neu gewählte Bundespräsident dem Konvent dann ausrichten, wie er es denn gern hätte. Heinz Fischer meinte in einem Brief an den Konventsvorsitzenden Franz Fiedler, das Recht der Einberufung der einzelnen Tagungen des Nationalrates innerhalb einer Gesetzgebungsperiode scheine ihm entbehrlich, und auf die Befugnis, uneheliche Kinder zu ehelichen zu erklären, könne er auch verzichten, weil dies nicht mehr zeitgemäß sei. Ansonsten aber möge alles beim Alten bleiben. (81) Der Konvent nahm's beflissen zur Kenntnis.

Der österreichische Bundespräsident ist eines jener Kompromissprodukte, auf die sich die politische Linke und Rechte unseres Landes immer wieder zusammenraufen. Die Sozialdemokraten fürchteten eine Restauration der Monarchie und eine Beschneidung der Rechte des Parlamentes. Die Christlich-Sozialen hingegen plädierten für ein dem Parteienstaat entzogenes starkes Staatsoberhaupt als Gegengewicht zum Parlament. Man einigte sich zunächst 1920 auf einen lediglich von der Bundesversammlung zu wählenden Präsidenten, dem kein Recht auf Bestellung der Bundesregierung zukam. Erst 1929 setzte die bürgerliche Seite die Volkswahl des Bundespräsidenten und die Stärkung seiner Rechte, insbesondere des Rechtes der Bestellung des Bundeskanzlers und der Bundesminister durch. Seit der Verfassungsnovelle 1929 haben wir daher einen Bundespräsidenten, der die Regierung bestellen darf, bei seiner täglichen Arbeit aber weitgehend an die Zustimmung anderer gebunden ist. Man ist, frei nach Grillparzer, mit doppelter Kraft zu halber Tat gelangt.

Der – noch nicht vom Volk gewählte – Bundespräsident der 30er Jahre, Wilhelm Miklas, stellte angesichts der sukzessiven Außerkraftsetzung der Verfassung durch Kanzler Dollfuß im Jahr 1933 resignierend fest, dass man gegen eine Diktatur eben nichts machen könne: der König von Italien nicht gegen Mussolini, Hindenburg nicht gegen Hitler und er nicht gegen Dollfuß.[(82)] 1951 wurde Theodor Körner als erster Präsident durch das Volk gewählt, wobei man selbst damals noch überlegte, ob nicht aus Sparsamkeitsgründen der Wahl durch die Bundesversammlung der Vorzug gegeben werden sollte. Er und sein Nachfolger Adolf Schärf amtierten in der Zeit der großen Koalition des Wiederaufbaues nach dem Zweiten Weltkrieg. Die Regierungsernennung war angesichts der festgefügten großen Koalition keine allzu schwere Pflicht. Erst Präsident Franz Jonas sah sich 1966 kurz nach seinem Amtsantritt mit einem Wahlergebnis konfrontiert, das ihm letztlich nichts anderes übrig ließ, als eine ÖVP-Alleinregierung zuzulassen. Schon vier Jahre später, bei der nächsten Wahl, war die Alleinregierung Klaus allerdings abgewählt und nunmehr „erlaubte" Franz Jonas dem Chef der mandatsstärksten, aber nicht mit absoluter Parlamentsmehrheit ausgestatteten SPÖ, Bruno Kreisky, die Bildung einer Minderheitsregierung. Staatspolitisch hat er korrekt gehandelt, denn es war klar, dass das Minderheitskabinett dank der Unterstützung der FPÖ, mit der sich Kreisky auf eine Wahlrechtsreform verständigt hatte, vom Nationalrat zumindest bis auf Weiteres nicht gestürzt werden würde. Ein Jahr später bestätigte das Wählervolk bei der – erwartungsgemäß vorzeitigen – Neuwahl die Entscheidung des Bundespräsidenten, indem es Kreisky mit einer absoluten Mehrheit ausstattete.

Der nächste Bundespräsident, Rudolf Kirchschläger, hatte mit den Regierungsbildungen ein leichtes Spiel. Zwei Mal in seiner insgesamt zwölfjährigen Amtszeit, in den Jahren 1975 und 1979, wurde die absolute Mehrheit Kreiskys vom Volk bestätigt und 1983 war ziemlich klar, dass sich SPÖ und FPÖ zu einer „kleinen" Parlamentskoalition verständigen würden. Anders als Theodor Körner 1953 erhob Kirchschläger kein Veto gegen eine Regierungsteilnahme der dritten Kraft und dies fand auch weitgehend Zustimmung. Während ihn also die Regierungsbildung nicht wirklich zu fordern vermochte, versuchte er sich in der Rolle des ernsten Mahners angesichts einiger veritabler öffentlicher Skandale, die sich in seiner Amtszeit ereigneten. Mit der großväterlich milden Attitüde, die man hierzulande offenkundig von einem Staatsoberhaupt erwartet, sprach er in einer Rede von „sauren Wiesen", die es trocken zu legen gelte. Anlässlich seines viele Jahre späteren Ablebens meldete der Österreichische Rundfunk in der ersten Todesnachricht, dass jener Präsident gestorben sei, der vor allem mit der Aussage von den „sauren Wiesen" bekannt geworden ist. Ob ein Staatsoberhaupt mit solchen Metaphern im Falle des Falles wirklich effektiv zur Verhinderung oder Bereinigung einer Staatskrise beitragen könnte?

Auf Rudolf Kirchschläger folgte Kurt Waldheim und nach dessen Verzicht auf eine Wiederkandidatur wurde überraschend Thomas Klestil zum Bundespräsident gewählt. Klestil und die ihn unterstützende ÖVP hatten schon im Wahlkampf mit dem Slogan „Macht braucht Kontrolle" ihre verfassungspolitische Positionierung zu erkennen gegeben. Dieser Slogan war nichts anderes als die bereits an der Wiege des gewählten Präsidentenamtes gestandene Theorie der Teilung der Staatsmacht im moderneren Outfit. Einer damals schon seit mehr als zwei Jahrzehnten bestehenden sozialdemokratischen Parlamentsmehrheit und Kanzlerschaft sollte ein Bundespräsident gegenüberstehen, der diese etablierte Macht kontrolliert. Da er zum Unterschied von all seinen Vorgängern noch nie selbst ein hohes innenpolitisches Amt ausgeübt hatte, schien er von dieser Macht auch nicht angekränkelt zu sein. Die Wähler zeigten sich von diesen Argumenten mehrheitlich beeindruckt und wählten Klestil im zweiten Wahlgang gegen den amtierenden SPÖ-Minister Rudolf Streicher zum Bundespräsidenten.

Thomas Klestil war dann auch der erste österreichische Bundespräsident, der die verfassungsrechtlichen Grenzen des Amtes zumindest ansatzweise auszuloten suchte. Es begann mit dem allerdings erfolglosen Versuch, dem Bundeskanzler (damals Franz Vranitzky) die Mitgliedschaft im Europäischen Rat streitig zu machen. In einer präsidentialen Republik kommt diese Rolle dem Präsidenten (z. B. in Frankreich), in den überwiegend parlamentarischen Demokratien unter den EU-Ländern hingegen dem Kanzler oder Ministerpräsidenten zu. Es wäre kaum vorstellbar, dass etwa Großbritannien im europäischen Leitungsgremium statt vom Premierminister von der englischen Königin vertreten wäre. Auch Kanzler Vranitzky konnte sich solches nicht vorstellen, obwohl Klestil dies, gestützt auf ein Gutachten, aus seinem verfassungsrechtlichen Auftrag zur Vertretung der Republik nach außen, abzuleiten suchte.(83) Die Vertretung Österreichs im Europäischen Rat durch den Bundeskanzler hat die Funktion des österreichischen Bundespräsidenten zweifellos geschwächt. Denn wenn etwas zu seinen unbestrittenen Aufgaben gehörte, dann war es die Vertretung der Republik gegenüber dem Ausland. Gerade diese aber hat der Bundespräsident im Verkehr mit den für Österreich besonders wichtigen europäischen Nachbarländern, die außer Schweiz und Liechtenstein allesamt auch Mitglieder der Europäischen Union sind, nunmehr weitgehend an den Regierungschef verloren. Es verbleiben ihm außereuropäische Staaten und Großmächte wie die USA oder Russland, denen gegenüber der Aktionsradius eines Repräsentanten Österreichs als eines von 27 EU-Mitgliedstaaten eher bescheiden ist.

Die nächste große und in der Öffentlichkeit stark wahrgenommene Gewichtsmessung des Bundespräsidentenamtes durch Thomas Klestil erfolgte bei der Bildung der schwarz-blauen Koalition im Jahr 2000. Die Ausgangsposition war von Anfang an klar. Der Bundespräsident ist nach der Verfassung berechtigt, einer Persönlichkeit die Ernennung zum Bundeskanzler der Republik zu verweigern. ÖVP-Obmann Wolfgang Schüssel konnte andererseits damit rechnen, dass das neu gewählte Parlament, in welchem ÖVP und FPÖ über eine Mehrheit verfügten, keine andere als eine schwarz-blaue Regierung unter seiner Führung akzeptieren würde.

Beide, der Präsident und der Kanzler, haben ihre verfassungsrechtlichen Möglichkeiten nicht ausgereizt. Klestil hat, wenn auch mit demonstrativ zur Schau gestelltem Widerwillen, das Kabinett Schüssel angelobt und Schüssel hat der ihm vom Präsidenten abverlangten „Garantieerklärung" zugestimmt und auf zwei vorgesehene Minister verzichtet, anstatt den Bundespräsidenten durch eine Weigerung neuerlich in Zugzwang zu versetzen. Beide, der Bundespräsident und der Bundeskanzler, haben damit letztlich verantwortungsvoll im Interesse der Vermeidung einer Staatskrise gehandelt. Aber was ist eigentlich der Sinn einer Verfassungsregel, nach der ein Bundespräsident eine Regierung verhindern kann, die vom Willen der Parlamentsmehrheit getragen wäre?

Noch einmal hat Thomas Klestil verfassungspolitisch Geschichte geschrieben, als er in seinem letzten Amtsjahr anlässlich eines Interviews mit der „Neuen Zürcher Zeitung" über seine verfassungsgesetzliche Option plauderte, die Regierung entlassen zu können, weil sie gerade eine Maßnahme plante, die in Teilen der Bevölkerung auf Widerstand stieß.(84) Der Bundespräsident hat damit wiederum nur ein Verfassungsrecht in Erinnerung gerufen. Wenn ein Bundespräsident eine Regierung, der ohnedies nur höchstens fünf Jahre zur Verfügung stehen, um der Bürgerschaft eine unpopuläre, aber vielleicht notwendige Maßnahme begreiflich zu machen, wegen Erregung eines solchen Ärgernisses entlassen kann, wird das Regieren schwierig. Der Bundespräsident kann sich hingegen auf diese Weise große Sympathien beim wutschnaubenden Wählervolk erringen, die seine Wiederwahl begünstigen. Ja er kann sogar noch mehr tun und ein Beamtenkabinett einsetzen, welches ihm sogleich die Auflösung des Nationalrates vorschlägt und Neuwahlen bewirkt. Ein österreichisches Staatsoberhaupt kann somit jederzeit, vor allem aber in der für eine Regierungskoalition ungünstigsten Zeit vorgezogene Neuwahlen erzwingen und solcherart die Geschäfte der Opposition besorgen. Ein verantwortungsbewusstes, auf den inneren Frieden bedachtes Staatsoberhaupt wird solches nie und nimmer tun und daher ist es in der Vergangenheit auch nicht geschehen. Wozu aber dieses verfassungsrechtliche Instrument?

Auf Thomas Klestil folgte als vorläufig letzter Heinz Fischer auf dem obersten Sessel der Republik. Der mit allen Wassern politischer Erfahrung gewaschene Jurist machte schon im Wahlkampf und am Beginn seiner Amtsführung klar, dass er dem gefährlichen Rand seines verfassungsrechtlichen Machtbereiches nicht zu nahe zu kommen beabsichtigt. Seine Wiederwahl rief eine – schnell wieder verebbte – Diskussion hervor, ob ein solcher Wahlgang, der bisher immer den wiederkandidierenden Amtsinhaber siegreich sah, politisch wie ökonomisch vertretbar ist.

Es wäre wohl angebracht, die Rolle eines Staatsoberhauptes in der parlamentarischen Demokratie tiefgründiger zu überdenken. Dass in den Außenbeziehungen gegenüber anderen Staaten oder Staatenbünden jemand für das Land zu sprechen hat, verlangt noch keinen Präsidenten, sondern lediglich eine Norm, die regelt, wem diese Aufgabe jeweils zukommt und an welche Weisungen oder Beschlüsse dieses Organ gebunden ist. In einer Zeit internationaler Verflechtung und der EU-Mitgliedschaft ist ohnehin längst nicht mehr nur ein Organ zur Außenpolitik berufen. Der Verfassungsrechtler Manfried Welan sieht daher den Bundespräsidenten in der Außenpolitik nur mehr als „primus inter multos".[85] Die Schweiz ist längst den konsequenten Weg gegangen, mit der Aufgabe einer fachlich nicht zuordenbaren Außenvertretung des Staates turnusmäßig das in der Staatsregierung Vorsitz führende Mitglied zu betrauen.[86]

Das österreichische Staatsoberhaupt ist mit seinen für einen demokratischen Rechtsstaat teils übermächtigen, teils skurril anmutenden Kompetenzen offenkundig eine Art Versicherungspolizze gegen die parlamentarische Parteienherrschaft, gegen die Politiker also, wie dies schon der gute alte Kaiser ausgedrückt hat. Benötigt ein Staat mit funktionierender Demokratie aber wirklich einen älteren Herren (oder eine ebensolche Frau), der auf Zuruf von Journalisten alle paar Tage den Regierenden freundliche Verbalbenotungen erteilt à la *„waren eh recht brav"* oder *„müssen sich halt nächstens ein bisserl mehr anstrengen"*?

In einer Verhandlungspause der Beratungen über den Bundespräsidenten im Österreich-Konvent hat mir ein Universitätsprofessor des Verfassungsrechts die Gretchen-Frage gestellt: *„Meinen Sie nicht, Herr Kollege, dass es ein durch das Volk legitimiertes Staatsorgan geben muss, das eingreift, wenn der Parteienstreit so weit gediehen ist, dass nicht einmal mehr die Nationalratspräsidenten bereit sind, miteinander zu sprechen?" „Nein, das glaube ich nicht"*, war meine Antwort. Denn wenn – was Gott verhüten möge – in unserem Land jemals wieder jedwede Gesprächsbasis zwischen den Vertretern der maßgeblichen Parteien unterbrochen wäre und man nur mehr versuchte, mit rechtlichen oder sogar außerrechtlichen Methoden einander zu bekriegen, könnte auch ein durch Volkswahl in sein Amt berufener Präsident daran nichts ändern. Denn das Schlagwort vom „Bundespräsidenten für alle Österreicher" ist eine Schimäre. Die höchste Zustimmung, die je ein Bundespräsident bei seiner erstmaligen Wahl erhielt, waren 56,9 Prozent für Thomas Klestil. Heinz Fischer konnte bei seinem ersten Antreten 2004 zwar 91 Prozent der SPÖ-Sympathisanten und noch 78 Prozent der Grünen für sich gewinnen, aber nur sechs Prozent der ÖVP- und elf Prozent der FPÖ-Wähler.[87] Wie aber soll ein Präsident, der für ÖVP-Spitzenrepräsentanten im Wahlkampf 2004 ein „links-linker" Vertreter seiner politischen Gruppe gewesen ist und mit 52,4 Prozent oder 2,17 von sechs Millionen Wahlberechtigten gewählt wurde, in einer wirklich ernsthaften politischen Auseinandersetzung unter der Bürgerschaft plötzlich zum allseits anerkannten „deus ex machina" einer Staatskrise mutieren?

Die politischen Parteien, insbesondere die ÖVP, haben auf diesen Umstand bisweilen mit dem eher unbeholfenen Versuch reagiert, „parteifreie" Kandidaten zu nominieren, was meist schiefging, wie etwa schon 1957, als man dem SPÖ-Vizekanzler Adolf Schärf den Arzt Wolfgang Denk entgegenstellte. Auch die beliebte Methode, einem Kandidaten durch ein „überparteiliches Personenkomitee" den Anstrich „eines Präsidenten aller Österreicher" zu geben, wird vom Wählervolk leicht durchschaut.

Ein Rechtsstaat des 21. Jahrhunderts benötigt auch keine vom Gottesgnadentum historischer Potentaten abgeleiteten Aufgaben, wie rechtskräftig verurteilte Straftäter zu begnadigen, Strafen zu mildern oder deren Rechtsfolgen zu tilgen. Strafminderung sollte im Sinne richtig verstandener Resozialisierung nach fachlichen und vor allem einheitlichen und nicht von der Meinung einer Einzelperson abhängigen Grundsätzen erfolgen. Weshalb unsere Rechtsordnung ja auch vorsieht, dass alle diese *„ihrem Ursprung nach typisch monarchischen Aufgaben"*(88) eines Vorschlages der Bundesregierung bzw. einer Ministerialinstanz bedürfen. Gleiches gilt für die zahlreichen „Berufstitel" wie Kommerzialrat, Professor, Hofrat usw., die für besondere berufliche Leistungen nach wohl ausgetüftelten Richtlinien und Stellungnahmen diverser Organisationen dem Staatsoberhaupt vorgeschlagen werden – oder auch nicht. Sind der Bundespräsident und das vorschlagsberechtigte Staatsorgan unterschiedlicher Meinung, kommt es zum peinlichen Stillstand: mit doppelter Kraft zu keiner Tat.

Auf all diese aus der Monarchie überkommenen und rechtsstaatlich die Entscheidung zuständiger Verwaltungsorgane voraussetzenden Kompetenzen möchte der amtierende Bundespräsident nicht verzichten, ausgenommen die Ehelich-Erklärung unehelicher Kinder. Gerade solches scheint aber die (freie) Entscheidung eines Staatsoberhauptes eher zu rechtfertigen als das imaginäre Anheften ministeriell entschiedener Orden und Titel. Zwar ist die uneheliche Geburt heutzutage kein Nachteil mehr wie zu Kaisers Zeiten, aber es gibt noch immer zahllose Fälle, in denen Gesetz und Gesetzesvollziehung dem Einzelnen ungerechtfertigte und unter Umständen die Existenz bedrohende Nachteile bescheren. Oft sind zu wenig differenzierende Gesetze an solchen Widersprüchen zwischen Recht und Rechtsempfinden schuld, bisweilen auch das Prestigedenken der Politik, Angst vor Kritik oder vor dem Vorwurf der Rechtsbeugung.

Ein Staatsorgan, das sich direkt auf das Vertrauen des Volkes berufen kann, könnte in solchen Fällen als dessen Anwalt Lösungen suchen, die einerseits den Menschen Gerechtigkeit erfahren und andererseits den zur Entscheidung berufenen Organen dennoch das Gesicht wahren lassen. Solches würde allerdings voraussetzen, dass der Bundespräsident als Anwalt des Volkes selbständig handeln kann. Als Anwalt wohlgemerkt, nicht als Richter. Dem Bundespräsidenten müsste in dieser Staatsfunktion ein Antragsrecht gegenüber anderen Organen zukommen, kein Entscheidungsrecht. Es obläge weiterhin der politischen Verantwortung der Organe, den Initiativen des obersten Volksanwaltes zu entsprechen oder – etwa wegen widerstreitender Interessen – auch nicht.

Die Vorstellung eines Bundespräsidenten als eines Anwalts des Volkes stößt freilich bei den obersten politischen Instanzen auf wenig Begeisterung. In den Dokumenten des Österreich-Konvents liest sich das so: *„Der von einer Reihe von Ausschussmitgliedern eingebrachte Vorschlag, dem Bundespräsidenten die Befugnis einzuräumen, Missstände aufzuzeigen, bei Gesetzes- oder Vollziehungsmängeln Abhilfe zu schaffen und positivrechtlich entstandene Härten zu beseitigen (dies ohne Bindung an einen Antrag der Bundesregierung) wurde vom Präsidium abgelehnt.“*(89) Man will sich also nicht in die Suppe spucken lassen und Empfehlungen von einem Staatsorgan entgegennehmen, das vielleicht gar noch von einer anderen Partei kommt.

Wenn man einem Staatsoberhaupt aber nicht einmal die Befugnis zugestehen möchte, in rechtserheblicher Weise Missstände aufzuzeigen und Abhilfe anzuregen, sondern er nur feierlich abnicken kann, was ihm andere politische Organe vorschlagen, und allenfalls noch bei festlichen Anlässen oder in Zeitungsinterviews Zensuren für Regierung und Parlament erteilen darf, rechtfertigt dies kaum eine Volkswahl, die erfahrungsgemäß das politische Leben neben Nationalrats- und Landtagswahlen noch zusätzlich ein halbes bis ganzes Jahr lahmlegt. Hingegen sollte das in unserer Verfassung festgeschriebene Recht des Präsidenten, die Regierung zu entlassen und den Nationalrat aufzulösen, wann immer er es für angebracht hält, angesichts gelegentlicher Sehnsüchte mancher Kreise nach einem „starken Mann" zum Nachdenken Anlass geben, ob bei einer Reform des Bundespräsidentenamtes nicht mehr zu bedenken wäre als das Einberufungsrecht zu den Nationalratssitzungen und die Ehelich-Erklärung von Kindern.

(79) Zit. nach Kurier, 23.11.2006, 12

(80) Vgl. www.konvent.gv.at (13P-PR-K)

(81) Ö-Konvent, 137/PRVOR-K

(82) Manfried Welan: Das österreichische Staatsoberhaupt. Österreichisches Jahrbuch für Politik, Sonderband 2, 3. Aufl. 1997, 49

(83) Welan, Staatsoberhaupt, 89 f

(84) NZZ, 21.5.2003

(85) Welan, Staatsoberhaupt, 55

(86) Art. 176 Schweizer Verfassung; grundsätzlich kommt die Außenvertretung der gesamten Regierung zu.

(87) Fessel-Institut: Jahrbuch der Politik 2004. 9

(88) Walter/Mayer/Kucsko-Stadlmayer, Bundesverfassungsrecht, 320, unter Verweis auf Klecatsky

(89) Bericht des Ö-Konvents Bd. 1 Teil 3. 67

2.2 Die Paria der Politik

Das Parlament und seine Abgeordneten

„Lass dich doch nächstes Mal von deinem Gewissen aufstellen!" (90)
(Herbert Wehner, langjähriger SPD-Fraktionschef zu einem Abgeordneten seiner Fraktion, der sich auf sein Gewissen berief)

Feierliche Eröffnung der Landesausstellung in dem aus öffentlichen Mitteln frisch renovierten Schloss. Vor dem Eingang haben die Chauffeure die Dienstkarossen der anwesenden Prominenz aufgereiht, des Ministers, des Landeshauptmannes und der übrigen Regierungsmitglieder, von Kammerpräsidenten, Bezirkshauptleuten, Managern der Sponsorfirmen und Spitzenbeamten. In letzter Minute hastet eine Schar von Nationalrats- und Landtagsabgeordneten mit klobigen Schuhen zum Veranstaltungsgelände. Sie wurden von freundlichen Mitgliedern der Freiwilligen Feuerwehr auf weiter entfernt gelegene regenfeuchte Wiesen gewunken, die man als Parkplätze für die Großveranstaltung umgewidmet hat.

Eine kleine Alltagsbegebenheit, aber symbolträchtig für den Stellenwert der Abgeordneten des Bundes- und der Länderparlamente, jener Politiker also, die – zumindest laut Verfassung – als die unmittelbaren Vertreter des Souveräns zu gelten haben. *„Sollen sich halt einen Chauffeur nehmen, verdienen ohnedies genug"*, meinte ein hoher Regierungsbeamter, den ich mit diesem Sachverhalt einmal konfrontierte. Sollen doch die Regierungsmitglieder und ihre Paladine den Volksvertretern die nächst gelegenen Parkplätze überlassen, wenn sie ohnehin von ihren Fahrern abgeholt werden, könnte man entgegnen. Aber das sind Kindereien. Es geht gewiss nicht um die besten Parkplätze bei einer Repräsentationsveranstaltung, es geht um unser politisches System.

Denn die oben geschilderte Behandlung der Volksvertreter setzt sich auch nach Erreichen des Veranstaltungsortes in gleicher Weise fort. Nicht nur die anwesenden Regierungsmitglieder, sondern auch die in ihrer Vertretung angereisten hohen Beamten werden von protokollarisch ungeschulten Gastgebern recht oft vor den Volksvertretern willkommen geheißen. Weiß man doch die notwendige Subvention eher dem Beamten zu verdanken, der den konkreten Akt erledigt, als der Abgeordnetenschar, die dafür die Budgetansätze beschließt. Und der mächtige Arm eines Bezirkshauptmannes erreicht einen Veranstalter allemal leichter und schneller als der des fernen Gesetzgebers.

Abgeordnete, „Volksvertreter" sind, so sie nicht ihre Bedeutung und Macht aus anderen Funktionen wie als Kammer- oder Gewerkschaftsboss, Parteisekretär oder Bürgermeister beziehen, innerhalb der politischen Gesellschaft eine unterprivilegierte, isolierte Klasse, „Paria"[(91)] der Politik sozusagen. Sie verfügen nicht über die personellen und sachlichen Ressourcen von Regierungsmitgliedern, Bürgermeistern größerer Städte oder Vorständen eines privaten Unternehmens. Auch wenn das Bundesparlament seit einigen Jahren den Nationalratsabgeordneten parlamentarische Mitarbeiter zur Verfügung stellt. Daher ist es auch nicht weiter verwunderlich, dass in manchen Landtagen die Bürgermeister schon die Hälfte der Mandatare ausmachen, dass auch im Bundesparlament fast ein Fünftel Bürgermeister sind und Beamte, Partei- und Kammerfunktionäre in weitaus größerem Ausmaß als Abgeordnete fungieren, als dies ihrem Anteil an der Bevölkerung entspricht.

Sollte mit der Bezeichnung „National**rat**", „Bundes**rat**", „Land**tag**" schon von allem Anfang an unbewusst an die im Einfluss reduzierteren parlamentarischen Vorbilder angeknüpft werden, wie Peter Gerlich vermutet?[(92)] Sicher ist jedenfalls, dass das Parlament in Österreich, wie immer es heißen mag, nicht als **die** Repräsentanz des Staats- oder Landesvolkes schlechthin gesehen wird. Bei einer politikwissenschaftlichen Befragung haben schon 1980 ganze sieben Prozent angegeben, mit ihrer Stimme den Abgeordneten ihres Wahlkreises bestimmen zu wollen. Mehr als die Hälfte gab an, über die Regierung entscheiden zu wollen, ein Drittel darüber, wer Bundeskanzler sein soll.[93]

Das Volk entwickelt eben ein feines Gespür für die politische Realität. Denn moderne Gesetzesnormen sind längst keine praktischen Handlungs- und Unterlassungsanordnungen, die jedermann begreifen, ändern und ergänzen kann, wenn er nur mit den höheren Weihen eines Abgeordnetenmandates ausgestattet ist. Die Änderung bzw. Adaptierung oder Neuschaffung von Bundes- und Landesgesetzen bedarf eines erfahrenen und entsprechend versierten Expertenstabes, über den die Regierung, allenfalls auch noch die großen Interessensvertretungen wie Arbeiter- oder Wirtschaftskammer verfügen, gewiss jedoch nicht die Abgeordneten der Parlamente.

Zu diesem sachlichen Handicap parlamentarischer Körperschaften gegenüber der Exekutive tritt aber noch eine politische Komponente hinzu, die vor allem die Abgeordneten einer Regierungspartei betrifft. Deren Spitzenleute sitzen meist auf den Regierungsbänken und nicht auf den Abgeordnetensesseln des Parlaments. Die Mächtigen einer Regierungspartei sind Bundeskanzler, Vizekanzler, Landeshauptmann, Minister und Landesräte. Die Riege der Parlamentarier ist an der Kommandobrücke einer Regierungspartei meist lediglich durch Einzelpersonen wie den Fraktionsobmann oder den Parlamentspräsidenten vertreten. Da aber die politischen Entscheidungen über wichtige Gesetzesvorhaben auf diesen Kommandobrücken fallen, sind sie bereits entschiedene Sache, bevor sie überhaupt im Parlament einlangen. Wie oft hört man in den Medien, die Regierungsparteien hätten sich nach zähen Verhandlungen endlich auf dieses Steuer- oder jenes Pensionsgesetz geeinigt und dieses werde morgen oder übermorgen im Ministerrat beschlossen werden. Natürlich weiß jeder aus dem Staatsbürgerkundeunterricht, dass der Ministerrat, also die Regierung, keine Gesetze beschließen kann, sondern nur das Parlament. Aber ebenso klar ist, dass die politische Entscheidung über das Gesetz mit der Einigung zwischen den Regierungsparteien bereits gefallen ist und im Parlament nicht mehr geändert werden wird. Der von der österreichischen Bundesverfassung sogenannte „Weg der Bundesgesetzgebung“, also der Weg von der Einbringung einer Vorlage durch die Regierung über den Beschluss des Nationalrates und die Genehmigung durch den Bundesrat, ist daher in vielen Fällen ein „Weg der Bundesgesetzerläuterung“, weil die Parteispitzen ihren – bisweilen widerstrebenden – Parlamentsabgeordneten mitteilen, warum es notwendig sei, dieses oder jenes Gesetz eben genau so zu beschließen, wie die Regierung es eingebracht hat. Eine eigenständige, von der Regierung unabhängige Meinungsbildung in den Parlamenten erfolgt meist nur dann, wenn man sich in der Regierung nicht einigen kann und die Sache dem Parlament weitergibt, um Zeit für weitere Verhandlungen zu finden, oder wenn die Parlamentsfraktion ihren Parteifreunden in der Regierung ausnahmsweise die Gefolgschaft verweigert, was aber weniger als ein Zeichen für lebendigen Parlamentarismus als für mangelnde Parteidisziplin und Führungsqualität des Partei- und des Klubobmannes angesehen wird. Aus diesem Grund wird auch in Koalitionsvereinbarungen immer wieder die Verpflichtung der Partner festgeschrieben, den Parteibeschlüssen in allen Verfassungsgremien, sowohl in der Regierung als auch im Nationalrat und im Bundesrat, zur Geltung zu verhelfen, was nichts anderes heißt, als Regierung und Parlament durch ein und denselben Beschluss der obersten Parteiorgane zu gleichem Verhalten zu verpflichten.

Parlamentsabgeordnete sind daher in ihren Entscheidungen lange nicht so frei, wie es uns die Theorie vom freien Mandat weismachen möchte. Sie sind bei den meisten Entscheidungen fachlichen Autoritäten ebenso ausgeliefert wie der Meinung ihrer politischen Chefs, mögen diese nun Kanzler, Vizekanzler, Landeshauptleute oder auch nur Oppositionsführer sein. Wer aber legt sich schon gerne mit seinen Chefs an, vor allem wenn er beruflich weiterkommen oder zumindest seine Stelle behalten möchte? Die genannten Worte Herbert Wehners sind in allen Parteien und auch in Österreich in ähnlicher Form wohl schon sehr oft gefallen oder müssen meist gar nicht ausgesprochen werden, weil sie ohnedies allen Beteiligten präsent sind.

Die politische Unterordnung der Parlamentarier stellt die Erfüllung ihrer immer wichtiger werdenden Kontrollaufgabe in Frage. Ist von Abgeordneten einer Regierungspartei eine auch noch so berechtigte Kritik an einem Minister oder Kanzler zu erwarten, wenn dieser gleichzeitig ihr Chef in der Partei ist? Von oppositionellen Gruppierungen werden daher immer mehr Möglichkeiten gefordert, um auch und gerade dann den parlamentarischen Kontrollapparat anwerfen zu können, wenn dies der Mehrheit unangenehm zu werden verspricht.

Dabei darf nicht vergessen werden, dass parlamentarische Kontrolle politische Kontrolle, also subjektive Wertung und nicht objektive Rechnungs- oder Rechtskontrolle, ist. Auch wenn sich manche Mitglieder parlamentarischer Untersuchungsausschüsse bisweilen ganz gern als Richter sähen. Zur Ausübung der politischen Kontrolle eignen sich daher für die Minderheit parlamentarische Vorgänge wie Antrags- oder Anfragerechte eher als Entscheidungsrechte, die die parlamentarische Mehrheit zur Minderheit werden ließen.

Die ordnungsgemäße Erfüllung der Aufgaben von Volksvertretern erfordert auch – endlich – eine zeitgemäße Form der Immunitätsregeln. Volksvertreter sollen nicht außerhalb des Plenarsaales mit den primitivsten Bassenamethoden übereinander herziehen dürfen, wenn sie aber sachlich und im Interesse ihrer Wählerschaft Kritik üben, vor Drohungen mit ruinösen „Kreditschädigungsklagen" geschützt sein.

Die gar nicht so lang zurückliegende Drohung des Managements der damals noch selbständigen AUA, jeden zu klagen, der behaupten würde, dass es dem Unternehmen finanziell nicht gut gehe,[94] war kein Einzelfall. Ich selbst wurde mehrmals von Abgeordneten konsultiert, denen ein im Staatseinfluss stehendes Unternehmen wegen unerwünschter Kritik mit Klage in einer Höhe drohte, dass allein die Anwaltskosten für einen gewiss nicht schlecht verdienenden Mandatar existenzgefährdend wären. Gegen leichtfertig aus unsachlichen politischen Gründen erhobene Behauptungen hat der verstorbene Salzburger Landtagspräsident Helmut Schreiner schon vor Jahren den Vorschlag gemacht, eine – auch zivilrechtliche – Immunität an die Einhaltung der dem Mediengesetz entsprechenden Sorgfaltspflicht zu binden.[95]

Den Parlamenten weht – wie schon in der Weimarer und in der Ersten Österreichischen Republik – ein widriger Wind entgegen. Zwar würde sich heute kaum jemand getrauen, ihre Abschaffung als unnötige „Quatschbude" zu fordern. Die Bedrohung des parlamentarischen Systems äußert sich gegenwärtig viel subtiler, aber nicht minder gefährlich. Sie kommt nicht von politischen Extremisten, die nach dem Führerstaat rufen, sondern im adretten Gewand rationell denkender Ökonomen und fortschrittlicher Demokratisierer. Wozu braucht man noch Landtage, wenn ohnedies die meisten Normen von der EU vorgegeben werden, und wenn schon, warum dann nicht nur mit 20 statt 50 Mitgliedern oder 100 statt 183 im Nationalrat? Die politischen Parteien leisten diesem Downgrading der Parlamente allzu oft Vorschub, indem sie im Wahlkampf ausschließlich die Regierungskandidaten propagieren und parlamentarische Entscheidungen in der Öffentlichkeit als solche der Regierung oder der Parteiführung verkaufen.

Auch die Parlamentarier selbst tragen ein gutes Maß Schuld an ihrer Paria-Eigenschaft. Das Wort „Parlament", vom Italienischen „parlare" oder Französischen „parler" abgeleitet, beschreibt eine Institution, in der gesprochen wird. In den österreichischen Parlamenten wird selten das getan, was eigentlich der Sinn der Zusammenkunft mehrerer Personen an einem Ort zum Dialog sein sollte. Geredet wird im Parlament zwar schon, aber nicht miteinander, sondern zum Fenster hinaus oder in die Fernsehkamera hinein.

Das Parlament ist zwar kein Theater und die Parlamentarier sind keine Schauspieler, auch wenn sie manchmal eingelernte Sätze von sich geben. Es ist aber insofern Ort einer Theatervorstellung, als nur scheinbar Gespräche geführt werden. Wenn Parlamentarier miteinander in Dialog treten, so höchstens unbemerkt von der Öffentlichkeit in den Wandelgängen der „Hohen Häuser". Im Plenarsaal versucht niemand ernsthaft, den anderen von seiner Meinung zu überzeugen oder ihm Argumente zu bedenken zu geben. Auch wenn gelegentlich

Worte fallen, wie *„Sie sollten sich überlegen"*, *„Ich lade Sie ein, unserem Antrag beizutreten"* oder *„Glauben Sie nicht, dass ..."*, so sind dies Formulierungen, die sich ausschließlich an die Öffentlichkeit und nicht an die derart angesprochenen Kollegen aus den anderen Fraktionen richten. Denn natürlich ist am Beginn einer Parlamentssitzung längst entschieden, wer für oder gegen eine Vorlage votieren wird und die dafür vorgebrachten Argumente wurden längst den Medien „verkauft". Die Aufforderungen an politisch Andersdenkende, sich doch die für eine Vorlage vorgebrachten Argumente zu überlegen, sind nichts anderes als die öffentliche Anpreisung der eigenen Meinung und der traditionelle, wenn auch nicht originelle parlamentarische Zwischenruf *„Hört! Hört!"* ist nur die gespielte Entrüstung über eine gegnerische Meinung, die man ohnedies kennt.

Daher ist auch die Anwesenheit der Parlamentskollegen anderer Fraktionen bei solch einem Monolog nicht wirklich erforderlich. Nach alter parlamentarischer Übung muss man nur den eigenen Fraktionsangehörigen zuhören, deren Argumente man zwar ohnedies kennt, die es aber durch den an der richtigen Stelle gesetzten Applaus zu unterstützen gilt. Deshalb kann man bei den Sitzungen des Bundes- und der Landesparlamente die Beobachtung machen, dass immer dann, wenn einer das Wort nimmt, die Vertreter der anderen Fraktionen in Scharen den Raum verlassen, um erst wiederzukehren, wenn ein Parteifreund oder eine Parteifreundin das Rednerpult erklimmt. *„Mir miass'n einegehn, jetzt red einer von uns"* kann man recht oft in den Nebenräumen des Sitzungssaales hören.

In einer Zeit, da auch Nachrichtensendungen, Zeitungsbeiträge und Predigten immer kürzer werden müssen, um bei einem elektronisch reizüberfluteten Auditorium Gehör zu finden, verlieren auch die Volksvertreter die Freude an ihrer ureigenen Profession, dem Redenhalten. Dies hat zu zwei Neuerungen in der Parlamentspraxis geführt: Die Parlamentarier beschränken ihre eigene Redezeit und sie versuchen zu anderen Formen der Kommunikation Zuflucht zu nehmen. Man versucht, in der Öffentlichkeit oder unter Fraktionskollegen als langweilig empfundene Debattenbeiträge mit einer Senkung der Quantität anstatt mit einer Hebung der Qualität beizukommen. Und übersieht dabei, dass es bei manchen Rednern zwar furchtbar langweilig ist, ihnen auch nur fünf Minuten zuhören zu müssen, eine wirklich gute Grundsatzrede, die eigentlich zu den Sternstunden eines Parlamentes gehören sollte, in ein paar Minuten aber nicht zu halten ist. Die mangelnde Überzeugung von der eigenen Rhetorik drückt sich auch in dem Brauch aus, zu Taferln, Fahnen, Wimpeln, Ansteckern, ausgefallenen Kleidungsstücken usw. Zuflucht zu nehmen, weil man mit Worten die Zuhörer auf der Tribüne oder vor den Fernsehern nicht fesseln zu können glaubt.

Warum in unserer multimedial verwöhnten Gesellschaft nicht auch im Parlament mit visueller Technik arbeiten und Vorträge mit Grafiken oder Tabellen unterstützen? Powerpoint-Präsentationen, bei vielen Vorträgen heute schon eine Selbstverständlichkeit, dürfen doch nicht an räumlichen Gegebenheiten oder schlicht daran scheitern, dass Derartiges in der Geschäftsordnung nicht vorgesehen sei. Ja sogar Interviews mit Petenten, Bilddokumente von Umweltbeeinträchtigungen oder grafische Darstellungen von Verkehrsströmen könnten langweilige Wortspenden zumindest teilweise ersetzen.

Die Damen und Herren Abgeordneten sollten überlegen, ob sie weiterhin nur aneinander vorbeireden oder eine Versammlung werden wollen, in der sie als vom Volk gewählte Vertreter ihre Ansichten, Meinungen, aber auch Erfahrungen und Erlebnisse mit den Wählern in einer den heutigen medialen Möglichkeiten entsprechenden Form darstellen. Keine Fragestunden, bei denen die Abgeordneten der Regierungspartei von den Regierungsmitgliedern gar nichts wissen, sondern diesen nur zur Selbstdarstellung verhelfen wollen oder bei denen Oppositionelle vermeintliche Missstände aufdecken, die entweder nur in ihren Augen solche sind oder ohnedies schon längst von allen Medien berichtet wurden. Stattdessen könnte ein Regierungsmitglied mit einem ordentlich recherchierten und eindrucksvoll gestalteten Beitrag über eine Sache konfrontiert werden, die konkreten Bürgern ein reales Anliegen ist.

Die Art, wie Parlamentsdebatten, ob im Nationalrat, ob im Landtag, gegenwärtig ablaufen, ist nämlich nur Symptom einer viel weiter reichenden Sinnkrise. Demokratische Parlamente müssen sich entweder auf ihre ursprüngliche Aufgabe besinnen, ihre Wähler bei der und unter Umständen auch gegen die Obrigkeit zu vertreten, oder sich damit begnügen, eine Art Wahlmänner- und Wahlfrauenkollegium zur demokratischen Legitimierung der Machtträger zu sein.
Die zweitgenannte Variante dürfte freilich ebenso wenig Sinn erzeugen wie der Aufsichtsrat eines Unternehmens, der wirtschaftlich von den Mitgliedern des Vorstandes abhängig ist und dem die Interessen der Eigentümer daher herzlich egal sind.

Ob die Parlamentarier sich mit der Rolle williger Vollzugsgehilfen ihrer Parteiführungen begnügen oder echte Volksvertreter sein wollen, die dank eines Persönlichkeitswahlrechts und einer neuen, an Kunden und Wählern orientierten parlamentarischen Verfahrensordnung dies auch sein können, liegt letztlich in ihrer Hand. Nur beides zugleich sein zu wollen, unabhängige Vertreter des Volkes und weisungsgebundene Arbeitnehmer einer politischen Macht, eine solche Doppelrolle ist nur auf der Bühne des Theaters möglich, das ein Parlament wohl nicht sein sollte.

(90) Zit. nach Spiegel Nr. 16/2009

(91) Paria: Bezeichnung aus dem indischen Kastensystem, von Max Weber in die Soziologie eingeführt.

(92) Peter Gerlich: Zum Begriff des Parlaments in Österreich. In: Herbert Schambeck: Politik in Theorie und Praxis. Wien-Graz 2004, 25

(93) Peter Gerlich/Karl Ucakar: Staatsbürger und Volksvertretung. Salzburg 1981, 220

(94) Die Presse, 2.6.2006

(95) Helmut Schreiner. In: Gerold Ortner/Gerhart Wielinger: Die Immunität von Abgeordneten – Wohltat oder Plage? Graz 1990, 36 f

2.3 Wahl reimt sich auf Qual

Das Wahlrecht in Österreich

„Nie wird so viel gelogen wie vor einer Wahl, während eines Krieges und nach einer Jagd."
(Reichskanzler Otto von Bismarck)

Auf einer Tafel in einem städtischen Wiener Hallenbad lese ich, dass das Massagebecken und der gesamte Bereich nur für Besucher ab dem 18. Lebensjahr zugänglich sind. Irgendwie verständlich und doch auch nicht, da man in diesem Alter bereits längst bei den Wahlen über die Zusammensetzung des Stadtparlaments und damit die Geschicke der Stadt bestimmen darf. Die Auffassungen zur Bedeutung einer demokratischen Wahl sind eben höchst unterschiedlich.

Da ist das Heer der politischen Funktionäre, Mitarbeiter und Sympathisanten, die aus purem Idealismus diesen Tag ihrer Partei weihen. Sie stehen schon mit dem ersten Hahnenschrei auf, um rechtzeitig zur Stelle zu sein, wenn die Frühaufsteher zur Wahlurne streben. Sie sitzen dann einen halben oder oft ganzen Tag in einer zum Wahllokal umfunktionierten Schulklasse, führen Stricherllisten oder schreiben Abstimmungsverzeichnisse, sie rennen von Wahllokal zu Wahllokal, um ihre Parteigenossen oder -freunde mit Wurstsemmeln oder Getränken zu laben und dazwischen im Parteilokal zu telefonieren, ob denn schon irgendwo ein Gemeinde-Ergebnis bekannt geworden wäre, aus dem sich auf den als unzuverlässig verschrienen Genossen Trend schließen ließe. Die größte Gruppe bilden aber noch immer jene, die irgendwann an diesem Tag zwischen ihren freizeitlichen Verrichtungen ihr Wahllokal aufsuchen, um sich unmittelbar darauf wieder ihren sonntäglichen Gebräuchen hinzugeben. Und dann gibt es noch die gar nicht mehr so geringe Zahl derer, die entweder gar nicht wissen, dass dieser Sonntag ein

Wahltag ist oder die ganz bewusst die Wahllokale meiden, weil sie der Auffassung anhängen, dass keine der zur Wahl stehenden Parteien und keiner der aufgestellten Kandidaten ihre Stimme verdient.

Im zuständigen Ausschuss des Österreichischen Verfassungskonvents hat ein Experte die Wahlhandlung als „weihevollen Akt" bezeichnet und ein hoher SP-Politiker den Wahltag als „eine Art Feiertag". In dieselbe Kategorie fallen auch die regelmäßig vor Wahlen vom Bundespräsidenten abwärts erteilten oberlehrerhaften Ermahnungen zur „staatsbürgerliche Pflicht des Wählens", die – von kandidierenden Regierungschefs, Landeshauptleuten oder Bürgermeistern in ganzseitigen Zeitungsinseraten oder Haushaltsaussendungen erteilt – auch noch den angenehmen Nebeneffekt haben, den Amtsbonus ausnutzen und sich auf Staats- statt auf Parteikosten „überparteilich" präsentieren zu können. In bemerkenswertem Gegensatz dazu stehen die Bestrebungen, die diversen Wahlen allesamt an einem oder zwei Tagen zusammenzufassen, offenkundig, um die Politik die restliche Zeit ungestört von Wählermanifestationen werken zu lassen.

Der Zusammenhang zwischen hoher Wahlbeteiligung und demokratischer Reife ist empirisch schwer nachvollziehbar. Die Beispiele der Länder mit langer demokratischer Tradition scheinen geradezu das Gegenteil zu belegen. In Großbritannien lag die Wahlbeteiligung bei den letzten Unterhauswahlen knapp über 60 Prozent, bei den Schweizer Parlamentswahlen 2011 unter 50 Prozent und in den Vereinigten Staaten geht üblicherweise ebenfalls nicht mehr als die Hälfte der Berechtigten zur Wahl. Alle genannten Länder haben jedenfalls eine längere demokratische Tradition und Praxis als Österreich oder Deutschland. Es scheint daher eine hohe Beteiligung an Parlamentswahlen kein Zeichen besonderer demokratischer Vollkommenheit eines Wahlvolkes zu sein, im Gegenteil: Eine hohe Wahlbeteiligung ist unter Umständen die Folge mangelnden Vertrauens in die Funktionstüchtigkeit demokratischer Strukturen. In der Politikwissenschaft kennt man dieses Phänomen als „Lipsets Paradoxon": Im November 1932 fanden in den beiden damals größten Demokratien, in den USA und in Deutschland, Wahlen statt.

In den USA wurde bei einer Wahlbeteiligung von 50 Prozent Franklin D. Roosevelt zum Präsidenten gewählt. Bei den deutschen Reichstagswahlen gingen hingegen 80 Prozent zu den Urnen – und wählten die NSDAP zur stärksten Partei. [96]

Bei der ersten Nationalratswahl in der Zweiten Republik am 25. November 1945 übten demgemäß 94,3 Prozent ihr Wahlrecht aus. Man wusste ja nicht: Werden die Schwarzen siegen und droht eine Wiederholung der Zustände der Ersten Republik, werden die Roten Erfolg haben und die Diktatur des Proletariats errichten, oder gar die Kommunisten im Schutz der sowjetischen Besatzungsmacht an die Macht kommen? Auch später noch stand jede Parlamentswahl unter der Angst, dass eine der beiden großen Parteien zu mächtig werden und entweder die Renten kürzen oder die katholischen Privatschulen zusperren könnte oder was sonst noch an Gräueln prophezeit wurde, um die Menschen in Scharen zu den Wahlurnen zu treiben. Noch im Jahr 1962, sieben Jahre nach Ende der Besatzungszeit, bei prosperierender Wirtschaft und tiefstem inneren Frieden, drohte die ÖVP mit einem Wahlplakat, auf dem ein schwankendes Schiff und der Slogan zu sehen war: *„Es steht 79:78. Ein rotes Mandat mehr und die sozialistische Herrschaft beginnt."* Als sie dann vier Jahre später unter dem Kanzler Josef Klaus selbst die absolute Mandatsmehrheit errang, kündigte der sonst so intellektuell besonnene SPÖ-Oppositionsführer Bruno Kreisky mit sorgenumflorten Timbre an, er werde die Namen aller Bürger im Parlament verlesen, denen unter der schwarzen Alleinregierung Unrecht widerfährt, auch – wie er bedeutungsvoll hinzufügte – wenn er stunden- und tagelang lesen müsste. Er hat nicht lesen müssen, dafür aber, als er selbst vier Jahre später erst die relative und kurz darauf die absolute Mehrheit errang, sich schon in der Wahlnacht zu versichern beeilt, dass niemandem seine „wohlerworbenen Rechte" genommen werden würden.

Auch das wäre nicht notwendig gewesen, denn die Österreicher hatten längst erkannt, dass ihre kleine persönliche Welt nicht untergehen würde, egal ob die Schwarzen oder die Roten an der Macht sind oder ob es irgendeine Form der Koalition gäbe. Die Integration unseres Landes in ein vereintes Europa und eine genormte Welt der juridischen, politischen und wirtschaftlichen Verflechtungen lassen heute auch einer mit Mehrheit regierenden Partei keinen Spielraum mehr, um eine Herrschaft zu begründen, von der sich die Hälfte der Bevölkerung existenziell bedroht fühlen müsste. Deshalb ist es auch ein Zeichen des Vertrauens in die demokratische Festigkeit unseres politischen Systems, wenn die Bürger in etwas größerem Ausmaß als noch vor fünfzig Jahren der Wahlurne fernbleiben.

Für Parteifunktionäre und glühende Parteianhänger muss es allerdings unverständlich sein, vom Wahlrecht nicht Gebrauch zu machen, weil es doch *„gerade dieses Mal um den Staat, das Land, die Gemeinde usw. gehe"*. Doch die Wahl eines Parlamentes ist zwar im demokratischen System eine essentielle, aber bei Weitem nicht die einzige Entscheidung über Wohl und Wehe unserer Gesellschaft. Solche werden nämlich auch in den Machtzentren von Interessensverbänden oder Zeitungsverlagen getroffen oder international in den Vorstandsetagen von Konzernen, und die können wir leider nicht (ab)wählen. Die Wähler haben das längst erkannt, und sehen die Wahl nicht mehr als einen quasireligiösen Akt an, so als lebten wir noch in der Zeit, da an Wahltagen der öffentliche Ausschank von Alkohol verboten war.

Viel wichtiger, als über mangelnde Wahlbeteiligung zu räsonieren, wäre es, möglichst allen die politische Mitbestimmung zu ermöglichen, die solches wünschen. Der Grundsatz des „allgemeinen Wahlrechtes" ist eine Errungenschaft des ausgehenden 19. und beginnenden 20. Jahrhunderts und spricht das Recht zu wählen allen Personen zu, und nicht nur jenen, die im Besitz einer höheren Bildung, eines Vermögens oder auch nur männlichen Geschlechts sind.

Freilich, so ganz allgemein ist das Wahlrecht auch im beginnenden 21. Jahrhundert noch immer nicht. Es gibt eine nicht unbeträchtliche Anzahl von Menschen, die in diesem Land leben und dennoch nicht berechtigt sind, an der staatlichen Willensbildung teilzunehmen. Zu diesem Personenkreis gehören etwa alle jene, die nicht bzw. noch nicht die österreichische Staatsbürgerschaft erworben haben, auch wenn sie schon lang hier leben, wohnen und arbeiten. Hiezu zählen aber auch alle Kinder und Jugendlichen, denen der Gesetzgeber das Wahlrecht noch nicht einräumt, sowie schließlich auch Menschen, die ihr Leben lang in diesem Staat gelebt und vieles für ihn geleistet haben, aber nicht mehr wählen können, weil Geist und Körper so sehr nachgelassen haben, dass sie zur Wahlausübung nicht mehr fähig sind. Gewiss führt jede Norm im Grenzbereich zu gewissen Ungleichheiten. Dennoch gilt es festzuhalten, dass sich die Wahlrechtsgesetzgeber nicht genug Mühe machen, die Grenzen des allgemeinen Wahlrechtes in einer objektiven und auch fairen Weise zu bestimmen.

Am deutlichsten äußert sich die gesetzliche Schnoddrigkeit in der Wahlrechtsänderung aus 2007,(97) mit welcher in großkoalitionärer Eintracht gleichzeitig das Wahlrecht ab dem 16. Lebensjahr und die Briefwahl eingeführt wurden. Warum gerade ab 16, da man ab 18 „großjährig", das heißt zivil- und strafrechtlich voll verantwortlich ist, aber schon ab 14 bestimmte Arten von Verträgen rechtsgültig schließen kann, wurde sachlich nie wirklich geklärt. Immerhin waren wir mit dieser Einführung ziemlich allein auf weiter Flur. Die nächsten Länder mit Wahlrecht ab 16 sind Kuba, Nicaragua und Brasilien sowie Mexiko, dort allerdings nur, wenn man verheiratet ist.(98)

Ist das Wahlrecht ein Recht wie viele andere auch, etwa ein Rechtsgeschäft zu tätigen, eine Arbeit oder einen Kredit aufzunehmen, dann müsste es mit den zivilrechtlichen Jahresgrenzen im Einklang stehen. Ist das Wahlrecht hingegen ein allgemeines Bürgerrecht, müsste es jedem Menschen von Geburt an bis zum Tod zustehen. Denn wie schon unser gutes altes Bürgerliches Gesetzbuch im Jahr 1811 feststellte: *„Jeder Mensch hat angeborene schon durch die Vernunft einleuchtende Rechte und ist daher als Person zu betrachten."*(99) Hätten wir ein wirklich „allgemeines" Wahlrecht, dann müsste dieses schon dem Baby und ebenso dem senilen Greis zukommen. Schließlich verweigert auch niemand einem Kleinkind oder einer altersdementen Person, eine Erbschaft zu machen, eine Schenkung anzunehmen, und befreit sie vor allem nicht davon, Steuern zu zahlen. Im Zivil- und auch im Steuerrecht gilt dabei: Wer nicht selbst entsprechend handlungsfähig ist, für den handelt ein gesetzlicher Vertreter. Warum soll für das Wahlrecht nicht Gleiches gelten?

Im Österreichischen Verfassungskonvent war ich der Einzige, der die äußerst heikle und oft als skurril bezeichnete Forderung nach dem „Kinderstimmrecht“ vertreten hat, welches konsequenterweise auch ein Stimmrecht für geistig Behinderte sein müsste. Ein Wahlrecht für alle mag in der Tat vielen heutzutage verrückt scheinen. Aber bedenken wir, dass auch ein Wahlrecht ohne Rücksicht auf Rang und Einkommen oder für Frauen vielen Menschen früherer Zeiten – und das ist gerade einmal 100 Jahre her – noch unvorstellbar schien.

Geistig Behinderte und altersdemente Menschen, die ihr Leben lang für den Staat gearbeitet haben, durch Stellvertreter an der staatlichen Willensbildung teilhaben zu lassen, wäre ein Akt der Humanität. Das Stimmrecht für Kinder wäre darüber hinaus auch geeignet, die jungen Menschen langsam an den demokratischen Willensbildungsprozess heranzuführen. Es könnte vorgesehen werden, Jugendliche etwa ab 14 Jahren selbst darüber entscheiden zu lassen, ob sie sich von ihren Eltern noch im Wahlrecht vertreten lassen wollen oder nicht.

Als Argument gegen ein stellvertretendes Stimmrecht wird vorgebracht, der Stellvertreter erhielte solcherart zwei Stimmen, weil ja niemand überprüfen könnte, in wessen Interesse er die Stimme abgibt. Dieser Einwand überzeugt nur auf den ersten Blick. Denn es können ohnedies niemals alle Grundsätze unseres Wahlrechtes zur Gänze verwirklicht werden. Sind doch die ehedem so „heiligen“ Grundsätze des geheimen, persönlichen Wahlrechtes durch die mit der Herabsetzung des Wahlalters als politischem Kompromiss einhergehende Briefwahl ohnedies beachtlich gelockert worden. Lange Zeit galt uns das geheime Wahlrecht so sakrosankt, dass wir die Möglichkeit der Ausübung der Wahl mittels Briefwahl für unvereinbar mit dem demokratischen Rechtsgrundsatz des geheimen Wahlrechts hielten(100) und tausende von Leuten, die am Wahltag kein Wahllokal aufsuchen konnten, vom Wahlrecht ausgeschlossen haben, was wiederum eine Verletzung des allgemeinen Wahlrechtes darstellte. Seit die Wähler die Möglichkeit haben, ihren Stimmzettel zu Hause auszufüllen, kann zwar eine größere Anzahl als früher an der Wahl teilnehmen, dafür ist aber die geheime und persönliche Wahlausübung nicht mehr garantiert.

Die gesetzliche Vorschrift, dass der Wähler bei der Briefwahl auf der Wahlkarte durch Unterschrift eidesstattlich zu erklären hat, den amtlichen Stimmzettel *„persönlich, unbeobachtet und unbeeinflusst ausgefüllt“*(101) zu haben, ist nämlich nichts anderes als ein juristisches Feigenblatt unserer Sollensordnung, welches den Blick auf die Seins-Tatsache verstellt, dass die geheime und persönliche Wahl bei einer Ausübung im trauten Heim gar nicht gewährleistet werden kann. Nebenbei bemerkt ist diese Vorschrift eine versteckte Aufforderung des Gesetzgebers zum Meineid. Wie soll man beschwören, „unbeeinflusst“ seinen Stimmzettel ausgefüllt zu haben, wenn man im Wahlkampf auf Schritt und Tritt durch Plakate, Fernsehreden, Zeitungsredakteure und Wahlgeschenke zur Stimmabgabe für die oder jene Partei gedrängt worden ist. Ich weiß schon, so hat es der Gesetzgeber nicht gemeint, aber so steht es da. Und was ist wirklich gemeint? Wenn mir der autoritäre Vater, die liebe Gattin oder der freche Enkel nachdrücklich und bei sonstigem Liebesentzug einschärfen, diese oder jene Partei zu wählen – darf ich dann noch „eidesstattlich erklären“, unbeeinflusst gewählt zu haben, nur weil ich mich zwecks geheimer Stimmabgabe aufs WC zurückziehe?

Haben die Damen und Herren, die dieses Gesetz konzipiert und beschlossen haben, eigentlich eine Vorstellung davon, wie sich so eine Briefwahl in den Wohnungen abspielen mag? Wenn die halbblinde Oma oder der Parkinson-geschüttelte Opa ihre Kinder, oder im Pflegeheim die ganz liebe Schwester bitten, den Stimmzettel auszufüllen *(„Hast ma eh die Roten/Schwarzen ankreuzt?“)* und mit zittriger Hand die Unterschrift an dem angegebenen Punkt hinmalen?

Die Briefwahl ist möglicherweise eine sinnvolle Verstärkung des allgemeinen Wahlrechtes, weil sie Menschen die Stimmabgabe ermöglicht, die sonst nicht wählen könnten oder wegen der Beschwernis darauf verzichten würden. Dass die absolute Geheimhaltung und die persönliche Ausübung der Stimmabgabe damit nicht gewährleistet werden kann, hätte man dabei zur Kenntnis nehmen müssen, anstatt die Wählerschaft mit sinnlosen, weil nicht nachprüfbaren „eidesstattlichen" Erklärungen zu sekkieren, deren Fehlen den Stimmzettel ungültig macht. In einer gefestigten Demokratie darf man sich wohl darauf verlassen, dass die Wähler selbst darauf achten, geheim und unbeobachtet zu wählen, soweit ihnen dies wichtig ist, und dass, wenn sie es ausnahmsweise nicht tun, die Demokratie dadurch keinen Schaden nimmt. Denn Gewalthandlungen kommen zwar in österreichischen Familien und in Heimen leider immer wieder vor, sie dürften aber am wenigsten von dem Motiv geleitet sein, jemanden zu einem Stimmverhalten bei einer staatlichen Wahl zu nötigen.

Nachdem man schon die Möglichkeit zugelassen hat, den Stimmzettel mittels Briefwahl außerhalb einer von behördlichen Argusaugen bewachten Wahlzelle zu Hause im Wohnzimmer auszufüllen, scheint einer elektronischen Wahl auch aus der Sicht des geheimen Wahlrechts nichts im Wege zu stehen. Warum sich in Zeiten, da beachtliche Vermögenswerte über Online-Banking transferiert werden und selbst alte Leute ihren Horizont via Internet erweitern, sich manche noch immer „aus Prinzip" gegen die elektronische Wahl sträuben, ist schwer verständlich. Über einen Zugangscode könnten die Wahlberechtigten eindeutig identifiziert werden, wie dies ja auch beim Online-Banking der Fall ist. Das Problem, nach Abgabe der Stimme dafür Sorge zu tragen, dass niemand weiß, wie man gewählt hat, und die Sicherung der abgegebenen Stimme wegen späterer Computerpannen sollten à la longue gesehen lösbar sein. Wer so nicht wählen möchte, dem soll es gewiss unbenommen bleiben, weiter zur Wahlbehörde zu gehen. So wie auch viele Leute, denen E-Banking nicht geheuer ist, lieber zu ihrer Bankfiliale pilgern.

Eine elektronische Stimmabgabe hätte überdies noch den Vorteil, dass die Entscheidung der Wähler klar und unmissverständlich wäre. All die lächerlichen Streitigkeiten kleiner Parteifunktionäre in den Sprengelwahlbehörden, ob ein Kreuzerl richtig angebracht ist, ob jemand, der einen Kandidaten auf dem Stimmzettel als Trottel beschimpft, ungültig wählen oder vielleicht doch diesem Kandidaten seine Stimme geben wollte, weil er ihn schließlich ja als einzigen „bezeichnet“ hat, oder ob ein durchgestrichener Stimmzettel ungültig ist oder nicht vielleicht doch eine Stimme für jene Partei, in deren Feld sich die beiden Striche kreuzen, aber auch das stundenlange Zusammenzählen von Stimmzetteln, das meist zu keinem Ergebnis führt, weil irgendein Papierl unter den Tisch gefallen ist, würden Vergangenheit sein. Wie viele Stunden und halbe Nächte habe ich selbst in meinem Leben in diversen Wahlbehörden vom Wahlsprengel über die Bezirks- bis zur Hauptwahlbehörde zugebracht, weil zwischen den Parteienvertretern über die Zuordnung von Stimmzetteln gestritten wurde.

All diese letztlich unnötigen Streitereien könnte man sich bei automatisierter Stimmabgabe sparen und nebenbei auch gleich die sogenannten Wahlbehörden, die aus Beamten und gleichzeitig Vertretern der politischen Parteien bestehen. Wobei natürlich die stärkste Partei immer die meisten Vertreter stellt und alles bestimmen kann. Bei automatisierter Wahl könnten sich die Parteien auf – speziell geschulte – Vertrauensleute beschränken, die sicherstellen, dass kein Wahlbetrug geschieht. All dies wäre viel einfacher und im Sinne eines demokratischen Wahlsystems sachgerechter. Allerdings nur dann, wenn man aufhört, die Wahl als Weiheakt misszuverstehen, der nur im äußersten Notfall zu Hause stattfinden dürfe. Ähnlich der Radio- und Fernsehmesse, die den Gläubigen nur bei Krankheit den Besuch des Sonntagsgottesdienstes ersetzen darf.

(96) Anton Pelinka: Grundzüge der Politikwissenschaft. Wien-Innsbruck 2004, 24 f

(97) BGBl I 2007/27

(98) Journal für Rechtspolitik 1/2008, 27 ff

(99) § 16 ABGB

(100) So auch der Verfassungsgerichtshof, Erk G 18/85

(101) § 60 Nationalratswahlordnung

2.4. Proporz muss kein Schimpfwort sein

Mehrheits- oder Verhältniswahl?

„Koalition: Form einer politischen Partnerschaft, bei der man sich die Erfolge, die man gemeinsam erzielen will, gegenseitig streitig macht.“ (Karl Pisa)

In einem Witz mit schon recht langem Bart fragt ein Mönch seinen Oberen, ob es erlaubt sei, beim Beten zu rauchen. Nein, kommt die Antwort, das Gebet dürfe nicht durch die Befriedigung menschlicher Genusssucht entweiht werden. Ein anderer Mönch stellt es klüger an. Er fragt, ob es gestattet sei, beim Rauchen zu beten. Ja, wird ihm bedeutet, denn die lasterhafte Tätigkeit durch frommes Gebet zu mildern, sei gewiss gottgefällig.

Ähnlich wie der Abt in diesem Witz verhält sich die öffentliche Meinung, wenn es um das Thema Verhältnis- oder Mehrheitswahl geht. Proportionalität ist eine gute Sache. Die maßgeblichen Kräfte sollen im Interesse des Landes zusammenarbeiten und unnötigen Streit vermeiden. Proporz hingegen, die etwas schnoddrige Kurzform von Proportionalität, ist ein Unwort. Sind die Menschen wirklich so inkonsequent, einerseits eine politische Zusammenarbeit auf breiter Basis zu wünschen, dann deren negative Folgen in Form endloser Debatten und fauler Kompromisse zu beklagen, um schließlich doch wieder „große Koalitionen“ herbeizuwählen, indem sie andere Regierungszusammensetzungen nahezu unmöglich machen? Muss man daher durch juristische Tricks künstlich Mehrheiten erzeugen, die die Wählerschaft sonst nicht zuzulassen bereit ist? Oder könnte es nicht auch so sein, dass die Wähler in ihrer Gesamtheit ganz einfach klüger sind als manche politische Funktionäre und deren juristische und politologische Vordenker? Ist die weitgehende Verweigerung klarer Parlamentsmehrheiten seitens der Wählerschaft, welche die ungeliebten Koalitionsregierungen hervorruft, vielleicht nichts anderes als die nüchterne Erkenntnis, dass eine professionelle Erledigung der Staatsaufgaben eine Konzentration der besten Kräfte aus allen politischen Lagern erfordert? Haben die Menschen – wenn auch vielleicht unbewusst – möglicherweise schon längst erkannt, dass eine nachhaltige Sozialpolitik mehr erfordert als bloße Umverteilung, dass Wirtschaftspolitik im Interesse der gesamten Volksgemeinschaft nicht nur aus Förderung des Kapitals besteht, dass die Umwelt für die Nachkommen nicht durch Technologiefeindlichkeit erhalten wird und dass man auf unsere globalisierte Welt nicht mit Ausgrenzung fremder Kulturen reagieren soll? Kurzum, dass nicht Extrempositionen, sondern das rechte Maß der Vernunft in der Regierungspolitik gefragt ist, welches ganz sicher nicht nur in einer politischen Richtung zu Hause ist? Die Ergebnisse der Parlamentswahlen in den europäischen Staaten sprechen eine deutliche Sprache. Die Mehrheitsverhältnisse oszillieren um die politische Mitte, wobei rechts- oder linksextreme Ausschläge nur bei Versagen einer Regierung gelegentlich seifenblasenartig schillernd entstehen und entsprechend bald wieder zerplatzen.

Im parlamentarisch-demokratischen System wird zweimal gewählt, um zu einer Regierung zu gelangen. Einmal das Parlament durch das Volk und dann die Regierenden durch das vom Volk gewählte Parlament. Für Mehrheits- oder Verhältniswahl ergeben sich daraus vier Varianten: Mehrheits- oder Verhältniswahl bei der Regierungsbestellung durch das Parlament und ebenso bei der Wahl des Parlaments durch das Volk.

Proporz bei der Wahl und Proporz bei der Regierungsbildung gibt es noch immer in einigen österreichischen Bundesländern. Die Parteien werden vom Volk nach dem Verhältniswahlrecht gewählt und jede Parlamentspartei ist entsprechend ihrem Anteil an Parlamentssitzen auch in der Regierung vertreten. Zu einer klaren Trennung zwischen Regierungs- und Oppositionsfraktionen führt das Mehrheitssystem bei der Regierungsbestellung, das wir im Bund und nunmehr auch schon in mehreren Bundesländern vorfinden. Regieren können nur jene Parlamentsparteien, die entweder allein oder dank einem koalitionären Pakt gemeinsam über die parlamentarische Mehrheit verfügen. Das Mehrheitsprinzip führt jedoch keineswegs automatisch zu mehr Effizienz politischen Handelns. Schließt es doch die Bildung einer großen Koalition keineswegs aus, wie die langjährige große Koalition auf Bundesebene in Österreich zeigt.

Allerdings würde das Mehrheitssystem bei der Regierungsbestellung auch die Bildung einer kleinen Koalition unter Ausschluss einer anderen Großpartei erlauben. Es wird daher von Fraktionen geschätzt, die zu klein sind, um durch das Proporzsystem zu einem Regierungssitz zu gelangen, aber groß genug, um als Mehrheitsbeschaffer einer Koalition dienlich zu sein. Denn um eine mehrheitsfähige, das heißt im Parlament wählbare bzw. nicht absetzbare, Regierung zu bilden und zu erhalten, bedarf es eines Katalogs von Abmachungen jener Partner, die – zum Unterschied von der Proporzregierung – nicht kraft Verfassung, sondern nur durch eine Parteienvereinbarung zum gemeinsamen Regieren verbunden sind. Das Mehrheitssystem bei der Regierungswahl stimuliert also eine umfassende vertragliche Vereinbarung, in der sich meist auch Abkommen über Organ- und Postenbesetzungen finden, die mit der eigentlichen Regierungs- und Parlamentsarbeit gar nichts zu tun haben müssen. Der Glaube, dass es im Mehrheitssystem bei der Regierungsbestellung zu weniger parteipolitischen Abmachungen kommen würde als im Proporzsystem, ist daher ein reiner Aberglaube, wenn auch hartnäckig, wie eben die meisten Formen des Aberglaubens.

Ein Ausweg aus dieser Malaise gegenseitiger Bindungen und Blockierungen scheint immer mehr Meinungsmachern ein System zu sein, bei dem Mehrheiten zur Bildung einer Regierung erst gar nicht gesucht werden müssen, weil von allem Anfang an eine Partei im Parlament mit absoluter Mehrheit ausgestattet ist. Der unbestreitbare Vorteil eines Mehrheitswahlrechtes nach britischem Muster, der freilich von eingefleischten Anhängern parteilicher Disziplin keineswegs als solcher empfunden wird, liegt in der Stärkung der einzelnen Abgeordneten. Wer im

Wahlkreis für seine Partei die erforderliche Mehrheit zur Erringung des Mandates erreicht hat, kann viel stärker gegenüber derselben auftreten und ihr bei der einen oder anderen Entscheidung im Parlament die Gefolgschaft verweigern als jene Kollegen, die ihr Amt hauptsächlich der über ein ganzes Bundesland oder einen entsprechend großen Wahlkreis errungenen Parteistimmensumme verdanken.

Viel gravierender aber ist ein anderer Einwand gegen das Mehrheitswahlsystem, welcher auch in Großbritannien Stimmen für dessen Abschaffung laut werden lässt. Der erhoffte Wechsel klarer Mehrheiten nach ein, zwei oder drei Legislaturperioden findet erfahrungsgemäß nur in jenen wenigen Wahlbezirken statt, in denen die Mehrheitsverhältnisse zwischen den politischen Lagern aufgrund der sozio-politischen Gegebenheiten labil sind. Ob solche Wahlkreise überhaupt zustande kommen, ist fraglich. „Gerrymandering" ist der Fachausdruck für die Manipulation von Wahlbezirksgrenzen, um diese für eine der in Betracht kommenden Wahlparteien zu einer sicheren Bank werden zu lassen. Wenn aber in einem Wahlbezirk immer die gleiche politische Partei die Mehrheit erringt, müssen die Wähler solcher Wahlkreise damit leben, mit ihrer Stimme niemals etwas bewirken zu können. Da die „Wirkmächtigkeit" einer Stimmabgabe maßgeblich für die Wahlbeteiligung ist, wundert es kaum, dass eine Harvard-Studie schon vor einigen Jahren bei Mehrheitswahlen eine geringere Wahlbeteiligung als bei Verhältniswahlsystemen feststellen konnte.

Der Wille der Wählerschaft zu einer breiteren politischen Auffächerung, als es einem einfachen Rechts-links- oder Mehr-rechts-mehr-links-Schema entsprechen würde, führt obendrein beim klassischen Mehrheitswahlrecht zu grotesken Verzerrungen des Wählerwillens. Nicht nur, dass bei der Nationalratswahl 2008 ÖVP und SPÖ bei einem Mehrheitswahlrecht zusammen 90 Prozent der Mandate erhalten hätten, während sie bei der geltenden verhältnismäßigen Aufteilung der Mandate nur 59 Prozent erzielen konnten, wäre das BZÖ auch bei einem Mehrheitswahlrecht auf immerhin 13 der 183 Mandate gekommen. Die Freiheitlichen hingegen, aufgrund des tatsächlichen Wahlergebnisses mit 34 Mandaten erheblich stärker als das BZÖ mit 21, wären beim Mehrheitswahlrecht in dieser Legislaturperiode überhaupt nicht im Nationalrat vertreten. Gewiss, das sind Gedankenspiele, denn die FPÖ hätte sich bei einem Mehrheitswahlrecht ebenso wie das BZÖ darauf konzentriert, primär als Regionalpartei aufzutreten, um so wenigstens in einzelnen Wahlkreisen eine Mehrheit zu erlangen. Tatsache ist jedoch, dass das klassische Mehrheitswahlrecht Großparteien mit etablierten flächendeckenden Apparaten und Kleinparteien mit starker regionaler Verankerung gegenüber landesweiten Mittelparteien extrem begünstigt.

Um die erwähnten Nachteile des Mehrheitswahlrechtes zu vermeiden und dennoch die offenkundig erwünschten klaren politischen Mehrheiten zu ermöglichen, hat der Verfassungsexperte Klaus Poier ein eigenes Modell entwickelt.[102] Dieses belässt zwar das gegenwärtig geltende Verhältniswahlrecht und vermeidet damit die genannten Nachteile des Mehrheitswahlrechtes, kleineren Parteien die Chance auf Parlamentssitze zu nehmen. Dafür aber soll die mandatsstärkste Partei auf anteilige Kosten der übrigen Parteien die Hälfte der Mandate zugesprochen erhalten, auch wenn sie aufgrund des Wahlergebnisses vielleicht nur 30 oder 35 Prozent der zu vergebenden Sitze errungen hat. Dieser Verstärkereffekt verschafft der aus der Wahl als stärkste hervorgegangenen Partei zwar im Parlament noch keine Mehrheit, setzt sie aber in Stand, sich nur eine Kleinfraktion oder einzelne Abgeordnete (einkaufen) zu müssen, um mit Hilfe dieser so gut wie allein regieren zu können.

Das Poier'sche Modell scheint auf den ersten Blick einiges für sich zu haben. Bei näherer Betrachtung zeigt es allerdings demokratiepolitisch bedenkliche Auswirkungen. Wenn man es nämlich auf das Nationalratswahlergebnis 2008 anwendet, hätte die SPÖ statt der nach dem Verhältniswahlrecht errungenen 57 Mandate 92, während die ÖVP statt mit 51 nur mit 37 Abgeordneten im Nationalrat vertreten wäre. Bei einem solchen für das Wahlverhalten der Österreicher durchaus realistischen Szenario zweier oder mehrerer annähernd gleich starker Parteien ist es schwer zu begreifen, warum einer Partei die gesamte Macht zufallen soll, obwohl sie vom Wähler nur mit weniger als einem Drittel der Mandate bedacht worden ist.

Noch krasser erweist sich der Widerspruch des Poier-Modells zur Wählerrepräsentation beim Nationalratswahlergebnis 1999. Während die unter dem Bundeskanzler Klima angetretenen Sozialdemokraten ihre Position als stärkste Fraktion behaupten konnte, erreichten die beiden Rechtsparteien ÖVP und FPÖ mit insgesamt 104 Mandaten eine gemeinsame Mehrheit, die bequem zur Bildung einer bürgerlichen Koalition reichte und schließlich auch zu einer schwarz-blauen Regierung führte. Nach dem Modell Poier hätte aufgrund des Wahlergebnisses die SPÖ unter Kanzler Klima allein weiterregieren können, wenn es ihr nur gelungen wäre, einen oder zwei Abgeordnete etwa der Grünen hiefür zu gewinnen. Dass aufgrund des Wahlergebnisses 1999 eine solche Alleinregierung Klima aber nicht dem mehrheitlichen Wählerwillen entsprochen hätte, werden wohl auch die engagiertesten Kritiker der schwarz-blauen Regierung zugeben müssen.

Anhand dieses Wahlergebnisses wird ein weiterer Haken des Modells sichtbar. Einer mandatsstärksten Partei kann die einmal errungene absolute Macht kaum jemals wieder streitig gemacht werden, wenn die Opposition sich auf mehrere Fraktionen verteilt. Diese mögen bei der Wahl zusammen einen noch so großen Vorsprung erzielen, solange nicht eine von ihnen allein die regierende Partei an Mandaten überflügelt, nutzt ihr und ihren Wählern dies nichts, wenn die Regierungspartei nur ein oder zwei Abgeordnete einer ihr zugetanen Fraktion auf ihre Seite ziehen kann. Das Modell sichert somit nicht nur klare Mehrheiten, es perpetuiert sie auch noch.

Aber ist die künstliche Erzeugung von absoluten politischen Mehrheiten, die die Wähler seit Kreiskys Zeiten offenkundig auf Bundesebene nicht mehr zu konzedieren bereit sind, wirklich der Weisheit letzter Schluss? Ist sie tatsächlich *„ein Mittel, den seelenlos gewordenen Parteien eine kontrollierte Reideologisierung zu erleichtern"*,[(103)] wie ein

Journalist einmal formulierte, und will das Wählervolk eine solche Reideologisierung der Innenpolitik überhaupt?

Was zu Recht beklagt wird, ist das politische Nullsummenspiel annähernd gleich starker Partner, die einander stetig bei der Erfüllung ihrer politischen Aufgaben behindern. Das Zusammenarbeiten in einer breiten politischen Mehrheit zwingt die politischen Exponenten dazu, ihre Positionen deutlich zu artikulieren und auf ihnen zu bestehen, um trotz Koalition als eigenständige politische Kraft für die Wählerschaft erkennbar bleiben. Dieses Beharren auf eigenen Positionen macht Kompromisse schwer bis unmöglich und wird als unerträglicher Stillstand empfunden. *„Es geht nichts weiter"*, sagt die Öffentlichkeit. Um diesem Vorwurf zu entgehen, schließt man dann doch Kompromisse – und riskiert Widerstände in der eigenen politischen Bewegung oder Verluste an andere Parteien. Es kommt daher zu einem ständigen Wechsel zwischen Auseinandersetzung und Kompromissbereitschaft der Koalitionspartner, welcher dem berühmten Prinzip der Stachelschweine ähnlich ist, die einmal Wärme suchend aneinanderrücken und daraufhin wegen der Stacheln auseinanderstreben.

Dabei wird übersehen, dass in Österreich wie auch in den meisten anderen europäischen Ländern, wo sich überwiegend gemäßigt linke und gemäßigt rechte Bürgergruppen gegenüberstehen, nur eine auf sachlicher Basis gefundene Synthese den Bedürfnissen aller gesellschaftlichen Gruppen und damit einer wirklichen Volksherrschaft gerecht wird. Welchen Sinn könnte es machen, dass eine Partei mit einer künstlichen, nicht dem Wählerwillen entsprechenden absoluten Machtfülle alles so lange allein durchsetzen kann, bis sie aufgrund des dem politischen Machtstreben innewohnenden Hanges zum Übermaß wieder abgewählt wird?

Welchen Sinn sollte es haben, eine links- oder rechtsgerichtete Alleinregierung eine konsequente Sozial-, Bildungs- oder Wirtschaftspolitik betreiben zu lassen, die eine in der nächsten Periode zur Mehrheit gelangende „andersfärbige" Regierung wieder zurücknimmt oder gar ins Gegenteil verkehrt? Wäre ein solches Stop-and-go-Regierungssystem wirklich dem Ringen um gemeinsame Lösungen vorzuziehen, selbst um den Preis, dass dies eine längere Zeit erfordert?

Der Versuch, mittels mathematisch-juristischer Formeln eine Systemverbesserung für die politische Machtausübung zu erzielen, scheint mir am Kern des Problems vorbeizugehen. Eine – gewiss nötige – Erneuerung dürfte weniger in juridischen Strickmustern von Prozentschwellen, Wahlkreisfigurationen, Mandatsermittlungen und Mehrheitsbildungen liegen als im Verhalten von Parteien, Politikern und Wählern. Dieses ist aber nur sehr bedingt durch Normen gestaltbar.

Die Gesetzgebung kann dabei nur Hilfestellungen geben, damit die Abgeordneten ihrem Gewissen, den Wünschen ihrer Wähler und ihrer sachpolitischen Kompetenz mehr Augenmerk zuwenden als den tagespolitischen Anforderungen ihrer Parteistrategen. Ein persönlichkeitsorientiertes Wahlrecht kann dazu mehr beitragen als die Konstruktion klarer Mehrheiten.

Auch die Qualität der vom Parlament bestellten oder zumindest anerkannten Regierung wird durch ein Mehrheitswahlrecht nicht automatisch besser als durch eine Verhältniswahl. Wenn Parteien bei der Besetzung der ihnen zufallenden Regierungsposten Personen bevorzugen, die eher der regionalen Versorgung mit Ämtern und der Repräsentation der verschiedenen Interessensgruppen entsprechen als dem Sacherfordernis des Amtes, wird eine solche Vorgangsweise in einer Alleinregierung noch ungenierter betrieben werden als in einer Koalition, in der man befürchten muss, von besser qualifizierten Amtsträgern des Regierungspartners in der öffentlichen Meinung ausgestochen zu werden.

Was das Land benötigt, ist eine Regierung der besten Köpfe. Warum eine Regierung, deren Vertreter nur von einer Partei gestellt werden, eher im Interesse des ganzen Volkes agieren sollte als eine solche, in der mehrere politische Richtungen vertreten sind, ist nicht einsehbar. Gewiss, Streitigkeiten können unfruchtbar sein, Konkurrenz aber fruchtbringend. Ob eine Regierung sinnlos streitet oder sachlich diskutiert, liegt an den Menschen, die in ihr vertreten sind. Und es liegt vor allem daran, ob diese Menschen sachlich regieren oder in dem Bestreben, den Partner dank anderer Regierungsoptionen spätestens nach der nächsten Wahl wieder loswerden zu können. Will man hingegen zwecks Vermeidung selbst sachlicher Auseinandersetzungen politisch monocolore Regierungen erzwingen, handelt man gleich jemandem, der seinen Schachcomputer auf schnellste Antworten programmiert. Der Rechner liefert ihm die Züge dann zwar prompt, aber in enttäuschender Qualität.

Die Frage des guten Regierens ist in erster Linie eine solche von fähigen, intelligenten, volksnahen und konsensbereiten Persönlichkeiten. Verfassungs- oder Wahlsysteme sind hierfür sekundär, um nicht zu sagen unbedeutend. Wenn sich diese Weisheit in Österreich gegenüber herkömmlichen Partei- und Lagerzugehörigkeiten durchsetzt, wird eine sinnvolle Änderung des Wahlsystems wie von selbst Konsens finden. Aber man sollte den zweiten Schritt des Systemwechsels nicht vor dem ersten des Gesinnungswechsels tun. Anderenfalls kann man unversehens straucheln ...

(102) Klaus Poier: Minderheitenfreundliches Mehrheitswahlrecht. Graz 2000

(103) Michael Prüller: Die Presse, 14.7.2007

2.5. Die Milz der Republik

Der Bundesrat

„Wenn du merkst, dass du ein totes Pferd reitest, steig ab."
(Weisheit der Dakota-Indianer, oft missachtet)

Die Milz ist ein von der modernen Medizin bereits gut erforschtes Körperorgan. Sie ist in den Blutkreislauf eingebunden und speichert Blutzellen. Ihre Aufgaben werden aber auch von anderen lymphatischen Geweben besorgt. Deshalb kann man auch weiterleben, wenn die Milz wegen einer Krankheit oder eines Unfalles entfernt werden musste. Die Größe des Organs ist schwankend. Täglich hunderte Mal durchströmt das Blut des Organismus die Milz, ohne dass man sich dessen bewusst wird. Bei starker Anstrengung macht sich die Milz durch Seitenstechen bemerkbar.

Der Vergleich macht sicher. Was die Milz für den menschlichen, ist der Bundesrat für den staatlichen Organismus. Ein Organ, von dessen Existenz man zwar weiß, aber nicht genau, wozu es gut sein soll. Die Größe ist schwankend. Beim Bundesrat wissen nur Experten, wie viele Mitglieder er wirklich hat, denn dies richtet sich nach der Bevölkerungszahl der Bundesländer und wird alle zehn Jahre bei der Volkszählung neu festgesetzt. Wie das Blut – weitgehend unbemerkt – tagaus, tagein auf seinem Weg durch den Körper auch die Milz passiert, so werden auch die Gesetzesbeschlüsse des Nationalrats vor deren Inkrafttreten durch den Bundesrat geschleust, ohne dass jemand öffentlich davon Notiz nimmt. Nur wenn der Bundesrat – in den seltenen Fällen einer vom Nationalrat abweichenden Mehrheitsbildung – Einspruch erhebt, entsteht kurzfristig so etwas wie republikanisches Seitenstechen, freilich ohne große Auswirkungen. Kann unser staatlicher Organismus ohne Bundesrat leben – wie der menschliche ohne Milz?

Die Einrichtung einer zweiten, neben der vom Volk direkt gewählten Parlamentskammer reicht weit in die Anfänge des demokratisch-parlamentarischen Systems zurück. Maßgeblich für das Zweikammernsystem war die Scheu der Mächtigen vor einem ausschließlich vom Volk gewählten Parlament. Den Entscheidungen, die beim allgemeinen Wahlrecht auch vom „Pöbel" getroffen werden konnten, sollte ein Gegengewicht in Form eines Rates, von der Obrigkeit ausgewählter und daher verlässlicher Persönlichkeiten gegenübergestellt werden. So entstand eine Duplizität parlamentarischer Vertretungen als Herren- und Abgeordnetenhaus oder Ober- und Unterhaus. In republikanisch-föderalen Systemen wie in Österreich sollte eine Ländervertretung, der Bundesrat, dafür sorgen, dass die Bäume der vom Volk gewählten Abgeordneten nicht in den Himmel wachsen.

Bei der Einführung der Bundesverfassung 1920 kam diese Motivation für den parlamentarischen Dualismus in den Erklärungen der damaligen Politiker recht deutlich zum Ausdruck. Die Bürgerlichen, die in den noch vorwiegend agrarisch strukturierten Ländern dominierten, sahen in der Länderkammer ein Regulativ gegenüber einem möglicherweise vom Proletariat beherrschten Parlament. Demgegenüber fürchtete man auf sozialdemokratischer Seite, dass der Bundesrat die Tätigkeit des vom Volk gewählten Nationalrates behindern könnte. Daher begrüßte der bürgerliche Bundeskanzler Michael Mayr die Mitglieder des Bundesrates *„als jenen zweiten Faktor der Gesetzgebung, der mit dem vom gesamten Volk gewählten Nationalrat berufen ist, als Vertreter der Landtage die Gesetzgebung auszuüben"*. Der sozialdemokratische Abgeordnete Robert Danneberg hingegen sah in der Länderkammer *„ein Herrenhaus in alter Form, nur anders zusammengesetzt"*. Und der Wiener Bürgermeister Jakob Reumann hieß die Mitglieder des Bundesrates willkommen, indem er seiner Hoffnung Ausdruck gab, *„dass die legislative Tätigkeit des Nationalrates durch den Bundesrat keine wie immer geartete Hemmung erfahre"*.[104]

Sowohl Befürchtungen als auch Wünsche der Parteien haben sich als unzutreffend erwiesen. Vielmehr bewahrheitete sich jene Prophezeiung, die ein unbekannter Verfasser aus dem christlich-sozialen Parlamentsklub als kritische Anmerkung zum Verfassungsentwurf schrieb: *„Der Bundesrat, der die Länderinteressen vertreten sollte, ist ein totgeborenes Kind.“* (105)

Bei gleichen Mehrheitsverhältnissen im National- und Bundesrat bleibt Letzterem die politische Bedeutung versagt. Denn wenn eine politische Partei mit einer anderen ein Regierungsbündnis eingeht, dann ist einer der wichtigsten Punkte der entsprechenden Vereinbarung, dass man die Mehrheit in den verschiedenen staatlichen Gremien sicherstellt. Man verpflichtet sich, eine zwischen den Parteien erzielte Einigung, ob über Steuerfragen, Wirtschaftsförderung oder ein neues Ehegesetz, in allen hiefür erforderlichen Organen gemeinsam „durchzutragen“, angefangen von der Regierung über den Nationalrat und natürlich auch den Bundesrat. Es wäre naiv zu glauben, dass eine Regierungskoalition sich darauf beschränkt, im Nationalrat vielleicht mit knapper Mehrheit einen Beschluss zu fassen und es dann den Bundesräten der Koalitionsparteien überlässt, wegen Länderinteressen ein Veto einzulegen. Selbst der mehrmalige Bundesratspräsident Herbert Schambeck (ÖVP), der in seiner langjährigen Mitgliedschaft für dieses Gremium zahlreiche Verbesserung erstritten hat und der das Zweikammernsystem als *„wesentliche Form der Gewaltenteilung innerhalb der Gesetzgebung selbst“* verteidigt, verweist auf die Problematik, *„wenn die gleichen parteipolitischen Kräfte in beiden Kammern tätig werden.“* (106)

Soweit die Bundespolitik eine Zustimmung politisch starker Landesvertreter benötigt, wird diese rechtzeitig eingeholt, noch bevor der Nationalrat zur Beschlussfassung zusammentritt. Ein Landeshauptmann und Landesparteiobmann ist weder darauf angewiesen noch daran interessiert, ein paar Bundesratsmitglieder überzeugen zu müssen, damit sie dann, wenn die Kuh in Form eines Nationalratsbeschlusses schon aus dem Stall ist, diese noch nachträglich in Form eines Vetobeschlusses im Bundesrat wieder einzufangen suchen. Wenn's wirklich hart auf hart geht zwischen Bund und Land, dann vermag ein Landesparteichef schon „seine“ Nationalratsabgeordneten von einem Veto gegen eine landesfeindliche Vorlage zu überzeugen und muss nicht erst auf den Bundesrat warten. Dem Bundesrat bleibt somit meist nur die Rolle einer Da-capo-Gesetzgebung.

Nur wenn die politische Mehrheit im Bundesrat eine andere ist als im Nationalrat, erwacht Ersterer zu einer gewissen Selbständigkeit und versucht, dem anders gefärbten Nationalrat durch Hinhaltetaktik das Leben zu erschweren. Auch die Sozialdemokraten, die diesem Verfassungsinstitut anfänglich so kritisch gegenübergestanden waren, fanden Gefallen am Bundesrat, als sie in der XI.

Gesetzgebungsperiode von 1966 bis 1970 bei absoluter Parlamentsmehrheit der ÖVP durch Erfolge bei Landtagswahlen zu einer Bundesratsmehrheit gelangt waren und mit insgesamt elf Einsprüchen der ÖVP ihren oppositionellen Widerstand spüren ließen.

Der parteipolitische Einfluss auf den Bundesrat könnte zumindest verringert werden, wenn man seine Mitglieder von den jeweiligen Landesbürgern wählen ließe, anstatt sie von den Landtagen nach dem dortigen Parteienverhältnis nominieren zu lassen. Gelegentlich wurden solche Vorschläge im Verfassungskonvent geäußert. Doch abgesehen vom Aufwand einer solchen zusätzlichen Wahl müsste hiefür die Rolle des Bundesrates erst einmal definiert werden. Denn unsere Verfassung regelt zwar formaljuridisch, in welchen Angelegenheiten und mit welchen Mehrheiten der Bundesrat entscheiden dürfe und welche Folgen sich an seine Beschlüsse knüpfen. Ob die Mitglieder dabei die Interessen ihrer Partei an der Bundesgesetzgebung, die Interessen des entsendenden Landtages oder die des Landes und seiner Bevölkerung wahrzunehmen haben, darüber schweigt sich die Verfassung aus.

Womit sich überhaupt die Frage stellt, inwieweit ein parlamentarisches Gremium geeignet ist, die spezifischen Interessen der Bundesländer an der Gesetzgebung des Gesamtstaates wirksam zu vertreten. Diese liegen in der Abwehr finanzieller Belastungen, die durch ein neues oder geändertes Bundesgesetz für ein Land entstehen können, in negativen raumordnungspolitischen Auswirkungen, Wettbewerbsverzerrungen oder sonstigen Diskriminierungen im Hinblick auf die unterschiedliche Wirtschaftskraft oder die geografische Beschaffenheit der einzelnen Bundesländer. Derartige Bedenken gegen Bundesgesetze auszumachen und einigermaßen überzeugend zu begründen, setzt entsprechend fachlich ausgestattete Apparate voraus. Über diese verfügen die Länder allein oder im Zusammenwirken untereinander oder mit einschlägigen Instituten. Die fachlich kompetente Vertretung der Interessen einzelner oder aller Bundesländer, die stichhältige Darlegung der Auswirkungen eines Bundesgesetzes, das Aufzeigen von Alternativen – all dies ist Verwaltungsarbeit, zu deren Erledigung jene berufen sind, die das Land zu vertreten haben, also die Landeshauptleute und weitere fachlich zuständige Mitglieder der Landesregierung (Finanzreferenten usw.) mit den ihnen zur Verfügung stehenden Mitarbeitern.

Warum aber gibt es den Bundesrat bis heute, obwohl die Debatte über den Sinn dieser Einrichtung beinahe so alt ist wie diese selbst? Vielleicht weil oftmals „Totgesagte länger leben" oder weil er nun einmal schon da ist. Es lässt sich ja schließlich auch niemand die Milz entfernen, nur weil man sie nicht unbedingt zum Leben braucht. Ich habe den Bundesrat einmal als das österreichische Ungeheuer von Loch Ness bezeichnet. Jene in Journalistenkreisen früher übliche Bezeichnung für unwahrscheinliche Sensationsmeldungen, die man lancierte, um die hochsommerliche Saure-Gurken-Zeit zu überbrücken. Wenn sich in Österreichs Innenpolitik ferienbedingt so gar nichts tut, fordert irgendjemand die Abschaffung oder grundlegende Reform der österreichischen Länderkammer. Das war schon in den 60er Jahren des vergangenen Jahrhunderts so, als etwa der Publizist Karl Franta für die Abschaffung votierte, weil das Wahlergebnis des Nationalrates verfälscht werden könne[(107)] oder der Verfassungsexperte Rene Marcic stattdessen für einen Ständerat eintrat.[(108)] Die Reaktionen auf solche Forderungen waren und sind – unabhängig von der Parteizugehörigkeit – immer die gleichen: Die einen treten für eine Volkswahl des Bundesrates ein, die anderen fordern, ihn schon frühzeitig, also vor der Abstimmung im Nationalrat, in die Entscheidungsfindung einzubinden, wieder andere wollen die Mitglieder des Bundesrates an die Weisungen der sie entsendenden Landtage gebunden wissen. Einige wollen ihn durch ein absolutes Vetorecht bei Verfassungsgesetzen stärken. Auch Bundespräsident Heinz Fischer hat sich anlässlich des „Verfassungstages 2005“ in die Debatte eingeschaltet und einerseits eine Vereinfachung gefordert, in dem der Bundesrat bei Gesetzesbeschlüssen nur mehr auf seinen Wunsch hin befasst werden solle, andererseits aber den Bundeskanzler verpflichten wollen, alle vier Monate dem Bundesrat über aktuelle Entwicklungen im Bereich der EU zu Regionen und Gemeinden zu informieren.[(109)] Und der – damals – Grüne Bundesrat Stefan Schennach trat den Rufen nach Abschaffung des Bundesrates gar mit der martialischen Wortkeule entgegen, dass *„nur die Nazis demokratische Institutionen abgeschafft“*[(110)] hätten.

Und dann ist da noch die verfassungsrechtliche Lehrmeinung, nach der eine gesetzgebende Länderkammer zu den essentiellen Bestandteilen eines Bundesstaates und somit eines Grundprinzips unserer Verfassung gehöre und in Österreich nur durch Volksabstimmung abgeschafft werden könne.[(111)] Bei der Beratung über den Bundesrat im Österreich-Konvent hat ein für seine gelegentlich lockeren Sprüche bekannter Verfassungsrechtsprofessor dazu gemeint: *„No, dann ändern wir halt die Lehre und das Problem ist gelöst.“*

Im Verfassungskonvent waren die maßgeblichen Stimmen für eine Abschaffung der Länderkammer nur leise und sporadisch zu vernehmen. Es gibt dafür einen Grund, der freilich kaum je offen eingestanden wird, obwohl er ohnedies auf der Hand liegt. Der Bundesrat ist für die politischen Parteien eine Art Reservebank für alle jene, die augenblicklich in der ersten und in der zweiten Kampfmannschaft des Nationalrates und des Landtages kein Leiberl haben. In ihm finden sich Damen und Herren, die aufgrund schlecht ausgegangener Wahlen im Bundes- oder Landesparlament ihr Mandat verloren haben, aber auch solche, die man aufgrund ihrer Stellung oder Verdienste in der Partei mit einem Mandat bedenken möchte, für die aber gerade keines in den anderen parlamentarischen Gremien frei ist. Dazu kommt noch, dass man vornehmlich in ländlichen Regionen und bei den größeren Parteien gewohnt ist, in jedem Bezirk oder Viertel einen Mandatar zu haben, der die politischen Interessen dieses Territoriums und seiner Bewohner mit der höheren Autorität eines Abgeordneten vertreten soll. Wenn nun eine Partei in einem solchen Viertel aufgrund seiner soziologischen Struktur schwach vertreten ist und keine Aussicht auf ein Grundmandat hat, kann ein dort lebendes Bundesratsmitglied willkommenen Ersatz schaffen.

Aus Sicht der politischen Parteien mag dieser Wunsch nach möglichst vielen zu vergebenden Mandaten durchaus verständlich sein, ob und in welcher Form er auch den Interessen der Bevölkerung dient, wurde bereits oben erörtert.[(112)] Eine zweite Parlamentskammer rechtfertigt dieses Bedürfnis jedenfalls nicht. Wenn man diese zusätzlichen Mandatare wirklich braucht, dann müsste man den Mut aufbringen, das Bundes- oder Landesparlament entsprechend zu erweitern. Wenn dies im Interesse der Bevölkerung liegt, wird sie dafür auch Verständnis finden. Denn abgesehen von den Interessen der Parteien, verlorengegangene oder nicht erreichbare Mandate mit Bundesratssitzen zu substituieren, sind – wie ich auch aus Gesprächen mit Betroffenen weiß – nicht einmal alle Bundesratsmitglieder selbst mit ihrer Rolle glücklich. Manche wünschen sich, wenn schon kein Leiberl in der „Bundesliga" Nationalrat zu ergattern ist, dann lieber noch die Mitgliedschaft im Landtag, wo man näher bei landespolitischen Entscheidungen und damit auch bei Bürgern und Wählern ist.

Eine zweite parlamentarische Kammer im herkömmlichen Verständnis, sei es eine Ländervertretung in den Bundesstaaten wie Deutschland, der Schweiz oder Österreich, sei es ein Oberhaus aristokratischer Honoratioren in parlamentarisch-demokratischen Staaten mit monarchischer Spitze wie England, ist heutzutage ein nationales Statussymbol. Man hat sie, weil es sich so gehört, aber man könnte auf sie getrost verzichten. Ihre Mitglieder handeln so gut oder auch so schlecht wie die vom Volk in die erste Kammer gewählten Parlamentarier, die ohnedies letztendlich das Sagen haben müssen, wenn der Staat als vollständige Demokratie gelten möchte. Denn man darf nicht vergessen: Jedwedes absolute Vetorecht für eine andere als die vom Souverän in allgemeiner Wahl kreierte parlamentarische Vertretung ist im Gesetzgebungsverfahren ein Privileg. Ein Sonderrecht für bestimmte Personen oder Gruppen, seien sie Vertreter von Ländern, Berufsständen, Adelshäusern oder sonst irgendwie aus dem allgemeinen Wählerpotenzial hervorgehoben.(113) Die daraus resultierende Inhomogenität des demokratischen Gesetzgebungsverfahrens kommt bei uns nur deshalb nicht zum Tragen, weil der Bundesrat nur in ganz seltenen Fällen einen Gesetzesbeschluss auf Dauer verhindern kann(114) und seine Beschlüsse so gut wie immer unter der Dominanz der politischen Parteien gefasst werden. Das aber stellt wiederum die Sinnhaftigkeit der Institution an sich in Frage.

Dennoch müsste die dem Zweikammernsystem genuin zugedachte Idee nicht gänzlich über Bord geworfen werden. Die Idee nämlich, den von den Bürgern zu wählenden und diesen daher verpflichteten Mandataren bei ihren Entscheidungen Berater an die Seite zu stellen, die wichtige Positionen vertreten und die mitunter diffusen Anforderungen des Souveräns an seinen Gesetzgeber mit ihrer institutionellen und entsprechend nachhaltigen Kenntnis der Gegebenheiten erhellen. Das sind freilich keineswegs nur die Länder, sondern auch die Interessensvertretungen der Gemeinden und Städte, die berufsständischen Kammern und sonstige Institutionen mit staatlichen Aufgaben oder landesweiter Bedeutung.

Ein solcher Institutionenrat wäre kein zweiter Aufguss parlamentarischer Tätigkeit, sondern ein Forum von Repräsentanten, die ohne unnötigen Aufwand die Positionen ihrer Organisationen nach deren autonomer interner Willensbildung darstellen.

Gegen eine solche institutionelle Begleitung der politischen Machtausübung des Parlaments gibt es natürlich auch Einwände. Sie verweisen auf die Tatsache, dass nicht jedes Gesetz für alle Institutionen relevant ist.(115) Richtig, aber es wäre dann Aufgabe des Parlaments, allfällige Einwände nach dem Grad der jeweiligen Betroffenheit im Sinne der Bürger zu bewerten. Daher würde in einem solchen Fachschaftsrat auch nicht abgestimmt werden. Dies bliebe dem – durch die Allgemeinheit – gewählten und daher diese repräsentierenden Parlament vorbehalten.

Ein die parlamentarische Tätigkeit begleitender Rat wäre von den in ihm vertretenen Institutionen zu finanzieren und würde die öffentliche Hand daher weniger mit Kosten belasten. Er würde auch den Einfluss diverser Organisationen auf die Gesetzgebung transparenter machen. Jahrzehntelang saßen die Vertreter von Kammern im Nationalrat, ohne ein Hehl daraus zu machen, dass sie ihre Aufgabe in erster Linie als Vertreter ihrer Institution und nicht so sehr des Volkes verstehen. Arbeiter- oder Wirtschaftskammerpräsidenten gehören heute kaum noch den parlamentarischen Gremien an. Sie üben ihre Einflüsse auf die Gesetzgebung vielmehr durch ihnen verpflichtete Parlamentarier aus. Eine Geltendmachung der Interessen am Gesetzgebungsverfahren in der öffentlich zugänglichen Form von Stellungnahmen und Beratungsprotokollen eines vorberatenden parlamentarischen Gremiums anstatt in den Chefzimmern der Parteiobleute und Kammerpräsidenten könnte durchaus zu einer höheren Qualität der Nationalratsbeschlüsse beitragen. Und würde auch das Lobbyistenwesen staatsnaher oder wirtschaftlich potenter Organisationen mehr transparent machen als Registrierungspflichten.

Sachliche, ernst gemeinte und transparente Beratungen tragen zu guten politischen Entscheidungen eher bei als Mehrheitsentscheidungen nach stundenlangem Zum-Fenster-Hinausreden. Dazu könnte eine zweite parlamentarische Kammer durchaus nützlich sein. Der Bundesrat in seiner derzeitigen Form hilft hingegen nicht, das Bewusstsein in die Notwendigkeit demokratischer Strukturen zu stärken, weil er letztlich von den gleichen politischen Kräften beherrscht wird wie der Nationalrat. Ihn lediglich zu verkleinern oder mit Landespolitikern zu besetzen, die schon eine andere (bezahlte) Funktion haben, ist das, was man im Volksmund eine „Augenauswischerei“ nennt.

(104) Vgl. Karl Lengheimer: Bundesrat Neu! St. Pölten 2001, und die dort angegebene Literatur

(105) Felix Ermacora: Die österreichische Bundesverfassung und Hans Kelsen. Analysen und Materialien. Wien 1982, 39

(106) Schambeck, Politik, 169

(107) Die Zukunft, H. 8/1961

(108) Salzburger Nachrichten, 15.1.1962

(109) Der Standard, 1./2.10.2005

(110) Wiener Zeitung, 9.6.2006

(111) Walter/Mayer/Kucsko-Stadlmayer, Bundesverfassungsrecht, 217

(112) Kapitel 2.2.

(113) Carl Schmitt: Verfassungslehre. Berlin 1970, 5. Aufl., 294 ff

(114) Art. 35 Abs. 4 B-VG

(115) Z. B. Roman Herzog: Staat und Recht im Wandel. Goldbach 1993, 21 ff

2.6. Wie klein ist Österreich?

Der Föderalismus

„Österreichs Stärke besteht in der Verschiedenheit der Provinzen, welche man sorgfältig erhalten sollte.“
(Erzherzog Johann)

Als der weltberühmte Arturo Toscanini nach dem „Anschluss“ Österreichs seine geplante umfangreiche Mitwirkung an den Salzburger Festspielen 1938 abgesagt hatte, sah der Luzerner Stadtpräsident Jakob Zimmerli seine Chance gekommen. Es gelang ihm, den Star für den eben erst ins Leben gerufenen Luzerner Musiksommer zu gewinnen, und seither hat die Stadt ein bedeutendes Musikfestival.

In der steirischen Salzkammergut-Gemeinde Bad Aussee befand sich am Schnittpunkt der Quellflüsse der Traun lange Zeit eine „Gstätten“, zu deren Rekultivierung das Geld fehlte. Bis die Stadtführung eine Idee hatte. Mit Hilfe einiger Sponsoren und guter Kontakte zu betuchten Feriengästen aus dem deutschen Nachbarland baute man über das Areal eine sternförmige Brücke, die nach dem Markenzeichen der deutschen Automobilfirma Mercedes benannt ist.

Das Land Niederösterreich wurde nach der Trennung von der Bundeshauptstadt lange Zeit als eher gesichtslose Provinz rund um Wien und am Rand des Eisernen Vorhanges wahrgenommen. Inzwischen hat sich das Land eine eigene Hauptstadt und eine Universität gegeben, zahlreiche Kulturevents, ein Spitzenforschungsinstitut, ein medizinisches Hightech-Zentrum und noch manch anderes mehr. Das Burgenland hat dank seiner regionalen Eigenständigkeit nach dem EU-Beitritt die Klassifizierung als sogenanntes „Ziel-1-Gebiet“ erlangt und durch die damit verbundenen Förderungen einen ungeahnten Aufschwung als Fremdenverkehrsland genommen.

Wäre die Stadtverwaltung Luzerns nur von kantonalen Verwaltungsbeamten administriert gewesen, hätte Maestro Toscanini 1938 vermutlich anderswo brilliert und Luzern heute kein berühmtes Festival. Auch die Bad Ausseer Gstätten würde wohl immer noch ihr trostloses Dasein fristen, wenn der Ort von einer Großkommune Liezen verwaltet wäre. Niederösterreich würde als amorpher Speckgürtel der Bundeshauptstadt eine erkennbare Identität vermissen lassen, wenn es – wie zu Kaisers Zeiten – einen von der Bundesregierung bestellten und von den Ministerien gesteuerten Statthalter samt seinem gesetzestreuen, aber verantwortungsscheuen Apparat an seiner Spitze hätte. Und die EU-Mittel wären irgendwie gießkannenmäßig verteilt worden, wenn das Burgenland kein Land wäre, sondern nur die Summe einiger östlich und südlich von Wien gelegener Bezirksterritorien.

Dieser Wettbewerb zwischen den Repräsentanten der Gebietskörperschaften im Dienst ihrer Bürger wird von den Gegnern des Föderalismus als Anfang aller Laster öffentlicher Verschwendung kritisiert. In der Tat, Wettbewerb verursacht Kosten! Könnten wir uns entschließen, in ganz Europa oder noch besser auf der ganzen Welt nur eine Automarke oder ein Mobiltelefon herzustellen, was würde da an Kosten eingespart werden. Konstruktionsbüros und Designer müssten sich nicht mehr die Köpfe über Neuerungen zerbrechen, um den Käufern die Überlegenheit ihres Produkts gegenüber anderen Modellen zu dokumentieren und auf Werbemaßnahmen könnte man weitgehend verzichten. Unter diesem Aspekt mutet es seltsam an, wenn gerade Verfechter des freien Marktes für mehr staatlichen Zentralismus eintreten.

Das Unternehmen Staat ist im Leistungs- und Versorgungsstaat neuzeitlicher Prägung vor allem dienstleistungsorientiert. *„Näher zum Bürger, schneller zur Sache"* ist nicht nur ein Werbespruch, den jeder versteht, der einmal beim Gemeindeamt, ein anderes Mal bei einem Ministerium, einmal beim Handwerker ums Eck, ein anderes Mal bei einem Großbetrieb vorgesprochen hat. Dienstleistungen werden an Menschen oder menschlichen Gemeinschaften erbracht und die lassen sich – erfreulicherweise – noch nicht standardisieren wie Fertigteilhäuser.

Die Behauptung, Österreich sei „zu klein" für neun Bundesländer, ist Ausdruck eines latenten österreichischen Minderwertigkeitskomplexes insbesondere gegenüber dem nördlichen Nachbarn Deutschland. Anstatt etwa auf den südlichen Anrainerstaat Slowenien zu blicken, der mit der Größe des Bundeslandes Niederösterreich alle Rechte und Funktionen eines Mitgliedslandes der Europäischen Union ausübt, anstatt jene sieben US-Bundesstaaten in Betracht zu ziehen, die weniger Einwohner haben als ein österreichisches Bundesland, richten wir unseren Blick auf den großen Bruder Deutschland und stellen duckmäuserisch fest, dass es dort Bundesländer gibt, die so groß sind wie ganz Österreich.

Würde freilich ein olympisches Komitee oder ein Weltsportverband die Teilnehmerzahl Österreichs bei Olympischen Spielen oder Weltmeisterschaften ausschließlich nach der Größe des Landes und nicht nach den erbrachten Leistungen bemessen, unsere Sportnation stünde Kopf. Natürlich erwarten wir uns, bei der Winterolympiade zumindest gleich viele Teilnehmer stellen zu dürfen wie das viel größere Deutschland, Frankreich oder die USA.

Dieser selektiv politische Minderwertigkeitskomplex entspringt einer autoritätsorientierten Grundhaltung der Mehrheit unserer Bevölkerung. *„Ober sticht Unter"* ist ein in Österreich gern gebrauchtes Sprichwort, wonach man sich dem jeweils höher Stehenden fügen müsse. Solche Obrigkeitsgläubigkeit verträgt sich schlecht mit einem Selbstbestimmungsrecht in und von Familien, Gemeinden oder Regionen. Aber der Verzicht auf kleinteilige Entscheidungsstrukturen ist in der Demokratie immer auch ein Verzicht auf ein regionales Selbstbestimmungsrecht der Bürger.

Also alles paletti mit dem österreichischen Bundesstaat? Nein, keineswegs! Man muss nur deshalb nicht die munteren Kinder unserer regionalen Vielfalt zugleich mit dem abgestandenen Badewasser unserer Verfassungsordnung ausschütten. Die Kompetenzen der Gebietskörperschaften wurden in den 20er Jahren des vorigen Jahrhunderts im Wesentlichen aus der damals gültigen k. u. k. Verwaltungsstruktur entnommen.[116] Dadurch lässt sich so manche Seltsamkeit im Bund-Länder-Verhältnis erklären, wie dass etwa die berufliche Selbstverwaltung der Wirtschaft und der Arbeiterschaft dem Bund, die der Landwirte hingegen den Ländern obliegt; dass die Vorschriften, wie man ein Haus bauen darf, von den Ländern gemacht werden, die über das Wohnen in solchen Häusern aber vom Bund; dass das Bundesparlament über den Forst gebietet, für Naturschutz und Jagd in demselben aber die Länder Verantwortung tragen. Diese Verteilung der Staatsaufgaben erwies sich im Lauf der Zeit für ein in Entwicklung befindliches Gemeinwesen als wenig brauchbar. Wer hätte auch 1925 mit Begriffen wie Umweltschutz, Atomenergie, Luftreinhaltung, Abfallwirtschaft, Wärmedämmung oder Mindestsicherung den Gedanken an eine staatliche Aufgabe verknüpft? Dennoch hält die Verfassungsrechtsordnung mit wenigen Ausnahmen noch immer an Regeln fest, die damals erlassen wurden und schon damals nicht neu waren.

Die Interpretationsmethode, mit der das Verfassungsgericht immer wieder und auch heute noch auf die Kompetenzlage des Jahres 1925 zurückgreift, heißt in Fachkreisen „Versteinerungstheorie".[117] Und tatsächlich ist unsere bundesstaatliche Ordnung der Sagengestalt der Frau Hitt ähnlich, die als Strafe für ihre Engstirnigkeit bekanntlich zu Stein erstarrt ist.

Während die statische Kompetenzverteilung einerseits neue Staatsaufgaben negiert, führt sie andererseits im Verhältnis zwischen dem Bund und den Ländern zu zahlreichen Überschneidungen. Da öffnete der Bund als Forstgesetzgeber die Wälder fürs Publikum und die Landesgesetzgeber ließen sie als Jagdgesetzgeber versperrt. Der Bund verordnete Hochleistungsstrecken für Autostraßen und Eisenbahnlinien und die Länder unterbanden deren Realisierung unter Berufung auf den in ihre Zuständigkeit fallenden Naturschutz. In diesen und zahlreichen anderen Fällen sah sich der zu Hilfe gerufene Verfassungsgerichtshof veranlasst, „Lösungen" zu finden, die es gar nicht gibt. Statt zu „erkennen", dass die verfassungsgesetzliche Kompetenzverteilung in solchen Fällen unbrauchbar ist, was dem Gericht nicht zusteht, entwickelte es Theorien, um der Verfassung doch noch einen Sinn abzugewinnen, der ihrem Text nicht wirklich zu entnehmen ist. So besagt eine „Gesichtspunktetheorie", dass die verschiedenen Gesetzgeber ein und dieselbe Sache unter dem Gesichtspunkt ihrer Kompetenz mehrfach regeln dürfen, während eine „Rücksichtnahmetheorie" sie verpflichtet, dabei auf die „Bedürfnisse" des jeweils anderen Gesetzgebers Bedacht zu nehmen. [(118)]

Was diese Aufgabenteilung zwischen Bund und Ländern vollends ad absurdum führt, ist jener Bereich staatlichen Handelns, der im heutigen Wohlfahrtsstaat in Form von Förderungen und Subventionen einen dominierenden Stellenwert einnimmt. Für diese Art der Verwaltung gilt gemäß Artikel 17 unserer Verfassung die staatliche Kompetenzverteilung nicht. Bund und Länder können nebeneinander und teilweise auch in politischer Konkurrenz zueinander Förderungen vergeben, ohne sich um die jeweils andere Gebietskörperschaft zu kümmern.

Im Österreich-Konvent wurde mehr über juristischen Verfassungstext und weniger über politischen Verfassungszweck diskutiert. Man verhedderte sich monatelang in Verfahrensfragen, wer was mit wem bestimmen dürfe. Bund und Länder waren ängstlich darauf bedacht, ihren Besitzstand zu wahren und wenn möglich zu vermehren. Das Beharren der Bundesvertreter auf unbedeutende Zuständigkeiten ihrer Minister rief bisweilen selbst bei den teilnehmenden Verfassungsprofessoren verwundertes Kopfschütteln hervor.

Die dringend nötige Reform des österreichischen Bundesstaates liegt weder in dessen blindwütiger Abschaffung noch in ängstlichem Festkrallen an längst überholten juristischen Formeln. Die Landtage hätten sich nur auf die Vertretung ihrer Landesbürger zu konzentrieren. Diese Aufgabe besteht nicht darin, EU-Richtlinien neunmal mit ein paar geänderten Wortwendungen für jedes Land eigens zu beschließen, weil das die Kompetenzverteilung aus 1925 so vorsieht. Sie wird auch nicht durch die Erlassung von Landesgesetzen zum Jugendschutz erfüllt, die sich von gleichartigen Normen anderer Bundesländer dadurch unterscheiden, dass in einem Land das Ausgehen der unter Sechzehnjährigen bis 22 Uhr, im Nachbarland aber bis 23 Uhr erlaubt ist, oder einmal alkoholische Getränke ab 16 Jahren, ein anderes Mal Schnaps erst mit 18 Jahren getrunken werden darf. Solche Unterschiede, die insbesondere in Grenzgebieten den Landespolitikern selbst peinlich sind, haben in der Vergangenheit immer wieder zu sogenannten Artikel 15a B-VG-Verträgen geführt, durch die sich die Länder untereinander verpflichteten, gleich lautende Regelungen zu erlassen. Derartige Verträge sind der augenscheinliche Beweis eines mangelnden Bedarfs nach landesgesetzlich unterschiedlichen Gesetzen.

Die durch neue Staatsaufgaben und durch das Eindringen des EU-Rechtes längst überholte horizontale Aufteilung der Gesetzgebungsbefugnisse aus dem Jahr 1925 wäre durch eine vertikale zu ersetzen. Horizontal ist eine Kompetenzverteilung dann, wenn die staatlichen Gesetzgebungsbereiche entweder dem Bund oder den Gliedstaaten zugeteilt werden. Vertikal werden Kompetenzen verteilt, wenn beide, Gesamtstaat und Gliedstaaten, gemeinsam zur Gesetzgebung berufen sind, wobei die größere Einheit (der Gesamtstaat) grundsätzlich alle Normen beschließt, die Gliedstaaten aber die in ihrem Interesse liegenden Ausnahme- oder Sonderregelungen treffen können.

Baurecht ist Ländersache (horizontale Kompetenzverteilung). Wir haben neun Bauordnungen in Österreich mit neunmal denselben Stiegenhöhen, Gangdurchgangsbreiten usw. Warum nicht eine österreichische Bauordnung und dafür Spezialregeln der Länder, um in bestimmten Gegenden ein typisches Ortsbild nicht zu verschandeln oder eine regionale Siedlungsstruktur zu erhalten (vertikale Verteilung)?

Ohne das gegenwärtige horizontale und somit starre Kompetenzkorsett wären die Abgeordneten in den Ländern nicht zu legistischer Kopierarbeit verdammt, sie wären stattdessen in der Lage und im Interesse ihrer Bürger sogar verpflichtet, die Auswirkungen der Bundesgesetzgebung auf ihre Region sorgfältig zu prüfen und allenfalls entsprechende Maßnahmen zu setzen. Maßnahmen, die jedenfalls zielführender wären als die in den Landtagen so gern beschlossenen Resolutionen an die Bundesregierung. Die Angst, dass profilierungssüchtige Landeshauptleute dazu verleitet werden könnten, leichtfertig Ausnahmen von der

Bundesgesetzgebung beschließen zu lassen, ließe sich zuallererst durch ein kraft Persönlichkeitswahl gestärktes Bewusstsein der Parlamentarier besänftigen, nur ihren Bürgern verantwortlich zu sein. Schließlich könnte man für gravierende Ausnahmen von der Bundesgesetzgebung in den Ländern auch – nach entsprechender öffentlicher Beratung – eine Volksabstimmung in der betroffenen Region vorschreiben.

Bleibt schließlich der Kampf des Bundes und der Gliedstaaten um das liebe Geld. Den Ländern wird vorgeworfen, dass sie den Bund die Einnahmen erwirtschaften lassen, mit deren Verteilung sie sich bei den Bürgern ihres Landes in Szene setzen. In der Tat leben die Länder fast zur Gänze von Steuern, die sie nicht selbst einheben müssen. Bund und Länder verhalten sich dabei wie schlechte Eheleute in alter Zeit. Der Mann (Bund) muss mit seiner Hände mühevollen Arbeit das Geld herbeischaffen, das die Ehefrau (Länder) zur Steigerung ihrer Attraktivität mit vollen Händen zum Fenster hinauswirft. In einer modernen partnerschaftlichen Beziehung funktioniert das üblicherweise ganz anders. Zwar wird auch hier der eine mehr und der andere weniger zum gemeinsamen Haushalt beitragen, je nach Herkunft, Berufsausbildung und daraus resultierenden Einkommensmöglichkeiten. Aber auch der Partner mit weniger Erwerbschancen wird versuchen, das Seine beizusteuern, vor allem dann, wenn er Mittel für individuelle Hobbys oder Vorlieben benötigt, die er nicht mit dem Partner teilt. Jedenfalls werden sich die beiden nicht ständig ihre unterschiedlichen finanziellen Beiträge vorwerfen.

Was heute in unzähligen ehelichen oder Lebensgemeinschaften schon recht gut funktioniert, dazu sind die Gebietskörperschaften Bund und Länder leider noch immer nicht in der Lage. Es sollte unbestritten sein, dass die ertragreichen Massensteuern, insbesondere Einkommens- und Umsatzsteuer, bundesweit eingehoben und nach irgendeinem Schlüssel verteilt werden müssen, zumal allein die Hälfte der Lohnsteuereinnahmen in der Bundeshauptstadt anfällt. Ebenso sollte außer Streit stehen, dass die Länder ihre Aufgaben nicht zur Gänze aus eigenen Steuern bestreiten können. Die Forderungen des Gründungskomitees des Österreich-Konvents nach einer Zusammenführung von Aufgaben- und Ausgabenverantwortung ist daher nicht nur unrealistisch, sondern widerspricht auch der Tatsache, dass der Bund in der Vergangenheit Versuche der Länder zur Erschließung neuer Steuerquellen immer wieder zu verhindern suchte. Wie ein patriarchalischer Ehemann, der seiner Ehefrau die Ausübung einer Berufstätigkeit untersagt, aber beklagt, dass sie zu viel ausgibt.

Auf der anderen Seite benehmen sich die Bundesländer wie jene vormaligen Damen der bürgerlichen Gesellschaft, die jedweden Beitrag zum ehelichen Unterhalt mit dem Hinweis auf ihre gesellschaftlichen Verpflichtungen entrüstet zurückwiesen. Denn mir ist keine seriöse finanzwissenschaftliche Untersuchung bekannt, die es verlangen würde, dass sich der fiskalische Föderalismus nur auf die Ausgabenseite beschränken und den Ländern verwehren müsse, beispielsweise durch Zuschläge zu Bundessteuern für die Finanzierung besonderer landespolitischer Anliegen selbst zu sorgen.[(119)] Ebenso wie mir die sachliche Rechtfertigung für die im Österreich-Konvent geäußerte Meinung fehlt, *„dass Zuschlagsabgaben zu den wesentlichen gemeinschaftlichen Bundesabgaben (z. B. Lohnsteuer usw.), die von den einzelnen Landtagen in einer Bandbreite festgesetzt werden können, im geltenden österreichischen Steuersystem zu einer völlig willkürlichen Verteilung der Steuern führen würden.“*[(120)] Ja, wenn man einander so wenig vertraut, dass man dem Partner grundsätzlich „Willkür“ unterstellt, ist es schwierig zu einer gemeinsamen Haushaltsführung zu gelangen. Da ist es dann allemal besser, die Partnerin von sich abhängig zu machen, um ihr dies beizeiten vorhalten zu können. Sie nimmt's hin, um den Preis, keine finanzielle Verantwortung zu haben. Wie in Ehen eben, aber in längst vergangener Zeit.

Der ständige Streit um die Finanzen, die monatelange Debatte um den alle paar Jahre neu zu beschließenden Finanzausgleich sollten durch ein partnerschaftliches Modell ersetzt werden, mit dem für die jeweiligen Aufgaben anhand des allgemeinen, gemeinschaftlichen Steueraufkommens Benchmarks festgelegt werden. Will sich der Bund oder ein Land darüber hinausgehende Aufgaben arrogieren, hätten sie dafür durch Einsparungen oder zusätzliche Einnahmen selbst vorzusorgen. So manche Doppel- oder Zusatzförderung würde dann vielleicht sorgfältiger überdacht werden. Vor allem aber könnten Gesetzesbestimmungen wie die folgende der Vergangenheit angehören:

„Die fiktiven länderweisen Einnahmen sind die Ertragsanteile aller gemeinschaftlichen Bundesabgaben gemäß § 8 Abs 1 FAG 2005 einschließlich der Spielbankenabgabe unter Anwendung der Aufkommen im Jahr 2007 und der im FAG 2005 für das Jahr 2007 normierten Abzüge mit Ausnahme der Abzüge gemäß § 9 Abs 3 Z 1 lit b, § 9 Abs 3 Z 2 und § 9 Abs 4a FAG 2005 und unter Anwendung der in diesem Gesetz für das Jahr 2008 geregelten Verteilungsschlüssel mit Ausnahme der Schlüssel gemäß lit a sublit ad und lit b sublit be.“ (121)

Eine sinnvolle Reform des österreichischen Bundesstaates scheitert, wie sich auch im Verfassungskonvent erwies, an der schlichten Tatsache, dass die Entscheidungsträger allesamt entweder an der Spitze der Bundes- oder der Landespolitik stehen und daher gesamthafte Betrachtungsweisen vermissen lassen. Eine Reform müsste daher von den Bürgern ausgehen. Denn diese sind – zum Unterschied von Bundespolitikern und Landespolitikern – immer gleichzeitig Bundesbürger und Bürger eines Landes.

(116) Felix Ermacora: Zur Entstehung. In: Herbert Schambeck (Hg.): Das österreichische Bundesverfassungsgesetz und seine Entwicklung. Berlin 1980, 3 ff

(117) Felix Ermacora: Der Verfassungsgerichtshof. Wien 1956

(118) Vgl. etwa das berühmte Semmering-Tunnel-Erkenntnis des Verfassungsgerichtshofes, Slg 15552. Siehe auch Anna Gamper: Regeln der Verfassungsrechtsinterpretation. Wien 2012

(119) Vgl. etwa Margit Schratzstaller: Föderalismus für das 21. Jahrhundert. In: Baustelle Bundesstaat. Wien 2007, 31 ff. Friedrich Schneider ebenda, 55

(120) Bericht des Ö-Konvents Bd. 1 Teil 3, 233

(121) § 9 Abs. 7 Z 5 lit f sublit fb Finanzausgleichsgesetz 2008

2.7. Die Eroberung des gallischen Dorfes

Die öffentliche Verwaltung und ihre Reform

„Österreich wird nicht regiert, sondern verwaltet."
(Clemens Wenzel von Metternich)

Eines der besten und geistreichsten Comics der jüngeren Vergangenheit war zweifellos die von dem genialen Zeichner Albert Uderzo und seinem kongenialen Texter Rene Goscinny geschaffene Serie „Asterix". Gallien ist von den Römern besetzt. Ganz? Nein, ein kleines gallisches Dorf leistet dem römischen Imperium erfolgreich Widerstand. Der Witz dieser Serie beruht zu einem guten Teil auf den ernsthaften, siegessicheren, aber – wie die Leser wissen – letztendlich immer vergeblichen Bemühungen der römischen Führung und der in ihrem Auftrag handelnden Soldaten, diesen Widerstand zu brechen. Einmal versuchen sie, mit brutaler Gewalt zum Erfolg zu kommen, ein anderes Mal probieren sie es mit listigen, neuen, von Caesars intellektuellen Beratern ersonnenen Methoden. Junge und ehrgeizige Typen unter den römischen Soldaten glauben, das Dorf erobern zu können. Argwöhnisch oder kopfschüttelnd von den langgedienten Legionären beäugt, gehen sie forsch zur Sache, um nach einigen von den Galliern bezogenen Prügeln zu resignieren und mit ihren erfahrenen älteren Kollegen unauffällig auf ihre Ablöse zu warten. Ungeachtet manch kurzfristiger Anfangserfolge ist das Ergebnis immer das Gleiche. Denn das gallische Dorf verfügt über einen Zaubertrank, der es unbesiegbar macht.

Die Bemühungen um eine Verwaltungsreform in Österreich könnten die Idee zu dieser Comicserie geliefert haben. Was wurde nicht alles an Büchern und Skripten geschrieben, Lehrveranstaltungen und Seminare abgehalten, finanzielle und personelle Ressourcen eingesetzt, um die Verwaltung zu reformieren. Verwaltungsreformkommissionen sprießen wie die sprichwörtlichen Schwammerl aus dem Boden, neue Schlagwörter wie „new public management", „public private partnership" oder „one stop-shop" beherrschen die Diskurse. Die Parteien initiierten einen Österreich-Konvent, anschließend einen parlamentarischen Sonderausschuss, dem eine von der Regierung eingesetzte „Expertengruppe Staats- und Verwaltungsreform" folgte, welche wiederum von einer durch Bundes- und Vizekanzler eingerichteten Arbeitsgruppe „Konsolidierung" mit elf Unterarbeitsgruppen abgelöst wurde. All diese von guten Vorsätzen und medialen Ankündigungen begleiteten Versuche der Römer (Pardon, der Politiker und Verwaltungsexperten) die Verwaltung zu reformieren, scheiterten bisher an deren Zaubertrank. Dieser wird jedoch anders als in der beliebten Comicserie nicht von einem Druiden mit Zutaten erzeugt, die auf den Bäumen des Waldes wachsen, der das Dorf umgibt. Den Zaubertrank, der die öffentliche Verwaltung gegen alle nachhaltigen Reformen resistent macht, erzeugen die Politiker unseres Landes und seine Ingredienzien sind die Steuerleistungen der Bürger.

Um dies verstehen zu können, muss man sich das Wesen der öffentlichen Verwaltung vor Augen führen. In früheren Zeiten war das alles einfach. Die öffentliche Verwaltung war die Tätigkeit des absoluten Monarchen mit den ihm unter- und entsprechend ergebenen Beamten. Im Wesentlichen beschränkte sie sich darauf, die Bürger zu registrieren, um ihnen die für die Obrigkeit und deren militärische Erfordernisse oder persönliche Vorlieben erforderlichen Steuern oder persönlichen Dienste abknöpfen zu können. Hinzu kam mit der Zeit die Aufrechterhaltung der öffentlichen Ordnung. Weshalb man auch von einem Polizeistaat zu sprechen pflegte. Soziale Fürsorge blieb, soweit sie über den Familienverband hinausreichte, den Gemeinden und Klöstern vorbehalten.

Mit den größer gewordenen Ansprüchen an eine öffentliche, staatliche Verwaltung, insbesondere angesichts des wirtschaftlich-technischen Fortschrittes und der damit einhergehenden sozialen Probleme, aber auch mit dem bürgerlichen Verlangen nach Sicherheit gegen Willkür, kam es in der zweiten Hälfte des 19. Jahrhunderts zu einem Wechsel in der Anschauung der öffentlichen Verwaltung. Auf den Polizeistaat folgte der Rechtsstaat. Die zunächst noch vom Kaiser mit dem Parlament, später von demokratisch gewählten Abgeordneten allein beschlossenen Gesetze wurden zum Maßstab des Verwaltungshandelns. Man durfte nicht mehr ohne Gesetz verhaftet oder bestraft werden. Aber auch die Einschränkungen der Lebensführung durch den Vorbehalt von Genehmigungen oder Bewilligungen durften nur mehr nach gesetzlichen Tatbeständen erfolgen. An Stelle der aristokratischen trat die bürokratische Herrschaft im Sinne Max Webers mit genau einzuhaltenden Regeln, mit einer strengen Hierarchie und einer strikten Kompetenzabgrenzung.(122) Öffentliche Verwaltung wurde ausschließlich unter dem Aspekt ihrer gesetzlichen Regelung gesehen, sodass man von einem *„Siegeszug des Verwaltungsrechtes“*(123) sprechen kann. Auch unsere Bundesverfassung bezeichnet „Verwaltung“ als Unterbegriff von Vollziehung (der Gesetze).

Die öffentliche Verwaltung allein durch Gesetze steuern zu können, ist freilich Illusion. Staatliche Verwaltung ist wesentlich mehr als eine Rechtsentscheidung, die anhand von Gesetzen getroffen wird. Sie ist vor allem Gestaltung und sie ist auch Rechtsergänzung – dort, wo es an bindenden Normen fehlt.

Darüber hinaus agiert die öffentliche Verwaltung in vielen Fällen – wie es in der juristischen Fachsprache heißt – als Träger von Privatrechten. Die Bürger sind dabei nicht Objekt von Zwangsmaßnahmen wie Auflagen, Verboten, Strafen aufgrund einschlägiger Gesetze, sondern Vertragspartner des Staates, denen – unter gewissen Bedingungen – Förderungen und Erlaubnisse eingeräumt werden. Wohnbau,- Wirtschafts und Fremdenverkehrs- oder Kulturförderungen werden per Vertrag gewährt, wobei der Staat oder das Land sich zu einer Förderung, die Empfänger hingegen zu einer widmungsgemäßen Verwendung bei sonstiger Rückzahlung verpflichten. Die Regierungspolitik hat den Vorteil, ihre Bereitschaft zu solchen Leistungen nicht mehr an der Enge eines Gesetzes messen zu müssen, sondern in Vertragsfreiheit gestalten zu können. Wir kennen Derartiges aus den Schreiben diverser staatlicher oder staatsnaher Unternehmen, die uns gelegentlich freundlich um unsere Zustimmung zu einer Vertragsänderung ersuchen, mit dem Beisatz, dass – falls wir nicht einverstanden sind – die Lieferung von Gas, Strom oder dergleichen beendet sei.

Eine Reihe durchaus namhafter Verfassungsjuristen vertritt zwar die Auffassung, dass auch diese Verwaltungstätigkeit gesetzliche Grundlagen braucht. Heißt es doch im Artikel 18 unserer Bundesverfassung, dass „die gesamte staatliche Verwaltung“ nur aufgrund der Gesetze ausgeübt werden darf.(124) Aber der Preis für solch einen juristischen Verwaltungsbegriff ist *„eine bis zur Verdrängung gesteigerte Reduktion des komplexen Verwaltungsgeschehens“*.(125)

Ein Gesetz, ob und unter welchen näheren Bedingungen Staatsanteile oder ganze Wirtschaftsbetriebe verkauft werden oder nicht? Ein Gesetz, mit dem ein Paket für Lehrlingsbeschäftigung geschnürt, ein Integrationszentrum oder Frauenhaus errichtet oder eine Straßenfläche einmal mehr fußgänger-, radfahr- oder autofreundlich gestaltet wird? Sollte es eines Gesetzes bedürfen, damit ein Bundesland zusammen mit den Medien eine Schulwegsicherungsaktion starten darf oder einen Spendenaufruf für Hochwassergebiete oder zur Erhaltung eines wichtigen Kulturdenkmals?

Die strikte Gesetzesbindung, wie sie uns aus der Polizeiverwaltung bekannt ist und dort auch plausibel scheinen mag, ist für viele Bereiche angefangen von der Entscheidungsvorbereitung und Planung bis zu jenem großen Teil der Staatsverwaltung, den wir als politische Gestaltung bezeichnen, schlicht und einfach unbrauchbar.

Da nach unserer Verfassung die Aufgabenverteilung zwischen den Gebietskörperschaften für deren privatwirtschaftliche Verwaltung nicht gilt,(126) dürfen – auch wenn dies inkonsequent scheinen mag(127) – in diesem (kostenintensiven) Bereich Bund und Länder nebeneinander werken. Der Gesamtstaat und die einzelnen Länder bewegen sich bei der Handhabe der Fördertöpfe eigenständig und voneinander unabhängig. Hatten zum Beispiel ÖVP-regierte Länder das Gefühl, dass der (von der SPÖ regierte) Bund in seinem Zuständigkeitsbereich zu wenig für die Familien tue, erfand man als „Träger von Privatrechten" Familienhilfen. Sorgte man sich in SPÖ-regierten Ländern, dass eine ÖVP-dominierte Bundesregierung nichts für die Förderung „alternativer Wissenschafts- oder Kulturprojekte" übrig hätte, schüttete man entsprechende Mittel aus dem Landesbudget aus.

Öffentliche Verwaltung als Ausübung von Macht und nicht bloß als exakt nachprüfbare Vollziehung von Gesetzen gehört zum täglichen Geschäft der Politik. Die Reduzierung der öffentlichen Verwaltung auf eine Art Datenverarbeitungsmaschine zur Durchführung der vom gesetzgebenden Parlament erteilten Aufträge und unter Ausklammerung des politischen Gestaltungswillens der politischen Organe (Max Weber: Verwaltung als „geronnener Geist")[(128)] ist die Ursache für den tragischen Irrtum, dass Verwaltung aus sich heraus grundlegend reformierbar sei. So wie die Römer in der Comicserie „Asterix" immer neue vergebliche Versuche unternehmen, das gallische Dorf zu erobern, weil sie – im Interesse der Fortsetzung der Serie – vergessen, dass deren Bewohner über einen Zaubertrank verfügen, so vergessen – allerdings aus unerfindlichen Gründen – die Verwaltungsreformer, dass öffentliche Verwaltung politische Machtausübung ist und die Politik kein Interesse daran haben kann, ihre eigene Macht zu beschränken.

Denn Regierungspolitiker trachten mit Hilfe der Verwaltung ihre Kompetenz zu beweisen und Macht auszuüben. Aber auch die Opposition kann, wenn sie ehrlich ist, kaum an weniger Regieren und Verwalten interessiert sein. Sucht sie doch immer wieder durch Alternativen aufzufallen, die in der Regel mehr und nicht weniger Verwaltungsaufwand erzeugen, wie neue Förderungen oder neue Ge- bzw. Verbote. Überdies ist sie mangels eigener Entscheidungsgewalt lebhaft daran interessiert, möglichst viele Partizipationsmöglichkeiten für Fraktionen, Verbände oder zivilgesellschaftliche Gruppen zu schaffen, an denen sie beteiligt ist. Diese tragen in Form von allerlei Beiräten, Kommissionen oder Anhörungsverfahren ebenfalls nicht zu einer schlankeren Administration bei.

Gewiss kann das Unternehmen Staat, wie jedes andere große Unternehmen auch, entweder effizient und sparsam geführt werden oder eben nicht. Aber eine solche Art von Verwaltungsreform, wie die Gleichschaltung von EDV-Anlagen, gemeinsamer Einkauf mehrerer Ministerien, Streichung von Mehrfachbefassungen oder Datenhomogenisierung zwischen Bund und Ländern, sollte in einem Unternehmen wohl selbstverständlich sein. Selbst diese scheitert jedoch meist am politischen Machtanspruch, der etwa für die Personal- und Sachverwaltung der Ministerien kein einheitliches Organ, eine Art „Amt der Bundesregierung" erlaubt, weil dadurch der einzelne Minister in seiner Personalhoheit beschränkt wäre.

Manche glauben, die öffentliche Verwaltung durch Minimierung ihrer Organe reformieren zu können. Sie wollen die Kleingemeinden in Großgemeinden mit mindestens zwanzigtausend Seelen umwandeln, Verwaltungsbezirke zusammenlegen und die Landesverwaltungen zugunsten der Ministerialbürokratie abschaffen. Eine überquellende Flüssigkeit wird jedoch nicht weniger, wenn man sie in einen großen Topf anstatt in viele kleinen Flaschen abfüllt. „Asterix"-Leser wissen das, denn während der kleine Krieger Asterix immer wieder ein Schlückchen aus seiner Feldflasche nehmen muss, um unbesiegbar zu sein, genügt seinem Freund Obelix, dass er als Kind in den großen Topf mit Zaubertrank gefallen ist. Der große Topf macht von vornherein resistent gegen Reformbemühungen.

Wem dieser Vergleich zu kindisch klingen mag, der sei daran erinnert, dass große Verwaltungseinheiten nahezu unkontrolliert agieren. Wenn ein Gemeindesekretär oder Bauamtsleiter unfreundlich oder faul ist, weiß es bald das ganze Dorf, in einem Ministerium oder großen Amt lange Zeit nur der betroffene Bürger. Die Ausübenden der politischen Macht haben naturgemäß wenig Interesse an Einzelfallkontrollen. Ein typisches Beispiel hierfür ist die sogenannte mittelbare Bundesverwaltung. Dieses auch für – nicht österreichische – Fachleute nur schwer erklärbare Konstrukt sieht vor, dass die Bundesministerien die meisten ihrer Verwaltungsagenden im regionalen Bereich zwar den

Ländern überlassen, zwecks Erhaltung ihrer politischen Macht sich die Leitungsbefugnis aber vorbehalten.

In der Praxis bringt dies einen Mangel an Verwaltungskontrolle mit sich. Denn wenn's im Gewerbebetrieb einer Mühlviertler Landgemeinde stinkt, ein Tiroler Seitental unter der Ausweichstrecke des Schwerverkehrs leidet oder in der Oststeiermark ein Bach verunreinigt ist, werden die Bundesparlamentarier kaum den Gewerbe-, Verkehrs- oder Landwirtschaftsminister interpellieren, ob er beim zuständigen Landeshauptmann rechtzeitig die erforderlichen Schritte durchgesetzt hat, wie dies die Verfassung vorsieht. Solche Kontrollaufgaben können nur kleinteilig regional erledigt werden. Daher gehören sie in die Kompetenz der Landesparlamente, die damit eine notwendige und auch sinnvolle Aufgabe gewännen.

Aber auch in dieser Frage steht einer Reform der politische Machtkampf, einerseits zwischen Bundes- und Landespolitikern, andererseits zwischen Regierungspolitikern und Parlamentariern entgegen.

Will man die allzu reichhaltig sprudelnde öffentliche Verwaltung leichter und kostengünstiger handhaben, reicht es nicht, sie von kleinen Flaschen in größere, entsprechend unhandlichere Gefäße umzufüllen. Man muss vielmehr das Flüssigkeitsvolumen reduzieren. Die Verwaltung wirklich zu reformieren heißt daher die Machtausübung der Politik zu beschränken.

Dies kann in bescheidenem Maß durch Ausgliederung bewerkstelligt werden oder großzügig durch Überlassung vermeintlich öffentlich zu verwaltender Angelegenheiten an die Zivilgesellschaft.

Die Ausgliederung staatlicher Aufgaben gehört inzwischen schon zur üblichen Praxis, angefangen von den Bundesmuseen über die Energie-Control zur Regulierung der Elektrizitätswirtschaft, der Agrarmarkt Gmbh, bis zur Finanzmarktaufsicht. Ausgliederungen können die Möglichkeit eröffnen, sachliche und finanzielle Ressourcen besser zu nutzen als in der Staatsverwaltung und die jeweiligen Führungsorgane frei von politischem Einfluss agieren zu lassen. Die Kehrseite der Medaille ist freilich das damit verbundene Abschieben politischer Verantwortung.

Wenn etwa der Wiener Bürgermeister – und gewiss nicht nur er – den Vorwurf der Erhöhung der Gas- und Strompreise mit dem Hinweis quittiert, dass die Stadtwerke ausgegliedert und daher nicht von seiner Zustimmung abhängig seien,(129) weiß man, wie das funktioniert.

Der Verfassungsgerichtshof hat gegen Ausgliederungsfanatiker, die solcherart unangenehme politische Verantwortung und/oder staatliche Schulden abschieben wollen, mit seiner berühmten Austro-Control-Erkenntnis (130) schon vor längerer Zeit eine Art Firewall errichtet. Die Staatsorgane dürften sich nicht so einfach durch Betrauung irgendeines Unternehmens ihren hoheitlichen Aufgaben entziehen. Einzelne Aufgaben dürften zwar an Unternehmungen übertragen werden, nicht aber ein ganzer Bereich. Sogenannte „Kernaufgaben" des Staates dürften nicht ausgegliedert werden.

Freilich, was „Kernaufgaben" sind, lässt sich nicht so einfach feststellen. Sind doch die vom Staat arrogierten und von den Bürgern erwarteten Aufgaben kontinuierlich angewachsen, ohne dass dies in unserer Verfassung durch Bestimmungen über Staatszwecke und -ziele vorgegeben worden wäre. Es gibt eben kein geschlossenes System der Staatsaufgaben. Sie entwickeln sich in einem dynamischen Prozess, der von den Anforderungen der Zeit gesteuert wird. In den 50er Jahren des vergangenen Jahrhunderts wäre es noch undenkbar gewesen, die gesetzlich geforderte regelmäßig wiederkehrende Begutachtung von Personenkraftwagen einem privaten Mechaniker zu überlassen. Heute wäre es völlig unvorstellbar, dass man sein Auto jährlich zwecks Erhalts des vorgeschriebenen „Pickerls" einer staatlichen Prüfanstalt vorführt. In der „Staatsaufgabe", keine Schrottkübel auf öffentlichen Straßen zuzulassen, hat sich deshalb kein Jota geändert.

Man könnte auf bestimmte Staatsaufgaben im Vertrauen auf eine funktionierende zivile Gesellschaft auch gänzlich verzichten. Dabei soll unter „Zivilgesellschaft" nicht jener heute gängige Begriff einer Nebenregierung staats- und parteiverdrossener Initiativen verstanden werden, in denen die außerparlamentarische Opposition der ehemaligen 68er Generation fröhliche Urständ feiert. Aber auch nicht die Tätigkeit der

„Freiwilligen" bei Feuerwehr oder Rotem Kreuz, die jene Aufgaben besorgen, die der Staat zwar als öffentliche ansieht, ohne sich aber deren Erledigung selbst leisten zu können oder zu wollen. Unter ziviler Gesellschaft sind hier Einzelne oder Gruppen von Staatsbürgern gemeint, die im Sinne des Gemeinwesens auch ohne staatliche Aufsicht und Bevormundung zu wirken bereit sind.

Wenn man stattdessen jedoch die Bürger immer noch mehr öffentlich verwalten will, dem Hundeführerschein noch einen Kinder- oder Elternführerschein folgen lässt, eine Fahrradzulassung einführt und das Frühstück der im Familienverband lebenden Uroma nach ernährungswissenschaftlichen Regeln behördlich überwacht, dann wird das Füllhorn politischer Kompetenz, Macht, Verantwortung oder wie immer man das nennen mag, unerschöpflich bleiben. Daran müssen alle Verwaltungsreformbemühungen ebenso scheitern wie die Römer am immer wieder neu gebrauten Zaubertrank des gallischen Dorfes.

Asterix stellt einmal nach einem wiederum siegreichen bestandenen Abenteuer an den Druiden die zweifelnde Frage: *„Glaubst du wirklich, dass wir den Lauf der Dinge immer so aufhalten können?"* Und der Druide antwortet: *„Natürlich nicht, Asterix ... Aber wir haben ja noch Zeit, so viel Zeit."* [131]

Wie viel Zeit hat die Politik, haben wir noch, angesichts wirtschaftlicher Zwänge und des Wunsches nach Erhaltung von Demokratie und Freiheit?

(122) Norbert Wimmer: Dynamische Verwaltungslehre. Wien 2010, 161 ff

(123) Wimmer, Verwaltungslehre, 8

(124) Art. 18 Abs. 1 B-VG

(125) Wimmer, Verwaltungslehre, 29

(126) Art. 17 B-VG

(127) Heinz Peter Rill: Die österreichische Bundesstaatlichkeit. In: Festschrift Heinz Schäffer. Staat und Recht in europäischer Perspektive. Wien 2006, 736 ff

(128) Gerhart Holzinger: Österreichische Verwaltungslehre. Wien 2006, 2. Aufl., 38

(129) Die Presse, 13.1.2006, S. 11

(130) Verfassungsgerichtshof VfSlg 14.473/1996

(131) Bd XVII, Die Trabantenstadt

2.8. Do-it-yourself im Staat

Die Selbstverwaltung

„Aus so kleinen Selbsten wird kaum wo sonst auf der Welt eine so große Verwaltung gemacht.“ (132)
(Michael Fleischhacker)

Sich selbst verwalten, was ist daran Besonderes? Tun das nicht alle, angefangen von der Familie oder der Haushaltsgemeinschaft, die sich mit dem täglichen Bedarf eindeckt, Investitionen tätigt, Rechnungen zahlt, Feste und Ferien plant und vieles andere mehr? Auch die meisten Betriebe verwalten sich selbst, durch eigene Angestellte oder indem der Firmenchef seine Buchhaltung oder Lohnverrechnung am arbeitsfreien Sonntag selbst erledigt.

Aber das alles ist nicht Selbstverwaltung im Sinn unserer Verfassung. Die Organisation der Fußballmeisterschaften durch den Fußball- oder der Schiweltcuprennen durch den Schiverband ist von diesen selbst zu besorgen und trotzdem nicht „Selbstverwaltung“. Dazu würde sie erst dann, wenn der Staat die Organisation dieser Sportereignisse als seine Aufgabe betrachtete, sie aber dennoch der Eigenverwaltung der Verbände überließe. Das bedeutet umgekehrt, dass die gesetzliche Festlegung einer Aufgabe als staatlich, die Dispositionsfreiheit jener Personengemeinschaften einschränkt, die diese Aufgabe bisher – ohne Staat, also selbst – besorgt haben. Schafft andererseits der Staat sogenannte Selbstverwaltungskörper, um ihnen selbst zu verwaltende Staatsaufgaben zu übertragen, handelt er sozusagen als faustische Figur, die nach Belieben eine Art Homunkulus herstellt.

Das lässt sich am besten an dem wohl bekanntesten Selbstverwaltungskörper, den Gemeinden, darstellen. Die Gemeinden können als soziale Ordnungen auf eine jahrhundertealte Geschichte zurückblicken.(133) Während daher die Erläuterungen zur Gemeindeverfassungsnovelle 1962 von einem *„natürlichen, durch staatliche Gesetze nicht konstruierbaren, ja nicht beschränkbaren, sondern lediglich zu gewährleistenden Wirkungsbereich"* der Gemeinde sprechen, wird in der Rechtswissenschaft die Existenz der Gemeinden nur als Produkt staatlicher Gesetzgebung anerkannt.(134)

Die Selbstverwaltung hat der Rechtswissenschaft zu zahllosen Arbeiten Anlass geboten.(135) Schon 1967 hat sich ein Österreichischer Juristentag mit ihren verfassungsrechtlichen Schranken befasst.(136) Auch der Verfassungsgerichtshof hat grundlegende Bedingungen für die Einrichtung von Selbstverwaltungskörpern formuliert.(137) Aber erst 2007 konnte sich der Nationalrat in einer Verfassungsnovelle(138) dazu entschließen, neben den Gemeinden auch für die „sonstige Selbstverwaltung" Gestaltungsregeln zu erlassen. Dies hat in der Öffentlichkeit einigen Unmut erregt,(139) weil die zwischen 2006 und 2008 kurzfristig wieder mit Verfassungsmehrheit ausgestattete SPÖ/ÖVP-Regierungskoalition weder bei den Grundrechten noch bei der staatlichen Kompetenzverteilung die Ergebnisse des Verfassungskonvents verwirklichte, sondern ausgerechnet bei der Verankerung der Sozialpartnerschaft mit nicht unverdächtiger Eile ans Werk ging.

Nun haben wir es wenigstens Schwarz auf Weiß: Die Unterscheidung, was überhaupt staatliche Tätigkeit zu sein hat und was davon geeigneten Trägern in Eigenverwaltung überlassen bleiben soll, ist in der Demokratie vom Volk bzw. seinen Vertretern zu treffen. Für diese oben erwähnte Rolle des Staates als Hexen- oder Zuchtmeister sozialer Einheiten wären jedoch mehr Vorgaben nötig als die dürren Formalismen der neuen Artikel 120a bis c der Bundesverfassung, die zudem mit einem – an dieser Stelle systematisch wie inhaltlich völlig deplatzierten – Bekenntnis der Republik zur Sozialpartnerschaft aufgefettet wurden.

Staatliche Festlegungen einer „Selbstverwaltung" hätten wohl drei essentielle Voraussetzungen zu erfüllen. Es muss tatsächlich eine Aufgabe öffentlichen Interesses erfüllt werden, sie muss Zwangsmittel erfordern, die nur dem Staat zukommen, und die (Zwangs-)Mitglieder der Selbstverwaltungskörper müssen einen Einfluss ausüben können, der über die Mitwirkungsmöglichkeit an der allgemeinen öffentlichen Verwaltung hinausreicht.

Manche Selbstverwaltungen erschöpfen sich in Aufgaben, die gar nicht solche des Staates sind. Der Staat leiht dem Selbstverwaltungsträger gleichsam seine Macht, damit dieser sich entweder gegenüber seinen Mitgliedern oder auch in der Öffentlichkeit durchsetzen kann. Die Rechtswissenschaft hat hiefür den freilich umstrittenen Begriff „gesellschaftliche Selbstverwaltung" geprägt.(140) Ob die sogenannten Standespflichten, mit denen etwa Berufskammern ihre Mitglieder bei Androhung von Disziplinarmaßnahmen zu bestimmten Handlungen und Unterlassungen verpflichten, wirklich immer staatlichen Interessen dienen, muss zumindest teilweise fraglich scheinen. Gewiss, die fachliche Ausübung der beruflichen Tätigkeit, die Wahrung der Interessen der „Kunden", seien es Klienten oder Patienten, ist im Interesse der öffentlichen Gemeinschaft und daher Staatsaufgabe. „Standesangelegenheiten" wie Werbeverbote oder nicht immer der heutigen Zeit entsprechende Verhaltenskodices könnten hingegen genauso gut auch ohne den starken Arm des Staates auskommen, so sie überhaupt erforderlich sind.

Viele Selbstverwaltungskörper haben ein gesetzlich verbrieftes Stellungsnahme- und Begutachtungsrecht im Gesetzgebungsverfahren. In der Praxis führt dies zu einer Vermischung zwischen den Anliegen der Mitglieder des Selbstverwaltungskörpers mit anderen, allgemeinen Interessen.

Zahnärztevertreter zeigen sich „entsetzt" über die neue Methode, per Internet günstige Zahnbehandlungen anzubieten. Unseriös sei dies.(141) Spricht ein Kammervertreter hier im Interesse der Patienten, die gar nicht seiner Kammer angehören, oder für seine Mitglieder, die durch solche Werbemaßnahmen einen Preisverfall bei zahnärztlichen Leistungen zu gewärtigen hätten? Wenn ein Ärztekammerpräsident für ein Rauchverbot an allgemein zugänglichen Orten eintritt, ist dies gewiss eine Angelegenheit seiner Berufsorganisation, falls es ihm um den Nikotinkonsum seiner Standesangehörigen, der Ärzte, geht. Das Nikotinverhalten anderer (nicht seiner Kammer angehörigen) Bürger geht ihn hingegen als Kammerfunktionär nichts an, oder zumindest nicht mehr als jeden anderen Bürger oder jede andere Organisation auch. Wenn ein Rechtsanwaltskammerpräsident zu wenige Rechte von Straftätern nach der Strafprozessordnung beklagt, so handelt er nur dann in berufsständischer Selbstverwaltung, wenn es ihm um die gottlob verschwindende Minorität seiner Kollegen geht, die in strafrechtliche Malversationen verwickelt ist. Die anderen Kriminellen sind zwar mitunter seine Mandanten, aber nicht seine Mitglieder. Gewiss kann ein Ärztekammervertreter fachkundige Aussagen über die Schädlichkeit des Rauchens machen und ein Rechtsanwaltskämmerer aufgrund seiner praktischen Berufserfahrung Sinnvolles zur Strafprozessreform beitragen, berufliche Selbstverwaltung ist das jedoch in beiden Fällen nicht.

Es ist wichtig, sich dieses Umstandes bewusst zu sein, weil zu den allgemeinen demokratisch gewählten Vertretungskörpern eine Art Parallelaktion in Form von Selbstverwaltungskörpern entsteht, die zwar den Vorteil der fachlichen Autorität für sich haben, denen es aber an der demokratischen Legitimation mangelt, für andere als ihre Mitglieder politisch relevante Aussagen zu treffen.

Kommen wir zum zweiten Merkmal der Selbstverwaltung, den Zwangsbefugnissen. Hier sorgt vor allem die Zwangsmitgliedschaft zu einer Kammer oder sonstigen berufsständischen Vertretung immer wieder für Diskussionsstoff. Warum muss man als Selbständiger bei der Wirtschafts- oder irgendeiner freiberuflichen Kammer sein und als Unselbständiger bei der Arbeiterkammer? Gerade die Wirtschaft, die immer wieder den Vorteil des freien Wettbewerbes betont, müsste doch mit ihren Leistungen für Unternehmer so überzeugen, dass sich alle freiwillig ihrer Angebote durch eine Mitgliedschaft versichern.

Soweit Selbstverwaltung wirklich überlassene Staatsverwaltung ist, müssen jene, auf die sie sich bezieht, ebenso gezwungen werden können, sich von den Trägern „verwalten zu lassen" wie in der unmittelbaren Staatsverwaltung. Schließlich kann sich auch niemand von gesetzlich vorgeschriebenen Berufsvoraussetzungen mit der Erklärung befreien, dem Staat und seiner Rechtsordnung nicht angehören zu wollen. Wenn der Staat die Entscheidung über solche Voraussetzungen einer beruflichen Interessensvertretung überlässt, setzt er voraus, dass diese solche Entscheidungen bindend treffen kann. Dass dabei von einer umfassenden Zugehörigkeit der in Betracht kommenden Mitglieder der Interessensvertretung ausgegangen wird, sozusagen als Kaufpreis für die namens des Staates erbrachten Leistungen, ist zumindest nicht denkunmöglich. Zwingend ist es aber auch nicht. Es wäre durchaus denkbar und gewiss nicht unsachlich, dass Selbstverwaltungsträger, wenn sie staatliche Aufgaben besorgen, ihre Mitglieder durch bessere Bedingungen bevorzugen bzw. anderen, die ihnen nicht angehören und die dennoch ihre Dienste kraft Gesetz in Anspruch nehmen müssen, beispielsweise höhere Kosten für ihre Tätigkeit auferlegen. Die Abhaltung einer Fachprüfung, die Ausstellung eines Zeugnisses mit Öffentlichkeitscharakter, die nur der berufständischen Organisation gestattet ist, käme dann für Mitglieder billiger als für andere Bewerber. Schließlich bin ich auch bei meinem Autofahrerklub nicht Zwangsmitglied. Wenn ich jedoch einen Pannendienst in Anspruch nehmen muss, ohne Mitglied zu sein, wird er mir diesen Einsatz entsprechend in Rechnung stellen.

Würde sich die Selbstverwaltungstätigkeit tatsächlich auf die ureigensten Interessen ihrer Angehörigen beschränken, nämlich die generelle oder individuelle Besorgung von deren Angelegenheiten im Bereich der öffentlichen Verwaltung, wäre es eher verständlich, dass, wer von solchen Maßnahmen betroffen ist, dem Selbstverwaltungskörper auch angehören muss. Allerdings beschäftigen sich insbesondere die großen Interessensvertretungen wie die Kammer für Arbeiter und Angestellte oder die Wirtschaftskammer mit Fragen, die höchstens mittelbar für ihre Mitglieder von Bedeutung sind. Einerseits sind sie wissenschaftliche „Brain-trusts", die auch den politischen Parteien zuarbeiten, die in ihrer Organisation dominieren, andererseits geben sie durch ihre Repräsentanten recht unverblümt politische Stellungnahmen zu aktuellen Fragen der Regierungspolitik ab. Gewiss ist die kritische Auseinandersetzung mit der Beschäftigungs- oder Steuerpolitik der Bundesregierung auch für Arbeitnehmer oder Wirtschaftstreibende von Interesse, ob aber die oft unverkennbar von parteipolitischen Einstellungen geprägten Stellungnahmen der Exponenten dieser Selbstverwaltungsträger wirklich zu den im ausschließlichen oder überwiegenden Interesse der in der Kammer vereinigten Mitglieder gehören, darf bezweifelt werden. Kein Wunder, dass manche Kammermitglieder wenig Verständnis zeigen, wenn für ihren nicht unbedeutenden Beitrag von ihrer Kammer Auffassungen vertreten werden, die zu ihrer politischen Meinung im Gegensatz stehen, oder wenn die von ihnen mitfinanzierte Selbstverwaltungsorganisation als Kaderschmiede für eine bestimmte politische Richtung dient.

Dass dennoch die zwangsweise Zugehörigkeit zu den Selbstverwaltungskörpern weithin akzeptiert wird und die Menschen bereitwillig ihre teilweise recht schmerzlich spürbaren Kammerumlagen berappen, dürfte in dem hierzulande weit verbreiteten Sicherheitsdenken begründet sein. Man zahlt ja auch Haushalts-, Rechtsschutz- oder Privatkrankenversicherungen, weil man sie doch einmal brauchen könnte, und denkt nicht viel darüber nach, ob die Eigenleistung im Versicherungsfall nicht billiger kommen könnte als die langjährige Prämie. Die Selbstverwaltung dürfte überdies von einem Großteil der Bürgerschaft nur peripher wahrgenommen werden. Die meisten sehen in ihr eine – etwas anders organisierte – Staatsverwaltung, in der nicht die obersten politischen Organe das Sagen haben, sondern eigene Funktionsträger, die freilich in den meisten Fällen auf parteipolitisch gebundenen Listen gewählt werden und auch öfter mal in parteipolitischen Funktionen auftreten. Kein Wunder also, dass auch im Österreich-Konvent Pflichtmitgliedschaft und prinzipielle gesetzliche Zulässigkeit der Einrichtung weitgehend unbestritten blieben.(142)

Dabei wird dann auch die dritte wesentliche Voraussetzung der Selbstverwaltung vernachlässigt, ihren Mitgliedern einen spezifischen

Einfluss auf deren Tätigkeit zu ermöglichen. Diese Voraussetzung ist insbesondere bei kleineren berufsständischen Vertretungen zweifellos gegeben, aber auch etwa bei Jagd- oder Fischereiverbänden, Personalvertretungen und dergleichen mehr. Für sie alle gilt, dass ihre Mitglieder auf die Selbstverwaltung zumindest durch Organwahlen bestimmenden Einfluss nehmen können.

Ganz anders liegt die Sache bei den sogenannten Sozialversicherungsträgern. In Österreich gibt es derlei zweiundzwanzig, wovon das Gros die neun Gebiets- und die – noch bestehenden – Betriebskrankenkassen ausmachen. Den Rest bilden Unfall- und Pensionsversicherungsanstalten sowie die eigenen Sozialversicherungsträger der gewerblichen Wirtschaft, der Bauern oder der Beamten. Dazu gibt es als eigenen Selbstverwaltungskörper noch den „Hauptverband der österreichischen Sozialversicherungsträger" als Dachorganisation.

So gut wie alle Österreicher, ob erwerbstätig, in Pension oder als Angehörige, sind kraft gesetzlichen Zwanges in diese Sozialversicherung einbezogen. Die vom Staat erkannte Notwendigkeit, für Krankheiten, Unfälle und Arbeitsunfähigkeit eine obligatorische Versicherung vorzuschreiben, rechtfertigt allein noch keine staatliche Aufgabe. Denn auch die gesetzlich vorgeschriebene Autohaftpflichtversicherung ist privaten Organisationen überlassen. Öffentliche Gesundheits- und Altersvorsorge zählt allerdings zu den wesentlichsten Errungenschaften des Sozialstaates und ist aufgrund ihrer langen und mühevollen Entwicklung auch ideologisch befrachtet. Die weit verbreitete Ansicht, den sozialen Risikoausgleich durch jene verwalten zu lassen, die ihn für ihren Berufsstand errungen haben, also den Arbeitern (und Angestellten), den Gewerbetreibenden, den Bauern, führte – übrigens nicht nur in Österreich – dazu, das Sozialversicherungswesen nicht dem Staat zu überlassen, sondern in Selbstverwaltung berufsständischer Vertreter zu betreiben.

Sowohl die öffentliche Aufgabenstellung als auch die gesetzlich zwingenden Erfordernisse für deren Bewältigung mögen für die Sozialversicherung als öffentlicher Aufgabe sprechen. Um sie der Selbstverwaltung zu überantworten, müsste jedoch auch das dritte wesentliche Merkmal, die Einflussnahme der Versicherten, gegeben sein. Mit dieser ist es aber nicht weit her. Die Organe der Sozialversicherungsträger, die sogenannten „Verwaltungskörper", bestehen aus Vertretern der Dienstnehmer und der Dienstgeber (Versicherungsvertreter),(143) die von den zuständigen gesetzlichen Interessensvertretungen entsendet werden. Man spricht daher auch von einer „abgeleiteten" Selbstverwaltung, weil nicht die (Pflicht-)Versicherten in den Organen das Sagen haben, sondern die von den Interessensvertretern, der Arbeiterkammer, der Wirtschafts- und Bauernkammer bestimmten Funktionäre.

Die Versicherten, die einerseits einer gesetzlichen Berufsvertretung (AK, WKÖ) und andererseits einer Sozialversicherung (GKK, SVA) angehören, können zwar bei den Kammerwahlen ihre Vertreter wählen, auf die Auswahl der Vertreter in der Sozialversicherung kommt ihnen hingegen keinerlei Einfluss zu.

Die Problematik dieser Situation hat der Sozialgesetzgeber selbst einbekannt, indem er den § 440 ASVG geschaffen hat. Nach dieser Gesetzesstelle haben die Versicherungsträger *„zur Wahrnehmung sozialversicherungsrechtlicher Anliegen der Versicherten und der Leistungsbezieher"* einen Beirat zu errichten, der durch Vereine zu beschicken ist, zu deren Aufgaben die Interessensvertretung der einzelnen Versichertengruppen gehört. Im Klartext: Wenn die Versicherten so wenig Einfluss auf die Verwaltung der Sozialversicherungsträger haben, dass sie in ihren Anliegen von außerhalb der Selbstverwaltung stehenden Vereinsfunktionären unterstützt werden müssen, kann man nur von einer Pervertierung der Selbstverwaltungsidee sprechen.

Praktiker mögen einwenden, dass es nicht ökonomisch sein könne, neben den Kammern auch noch die Sozialversicherungsträger wählen zu lassen, wenn Erstere ohnedies die Letzteren dominieren. Dabei wird übersehen, dass es sich bei der beruflichen Selbstverwaltung und der Sozialversicherung, wenn sie auch beide wichtige Errungenschaften des Sozialstaates sind, um ganz unterschiedliche Bereiche handelt. Wenn ich mit der Führung meiner berufständischen Vertretung durch einen Kammerpräsidenten zufrieden bin, muss ich dies noch keineswegs mit der Führung der Gebietskrankenkasse oder einer Unfallversicherung sein. An der Spitze Ersterer steht meist ein auch aus der Tagespolitik bekannter politischer Funktionär, in den Leitungsfunktionen Letzterer finden sich meist Kammer- und Gewerkschaftsvertreter, die über die politische Kaste hinaus weithin unbekannt sind. Auch ist eine gute berufliche Interessensvertretung keine Gewähr für eine ebenso gute Versicherungsführung. Eine direkte Wahl der Sozialversicherungsorgane wäre auch ein passender Anlass, manch drückendes Problem der Sozial- und Gesundheitspolitik zu diskutieren, welches derzeit von den obersten politischen Organen des Bundes und der Länder nur allzu gern unter Hinweis auf die „Selbstverwaltung" dieses Bereiches an die Sozialpartner abgeschoben wird. Schließlich geht es nicht allein um Organwahlen, sondern auch um das Recht der Versicherten, direktdemokratische Initiativen zu ergreifen. Unser Verfassungssystem kennt Volksbegehren, Volksabstimmungen und Volksbefragungen auch auf Verlangen qualifizierter Minderheiten. Warum nicht Versichertenbegehren-Abstimmungen oder -Befragungen? Ein wenig ist die Stellung der Pflichtversicherten mit der von Wohnungseigentümern in einem großvolumigen Wohnbau zu vergleichen. Sie sind zwar Eigentümer, aber weil sie so viele sind, haben sie keine Chance gegen die Hausverwaltung, die ihnen eigentlich zu dienen hätte. Immerhin gibt das Wohnungseigentumsgesetz den Wohnungseigentümern die Möglichkeit, die Hausverwaltung zu kündigen. Die Sozialversicherten haben eine solche Möglichkeit nicht.

Man kann das alles für unnötig oder unökonomisch erachten, weil die „breite Masse" über so schwierige Probleme wie Spitalsfinanzierung oder Berechnung von Versicherungszeiten nicht urteilen kann. Dann sollte man aber den Mut haben, über den Schatten einer unseligen Vergangenheit zu springen und die Sozialversicherung in die staatliche Verwaltung einzugliedern. Dies würde nicht nur die vielfältigen Trägerschaften zu kürzen helfen, sondern auch die bestehende Parallelverwaltung beseitigen. Ich nehme an, dass es den meisten Landsleuten unbekannt ist, dass es neben den leitenden Selbstverwaltungsorganen der einzelnen Versicherungsträger, dem Obmann, dem Vorstand, der Generalversammlung und der Kontrollversammlung, etwa 55 Persönlichkeiten allein in der Wiener Gebietskrankenkasse, zusätzlich auch noch die Administration gibt, die die Arbeit des Trägers besorgt. Dort werken – extra – ein Generaldirektor und sein Stellvertreter sowie die leitenden Direktoren der einzelnen Verwaltungsbereiche. Für die meisten Menschen ist Sozialversicherung und öffentliche Krankenkasse ohnedies nichts anderes als ein spezifischer Zweig öffentlicher Verwaltung wie die Finanz, die Polizei oder die Justiz.

Unserem Verfassungsgeber sollte mehr und anderes zum Thema Selbstverwaltung einfallen als ein weitgehender Freibrief für die Gesetzgebung, solche einzurichten. Sich selbst auch in öffentlichen Angelegenheiten verwalten zu können, sollte ein Grundrecht aller jener sein, die dazu bereit und in der Lage sind. Zu dieser Bereitschaft müsste es aber unbedingt gehören, dass die selbstverwaltende Körperschaft bereit ist, ihren obligatorischen Mitgliedern mindestens jene demokratischen Mitwirkungsrechte einzuräumen, die der Staat seinen Bürgern gewährt. Die österreichischen Selbstverwaltungskörper tun dies – zumindest teilweise – derzeit nicht.

(132) Michael Fleischhacker: Politikerbeschimpfung. Salzburg 2008

(133) Siehe z. B. Sibylle Hunziker: Die ländliche Gemeinde in der juristischen Literatur 1300 bis 1800. In: Gemeinde und Staat im alten Europa. Historische Zeitschrift Bd. 25, 407 ff

(134) Koja, Staatslehre, 385

(135) Vgl. Karl Korinek: Wirtschaftliche Selbstverwaltung. Wien-New York 1970; Günther Winkler: Die Institution personaler Selbstverwaltungskörper in der Ordnung des Rechts. In: Günther Winkler: Studien zum Verfassungsrecht. Wien-New York 1991 (ohne Anspruch auf Vollständigkeit)

(136) 3. Österreichischer Juristentag Bd. 2

(137) Z. B. Verfassungsgerichtshof VfSlg. 8215/1977

(138) BGBl I 2008/2

(139) Siehe z. B. Die Presse, 15.12.2007, 37

(140) Georg Stillfried: Berufliche Selbstverwaltung und autonomes Satzungsrecht. Wien 1994, und die dort angegegebene Literatur

(141) Die Presse, 3.6.2006

(142) Ö-Konvent Teil 3 Ausschuss 7 IV.1.

(143) § 420 f ASVG

2.9. Anarchist oder Trottel?

Der öffentliche Dienst

„Ja, es scheint Exzellenz, als Beamter da hat man nur die Wahl – Anarchist oder Trottel."
(Arthur Schnitzler, „Professor Bernardi")

Was unter den Völkern in Deutschland die Ostfriesen, in Österreich die Burgenländer oder in der Schweiz die Appenzeller, das sind unter den Berufsgruppen die Beamten. Solche Völker können Nobelpreisträger hervorbringen, das höchste Wirtschaftswachstum und die geringste Arbeitslosigkeit aufweisen, sie bleiben im Witz ein Synonym für Einfältigkeit, Langsamkeit oder andere wenig schmeichelhafte Eigenschaften. In ähnlicher Weise haben sich auch die Beamten schon damit abgefunden, als Ärmelschoner tragende Tachinierer zu gelten, denen nur ihr Büroschlaf heilig ist.

Die Vermutung, die Arthur Schnitzler in seinem Theaterstück „Professor Bernardi" den Hofrat Winkler äußern lässt, mag ungeheuerlich scheinen. Sollte man als Staatsdiener wirklich nur die Alternative haben, Anarchist zu sein oder sich zum Trottel machen zu lassen? Oder genügt es nicht auch schon, ständig in der Gefahr leben zu müssen, als eines von beiden angesehen zu werden? Denn gelegentlich steht wohl jeder öffentlich Bedienstete vor der Alternative, entweder von den Bürgern wegen exakter Vollziehung eines Gesetzes, einer Verordnung oder sonstigen Vorschrift der Trottelei – oder wegen deren Nichteinhaltung der Anarchie bezichtigt zu werden.

Darin mag auch der Grund dafür zu suchen sein, dass die Staatsdiener nicht nur bei den Bürgern wenig Ansehen genießen, sondern auch bei ihren Dienstgebern, den politischen Funktionsträgern. Abgesehen von Gewerkschaftsvertretern des öffentlichen Dienstes und von gelegentlichen Streicheleinheiten bei Dienstjubiläen und Weihnachtsfeiern pflegen Politiker dasselbe (negative) Beamtenbild wie die übrige Öffentlichkeit. Verkündet etwa ein Politiker den Abbau öffentlicher Dienstposten, beeilt er sich zu versichern, dass nur (böse) Schreibtischposten abgebaut würden, aber sicher nicht (gute) Lehrer, Polizisten, Krankenschwestern. Muss er hingegen eine Dienstpostenvermehrung öffentlich rechtfertigen, legt er auf die Feststellung Wert, dass nur „gute" Posten vermehrt würden wie Lehrer, Polizisten, Krankenpfleger, aber ganz sicher keine „bösen" Schreibtische oder PCs.

Diese Sandmännlein-Strategie soll die Bürgerschaft einlullen und davon träumen lassen, dass man öffentlich Bedienstete in Uniform oder Arbeitskleid vermehren und gleichzeitig Schreibtischbeamte abbauen könne. Sie stellt nicht nur eine Diskriminierung eines großen Teils der Staatsdiener dar, nämlich jener, die ihre Arbeit am Schreibtisch, am PC oder am Reißbrett verrichten, sie entbehrt auch einer sachlichen Grundlage. Denn jeder zusätzliche Polizei- bzw. Kriminalbeamte, welcher Straftaten aufdeckt, macht, wenn seine Arbeit nicht sinnlos bleiben soll, eine Behandlung seiner Anzeige, eine Vernehmung, einen Strafbescheid oder ein Urteil usw. nötig, was von sogenannten „Schreibtischbeamten" besorgt werden muss. Jeder zusätzliche Arzt, jede weitere Krankenschwester und jedes weitere Spitals- oder Pflegebettbett bedeutet ein Mehr an Verwaltung, und sei es nur in Form des Verfassens von Befunden und Krankengeschichten. Mehr Lehrer bedeuten entweder mehr Schulklassen oder mehr Förder- und Gruppenunterricht, was wiederum eine größere Sach- und Personalverwaltung erfordert, die nicht ohne Schreibtisch oder PC auskommen wird. Der öffentliche Dienst ist nämlich – wie schon das Wort sagt – Dienstleistung und nicht Produktionsstätte. Gewiss kann man auch in der Dienstleistungswirtschaft bis zu einem gewissen Grad rationalisieren, aber eben nur bis zu einem gewissen Grad. Das weiß jeder, der schon mal als Zehnter im Supermarkt an der Kassa angestellt war oder an einem schönen Tag im Ausflugsrestaurant eine Stunde auf das Essen gewartet hat.

Die österreichische Bundesverfassung von 1920 ging, was die Bestellung und Abberufung der Diener des Staates angeht, von den damaligen Verhältnissen aus. Demnach sollen „auf Zeit gewählte oder berufsmäßig ernannte Organe" die Verwaltung führen. Über diese Worte des Artikels 20 unserer Bundesverfassung sind viele Abhandlungen geschrieben worden und auch ich habe mich in einer erweiterten Doktorarbeit an dieser Bestimmung versucht.[144] Hinter dieser Verfassungsbestimmung steht das Konzept der Repräsentation des Staates einerseits durch Frauen und Männer, die auf eine bestimmte Zeit, also eine Funktionsperiode, gewählt werden, um sich dann – wenn eine Wiederwahl nicht erfolgt oder gesetzlich gar nicht vorgesehen ist – wieder anderen Aufgaben zuzuwenden. Es sind in erster Linie Politiker, die derart bestellt werden. Gilt doch die Abberufbarkeit bzw. zeitliche Funktionsbeschränkung der politischen Repräsentanten als Wesensmerkmal der republikanischen Demokratie.

Ihnen steht auf der anderen Seite das große Heer der „berufsmäßig ernannten" Organe gegenüber. Diese werden nicht gewählt, also von einer Personenmehrheit ausgesucht, sondern ernannt, das heißt von einer Einzelperson, einem Minister, einem Landeshauptmann oder Bürgermeister nach – hoffentlich – sachlichen Überlegungen in ihr Amt berufen. Sie üben dieses als Beruf aus, also auf eine unbestimmte und nicht in vorgegebenen Funktionsperioden ablaufende Zeit. Einerlei, ob sie als Beamte pragmatisiert oder als Vertragsbedienstete (theoretisch) gekündigt werden können.

Dieses Konzept der 20er Jahre des vorigen Jahrhunderts entspricht allerdings schon längst nicht mehr den Anforderungen einer modernen Verwaltung. Ein allseits bekanntes und schon vor längerer Zeit entstandenes Beispiel für die Durchbrechung dieses Prinzips waren die Zeitsoldaten des Österreichischen Bundesheeres. Der Wehrdienst erforderte Mitarbeiter, die sich auf eine bestimmte Zeit zum Dienst im Österreichischen Bundesheer verpflichteten, ohne deshalb gleichzeitig ein pragmatisches Dienstverhältnis auf Dauer einzugehen. Die Zeitsoldaten waren zwar berufsmäßig tätig, aber eben „auf

Zeit", was eigentlich die Bundesverfassung nur für gewählte Staatsorgane vorsah.

In den letzten Jahren ist aber noch ein weitaus stärkeres Bedürfnis entstanden, „Staatsdiener" zu ernennen, die nicht vom Ende ihrer Ausbildung bis zum wohlverdienten Ruhestand ihre Arbeitskraft demselben Arbeitgeber zur Verfügung stellen und die auch mehr und anderes zu tun haben, als nach bestem Wissen und Gewissen die Gesetze zu vollziehen, weil sie unmittelbar für die jeweiligen Regierungsmitglieder, Minister, Landeshauptleute und deren politische Ziele tätig sind. Was von unserer Verfassungsrechtsordnung gar nicht vorgesehen, aber doch nie ganz vermeidbar war und daher in den Amtskalendern etwas holprig als „Dienst um den Minister" bezeichnet wurde, ist das Bedürfnis einer politischen Führungspersönlichkeit, sich nicht nur in seiner Partei, sondern auch in seinem Regierungsamt mit Vertrauten zu umgeben. In den ersten Jahrzehnten unserer Zweiten Republik war dies kein Problem. Die Spitzen der Ministerialbürokratie in den „schwarzen" Ministerien waren „schwarz", die in den „roten" waren „rot". Landesamtsdirektoren „schwarzer" Bundesländer waren ÖVP-Mitglieder oder zumindest Bürgerliche, ihre Kollegen in den damals noch wenigen „roten" hingegen Sozialdemokraten oder SPÖ-nahe.

Gewiss gab es – vereinzelt – Ausnahmen, und ebenso gewiss haben die Beamten nur in den seltensten Fällen im Interesse ihrer politischen Parteifreunde in der Regierung ihr Amt missbraucht, aber in aller Regel war es schon so, dass ein Minister oder Landeshauptmann bei der großen Mehrheit seiner maßgeblichen Mitarbeiter damit rechnen durfte, dass diese ihm nicht nur aufgrund der verfassungsgesetzlichen Weisungsgebundenheit ihre Ergebenheit erwiesen.

Als dann die festgefügten Mehrheiten zu bröckeln begannen und die große Koalition durch Alleinregierungen oder kleine Koalitionen ersetzt wurde, sahen sich die politischen Spitzen der Verwaltung bisweilen mit einem Apparat konfrontiert, der überwiegend einer anderen politischen Richtung zugehörte. Dies förderte das Bedürfnis nach einem eigenen politischen Büro als Verbindungsglied zur Bürokratie.

Dank diesem Umstand gelangten die sogenannten Politikersekretäre zu einer wachsenden Bedeutung. Minister, Landeshauptleute und andere Regierungsmitglieder schaffen sich einen umfangreichen Stab, der genau das tun soll, was die Politiker ihren Beamten nicht zutrauen, nämlich im Interesse ihrer politischen Vorstellungen zu handeln und den ihnen unterstellten Apparat in diesem Sinn zu leiten.(145) Fanden sich so in der Zeit der Regierung Kreisky, Mitte der 70er Jahre, bereits 83 Mitarbeiter in den Ministersekretariaten, waren es im Kabinett Schüssel 2005 bereits 156.(146)

Gewiss spricht nichts dagegen, dass sich ein Politiker mit jungen erfolgshungrigen Leuten umgibt, die willens und geeignet sind, seine Vorstellungen umzusetzen, statt mit altgedienten Schreibtischhengsten zu arbeiten, denen seine Ziele völlig egal sind, weil sie schon unter Ministern unterschiedlichster Couleur gedient haben. Was dem Staat jedoch schadet und dem Steuerzahler teuer zu stehen kommt, ist die dadurch entstehende administrative Parallelstruktur im staatlichen Dienst. Denn solche Leute müssen entsprechend bezahlt werden, schließlich wollen sie ihre hohe Verantwortung, die ja im Ergebnis der von Spitzenbeamten zumindest gleichkommt, entsprechend abgegolten sehen. Da solches im Beamtenschema nicht vorgesehen ist, nimmt man zu allerlei Sonderverträgen Zuflucht. Oft werden diese Dienste um den Minister auch „ausgesourct", was sich in saftigen Honoraren niederschlägt.

Darüber hinaus erzeugt eine Parallelstruktur auch Reibungsverluste. Die Zeiten, da ein Spitzenbeamter eines Ministeriums, der Herr Sektionschef oder Gruppenleiter, zum „Vortrag" beim Minister erschien, sind überwiegend vorbei. Heute hat er dem Politsekretär vorzutragen und seine Schriftstücke legt er nicht dem Minister zur „Approbation" vor, sie gehen zunächst ins politische Sekretariat. Die oft noch jungen und unter beträchtlichem Erfolgsdruck ihres politischen Chefs stehenden Sekretäre scheuen mitunter nicht davor zurück, altgediente Spitzenbeamte anzubrüllen oder ihnen mit Versetzung zu drohen, wenn sie sich nicht den vom Minister abgeleiteten Wünschen des

Herrn Kabinettssekretärs gefügig zeigen. Seit der Bundesministeriengesetznovelle 2000 [(147)] besteht – wie früher nur für das Außenministerium – die Möglichkeit, einen „Generalsekretär“ als Koordinator der Geschäfte des Ministeriums zu betrauen. In ihr lässt sich die endgültige Verwirklichung des politischen Beamten erblicken.[(148)]

Aber nicht nur für die Dienste in einem politischen Büro des Ministers muss man in einer modernen Verwaltung Mitarbeiter auf Zeit bestellen können. Für ein sportliches Großereignis, eine außergewöhnliche Umweltproblematik oder ein Fremdenverkehrskonzept braucht man bisweilen einen hoch qualifizierten Fachmann, dessen berufliche Tätigkeit für den Staat oder ein Land mit Erledigung des Problems aber wieder beendet sein soll. Und die politischen Mitarbeiter, wie Pressesekretäre oder Veranstaltungsmanager, werden ebenfalls nicht mehr gebraucht, wenn die politische Farbe des Ministers gewechselt hat.

Schließlich hat der öffentliche Dienst neuerdings auch mit den zunehmenden Bestrebungen der obersten Regierungsorgane fertigzuwerden, für bestimmte Aufsichts- und Kontrollaufgaben die Verantwortung abzugeben. Diese Entwicklung trägt dem schwindenden Vertrauen in die Politik Rechnung, das die Leitung wichtiger Verwaltungsaufgaben besser bei ausgegliederten, von der Politik unabhängigen Stellen aufgehoben sieht als bei denen, die vom Parlament und damit indirekt vom Volk dazu berufen sind. Und so enthält der Artikel 20 unserer Verfassung, der die gesamte öffentliche Verwaltung unter die Leitung und Aufsicht der obersten, dem Parlament direkt verantwortlichen Organe stellen wollte, seit der Verfassungsänderung aus 2008 [(149)] einen umfangreichen Katalog von Verwaltungsagenden auf Bundes- und Landesebene, die nicht dieser Hierarchie unterliegen, von den Rechtsschutzbeauftragten über die öffentliche Auftragsvergabe, der Medienregulierung bis zur Wirtschaftsaufsicht und Wettbewerbssicherung.

Gewiss ist auch diese Tätigkeit „öffentlicher Dienst“ und wird auch teilweise von Beamten und Vertragsbediensteten geleistet, sodass wir anstelle des ursprünglichen und noch immer in den Köpfen von Rechtsexperten und Dienstnehmervertretern spukenden Konzepts von politischen und beruflichen Staatsdienern heute ein unübersichtliches Dickicht von Dienstverhältnissen und Aufgabenstellungen vorfinden. Etwa wenn ein Ministersekretär oder parlamentarischer Mitarbeiter, der als pragmatisierter Beamter, Vertragsbediensteter oder vielleicht auch nur kurzfristig auf Werkvertragsbasis engagiert ist, am Morgen „hoheitlich" tätig wird, indem er namens seines Chefs einen Ministerentwurf anweist oder gleich selbst entwirft, nachmittags als Vertreter in einem aus der öffentlichen Verwaltung ausgegliederten Gremium werkt, um anschließend für seinen Minister einen Redeentwurf zu konzipieren, also (partei-)politische Arbeit zu leisten. Nach unserer Verfassung ist all das „Führen der Verwaltung durch ernannte berufsmäßige" und nach neuester Änderung auch „vertraglich bestellte Organe" – wobei sich mir der Sinn dieser Differenzierung nicht erschließt, da doch auch Vertragsbedienstete ihre Tätigkeit oft als Beruf ausüben.

Der sogenannte „öffentliche Dienst", also die Summe der nicht von demokratisch gewählten, politischen Organen geleisteten Staatstätigkeit, bedürfte somit einer grundlegenden organisatorischen Neuordnung, in welcher die graue Theorie von einer nur gerichtsähnlich Gesetze vollziehenden, politisch neutralen Verwaltung zugunsten des grünen Lebensbaumes einer vielfältigen Staatstätigkeit zu entsorgen wäre.

Staatliche Verwaltung ist – wie schon im vorangegangenen Kapitel beschrieben – zu einem guten Teil politische Verwaltung, die nicht mit der Ausstellung von Reisepässen oder Führerscheinen, mit der Erlassung von Verwaltungsstrafbescheiden oder mit der behördlichen Bewilligung von gefährlichen Anlagen umschrieben werden kann. Politische Verwaltung heißt Regieren und das ist Erfindung neuer, innovativer Gesetzesvorhaben, Erstellung von Konzepten aufgrund eines Regierungsübereinkommens, vertrauliche Erarbeitung von Plänen, die – hoffentlich – von den Wählern goutiert werden, ist Ins-rechte-Licht-Rücken parteipolitischer Vorzüge der eigenen Regierungsmannschaft gegenüber dem politischen Mitbewerber. Regieren bedarf gewiss auch objektiv sachlicher Grundlagen, aber ebenso der Kunst der Darstellung und der Überzeugung. Diese Form der politischen Verwaltung lässt sich nur mit einem Mitarbeiterstab bewerkstelligen, der die politischen Ziele seiner Vorgesetzten zu seinen eigenen macht. Wer daher meint, dass Verwaltungsmitarbeiter immer nur politisch unabhängig agieren müssten, der belügt sich selbst und seine Umgebung.

Unter diesem Aspekt sind auch die leidigen Fragen der Pragmatisierung zu betrachten. Es gibt keinen Grund, den mit den intimsten Gesprächen vertrauten Büroleiter, den die politischen Konzepte des Ministers ausarbeitenden Pressesekretär oder die persönliche Sekretärin zu pragmatisieren, um diese dann, wenn der Politiker aus dem Amt scheidet, irgendwo um teures Geld, aber mit geringfügiger Verwendung, beschäftigen zu müssen. Wer eine solche Funktion übernimmt, muss sich eben klar sein, dass das keine Berufsstellung auf Lebenszeit ist. Ebenso wie es auch möglich sein muss, eine führende Stelle in der Verwaltung nur auf Zeit zu besetzen, wenn sachliche Gründe hierfür sprechen.

Anders sieht die Sache bei Mitarbeitern aus, die in gleichsam richterlicher Funktion Gesetze zu vollziehen haben, als Lehrer in der Schule unterrichten oder als Staatsanwälte oder Polizeibeamte mit der Verfolgung von Straftaten befasst sind. Allerdings stellt sich auch hier die Frage, wer wirklich eines Versetzungs- und Kündigungsschutzes bedarf und wer nicht. Der Polizist, der Strafmandate um 50 Euro verteilt, oder nicht eher der Sachbearbeiter, der über ein Millionenprojekt zu befinden hat? Verwaltungsmitarbeiter, die sich aufgrund ihrer Erfahrung, ihrer Gesetzeskenntnis und ihres Verständnisses für die Anliegen der ihre Dienste in Anspruch nehmenden Bürger bewährt haben, wird ein sachlich agierender politischer Vorgesetzter nicht zu kündigen wünschen. Es sei denn, er handelt eben nicht sachlich und trachtet lediglich danach, Posten freizubekommen, um sie mit Leuten seiner politischen Couleur besetzen zu können. Dagegen ist aber nicht die Unkündbarkeit das probate Abwehrmittel, zumal dieses ja auch die Untüchtigen oder weniger Geeigneten schützt, sondern ein transparenter und vor allem effizienter arbeitsgerichtlicher Schutz, der schon beim Auswahlverfahren, vor allem auch für höhere Positionen wirksam wird.

Eine klare Trennung zwischen subjektiv konzeptiver und objektiv vollziehender Verwaltung in Verbindung mit einer von der Politik unabhängigen und effizienten arbeitsgerichtlichen Kontrolle sollte es möglich machen, den Politikern den zum Regieren unerlässlichen Handlungsspielraum zu gewähren und die Staatsdiener vor politischer Willkür zu schützen.

Einer etwas zeitgemäßeren Betrachtungsweise des öffentlichen Dienstes bedürfte es aber nicht nur bei der Besetzungspraxis und Rechtsstellung, sondern auch der Aufgabenstellung unserer Staatsdiener. Seit Jahr und Tag werden die öffentlich Bediensteten von der Politik mit immer neuen und umfangreicheren Aufgaben und mit immer präziseren Kontrollen, Berichten und Einschauen eingedeckt. Gleichzeitig sollen diese aber möglichst sparsam und bürgerfreundlich erledigt werden. Der öffentliche Dienstgeber verhält sich dabei wie ein Gastwirt, der seine Speisekarte und die Anzahl seine Sitzplätze gemäß dem Wunsch seiner Kundschaft ständig vergrößert, aber mit einer immer kleineren Crew an Köchen und Kellnern auszukommen trachtet, um seine Leistungen weiterhin preiswert anbieten zu können. Die Speisen werden dann zwar zahlreicher, aber weniger schmackhaft, die Verabreichungsplätze werden mehr, aber die Kunden müssen unzumutbar lange warten. Sie schieben die Schuld für die Misere zuallererst nicht auf den Restaurantbesitzer, der ihnen großzügige Angebote unterbreitet hat, sondern auf das Personal, welches diese nicht zu erfüllen imstande ist.

Im Staat ist es nicht anders. Die Staatsdiener werden von Parlamenten und Regierungen mit immer neuen Anforderungen konfrontiert, durch die man das Wählervolk bei Laune zu halten hofft. Sie sind damit vor die Entscheidung gestellt, jederzeit alles und jedes zu erfüllen, was ihnen die Politik in Gesetzen und Anordnungen aufgetragen hat und dafür bisweilen bei den Bürgern Kopfschütteln oder Unwillen über die Bürokratie hervorzurufen, oder so manches im Interesse der Effizienz und auch der Bürgerfreundlichkeit zu unterlassen, was die Obrigkeit angeordnet hat und für diese Eigenverantwortung einen Konflikt mit ihren politischen Vorgesetzten zu riskieren. Nicht nur einmal wusste mir so ein öffentlich Bediensterer zu erzählen, dass er zum Schutz eines Bürgers eine Gesetzesvorschrift missachtet habe, weil man es einfach nicht anders vor den Bürgern verantworten zu können glaubte. Aber eigentlich ist so etwas ein Amtsmissbrauch, weil der Staat bewusst am Recht auf Einhaltung seiner Gesetze geschädigt wurde. „Schuld" daran sind in Wahrheit jene politischen Organe, die solche Vorschriften „verabschieden" und sich dann nicht mehr um deren praktische Handhabbarkeit kümmern. Trottel oder Anarchist: Es scheint sich seit Schnitzlers Zeiten in der österreichischen Bürokratie noch nicht allzu viel geändert zu haben.

(144) Karl Lengheimer: Die Gehorsamspflicht der Verwaltungsorgane. Wien-New York 1975

(145) Holzinger, Verwaltungslehre, 52 ff

(146) Die Presse, 7.12.2005

(147) BGBl I 200/16

(148) Klaus Hartmann: Das Personal der Verwaltung. In: Holzinger, Verwaltungslehre, 299 ff

(149) Art. 20 Abs. 2 B-VG in der Fassung BGBl I 2008/2 und 2010/50

2.10. Salomos Erben

Die Gerichtsbarkeit

„Mir wern kan Richter brauchen."
(Altes Wiener Sprichwort)

Richter, deren Prozessparteien von ihnen „Gerechtigkeit" erhoffen, antworten bisweilen flapsig: *„Gerechtigkeit kriegen's, wenn's daran glauben, im Himmel. Von mir kriegen's ein Urteil"*. „Gerechtigkeit" und „Recht" sind eben nicht immer das Gleiche. Das liegt zunächst einmal daran, dass ein „gerechtes" Urteil die Kenntnis des zu beurteilenden Sachverhaltes voraussetzt. Wenn nicht bewiesen werden kann, dass der gegnerische Autolenker bei Rot in die Kreuzung eingefahren ist, kann er auch nicht zum Schadenersatz verurteilt werden, selbst wenn er tatsächlich der Schuldige ist. Aber auch bei klarem Sachverhalt kann ein Urteil als „ungerecht" empfunden werden, weil es das Gesetz zwar richtig anwendet, dies aber im konkreten Fall als „ungerecht" empfunden wird.

Deutlich wird das bisweilen, wenn – wie es die Bundesverfassung vorschreibt – das Volk an der Rechtsprechung mitwirkt.[(150)] Die Strafprozessordnung regelt zwar genau, inwieweit den Geschworenen vor ihren Beratungen die nötigen Informationen zu geben sind, um sie zu einer rechtsrichtigen Entscheidung zu befähigen. Schwurgerichtshofvorsitzende erzählen im privaten Kreis aber gerne, wie sich das tatsächlich abspielt. Sie versuchen – insbesondere bei komplizierten Tatbeständen – oft mit Engelszungen, die Damen und Herren Geschworenen von einem Missverstehen der Sach- und Rechtslage abzuhalten.

Viele Rechtsexperten plädieren dafür, die Schwurgerichte durch große Schöffengerichte zu ersetzen. Freilich sind dort die Probleme kaum geringer. Die Verhandlungen über Wirtschaftsdelikte wie Betrug oder Veruntreuung sind manchmal auf mehrere Monate anberaumt, denn es sind Dutzende an Zeugen sowie Gutachten von Buchprüfern und Wirtschaftstreuhändern zu hören. Bei einem solchen Strafprozess sagte kürzlich einmal eine Schöffin, die wegen der Prominenz der Angeklagten in der Gerichtskantine von Journalisten belagert wurde, dass sie persönlich dieses ganze lange Verfahren nicht brauche, denn sie wisse ohnedies schon, wie zu entscheiden sei. Einer der Verteidiger machte daraufhin Befangenheit geltend und die Schöffin wurde ausgetauscht. Es ist schon eine Zumutung für juristische Laien, der eminenten geistigen Herausforderung eines solchen Monsterprozesses gerecht zu werden, die auch routinierte und juristisch geschulte Richter spätestens bei der Ausfertigung des Urteils gelegentlich scheitern lässt – jedenfalls nach Ansicht der ebenfalls Monate an dem Fall arbeitenden Oberinstanz.

Die Laiengerichtsbarkeit wird oft als *„Beitrag zur Verankerung der Strafjustiz in der Gesellschaft"*[151] angesehen. Dieser Beitrag wäre wohl in erster Linie vom demokratischen Parlament zu leisten. Denn – wie der ehemalige deutsche Bundespräsident Roman Herzog einmal meinte – am Gesetzgeber läge es, sorgfältig zu beobachten, was aus seinem Gesetz in der Rechtswirklichkeit wird, um nötigenfalls korrigierend einzugreifen.[152]

Freilich traute sich auch im Österreich-Konvent niemand zu, die Laiengerichtsbarkeit im Strafprozess wirklich in Frage zu stellen. Zu groß ist die Furcht aller Politiker vor der Vorwurfskeule der Demokratiefeindlichkeit. Die viel wichtigere Frage der Auswahl von Richterpersönlichkeiten, die eine solide Rechtskenntnis mit unbeirrbarer Objektivität und der erforderlichen Empathie für die Rechtssuchenden verbinden, blieb ebenfalls unterbelichtet. Wer mit Anwälten redet, weiß, dass diese Ansprüche nicht immer erreicht werden. Die sachgerechte Richterbestellung ist gewiss eine schwierige Aufgabe. Ihre Lösung liegt sicher nicht in der Kompetenz politischer Organe wie insbesondere des Justizministers. Interessanterweise wird diesem politischen Organ wegen allfälliger Weisungen an die Staatsanwaltschaft mehr Misstrauen entgegengebracht als bei der Besetzung von leitenden richterlichen Positionen. Nicht ganz verständlich, weil eine sachlich unzutreffende Anordnung auf Anklageerhebung oder Fallenlassen derselben leichter nachprüfbar sein sollte als eine nicht optimale Personalauswahl. Aber auch die Bestellung der Richter auf internem Weg, durch die Vollversammlung oder durch Personalsenate eines Gerichtes, ist nicht der Weisheit letzter Schluss, weil sie Gefahr läuft, eine Art Inzucht zu bewirken.

Die Gerichtsbarkeit ist zu wichtig für das Recht in einem Staat, als dass die Bestellung der Richter ohne öffentliche Kontrolle vonstattengehen dürfte. Die Wahl der Richter, wie sie in manchen Staaten üblich ist, leistet der Beherrschung der Bestellungsvorgänge durch die Politik erst recht Vorschub. Überlegenswert wäre, als Prüforgan objektiver Richterbestellungen einen Rat zu bilden, der aus erfahrenen, schon aufgrund ihres Lebensalters unabhängigen, mit der Justiz und der öffentlichen Verwaltung vertrauten, moralisch untadeligen, ehrenamtlichen Personen bestehen könnte. Diese sollten zunächst im Interesse ihrer demokratischen Legitimation durchaus aufgrund von Vorschlägen der im Nationalrat vertretenen Parteien bestellt werden, wobei diesem Gremium aber im Fall der Neubestellung für Ausgeschiedene ein Ablehnungsrecht von Parteivorschlägen zugebilligt werden könnte.

Ein solcher Rat könnte nicht nur die sachgemäße Personalbestellung kontrollieren, sondern auch für das leidige Thema der sachlichen Rechtfertigung von Weisungen an die Staatsanwaltschaft zuständig gemacht werden. Damit könnte der erst kürzlich in die Verfassung eingefügte Artikel 90a wieder entsorgt werden, der in der für die österreichische Verfassungspolitik so typischen „Wasch-mir-den-Pelz-aber-mach-mich-nicht-nass-Methode" die Staatsanwälte einerseits zu Organen der Gerichtsbarkeit erklärt und andererseits ihre Weisungsbindung dem einfachen Gesetzgeber überlässt.

Jedenfalls sollte sich die Richterschaft klar von der Politik als Machtanspruch abgrenzen. Die Forderung *„Die parteipolitische Betätigung des Richters muss fallen!"* konnte man beispielsweise schon am

Österreichischen Richtertag 1982 in Salzburg vernehmen.[153] Seither ist viel Wasser, nicht nur in der Salzach, geflossen, ohne dass die klare Trennung zwischen Politik und Gerichtsbarkeit in Gestalt ihrer Exponenten immer eingehalten worden wäre. Einerseits, weil sich politische Parteien in kleinmütiger Verleugnung ihrer eigenen Parteiendemokratie gelegentlich gern mit „überparteilichen" Persönlichkeiten aus dem Richterstand schmücken und solche daher – primär nach medienwirksamen Prozessen – für politische Funktionen vorschlagen. Andererseits, weil Richter bisweilen Lust auf politische Tätigkeit verspüren. Offenkundig übt die Gestaltung der Gesetze auf jene, die sie anzuwenden haben, eine ähnliche Faszination aus wie das Stückeschreiben oder Regieführen auf Schauspieler oder das Komponieren auf Musiker. Sie sollten sich ein Wort von Johannes Schasching ins Gedächtnis rufen, das dieser als Festredner bei dem erwähnten Richtertag gesprochen hat: *„Wenn Sie Ihre Funktion so sehen, dass sie gesellschaftsordnend eingreifen, so leisten Sie auch Politik im Sinne des Gemeinwohls. Politik ist nicht die exklusive Sache der Parteien."*

Die Unterminierung der Gewaltenteilung durch Nominierungsrechte der Politik,[154] zeigt sich insbesondere beim Verfassungsgerichtshof, dem politisch wohl heikelsten Organ der Gerichtsbarkeit. Die österreichische Gerichtsbarkeit kennt nämlich zwar einen „Obersten Gerichtshof" aber dieser ist nur der oberste in Zivil- und Strafsachen. Wirklich oberste ist vielmehr der Verfassungsgerichtshof, weil er für Verfassungsstreitigkeiten, also für die Auslegung der höchstrangigen Rechtsnormen, zuständig ist und für Kompetenzkonflikte unter den Höchstgerichten, zu denen auch noch der Verwaltungsgerichtshof als Kontrollorgane der hoheitlichen Staatsverwaltung zu zählen sind. Es ist schon seltsam, in der Öffentlichkeit immer wieder darüber klagen zu hören, dass sich ein kleines Land wie Österreich neun Bundesländer leistet, niemals aber darüber, dass wir über drei Höchstgerichte verfügen. Gewiss ist ihre juristisch-fachliche Aufgabenstellung unterschiedlich, aber auch der „Oberste Gerichtshof" besteht schließlich aus Straf- und Zivilrechtssenaten. Fachsenate erfordern noch kein eigenes

Gericht mit Präsidenten, Vizepräsidenten und all den Sacherfordernissen eines eigenen Gerichtshofes.

Der Verfassungsgerichtsbarkeit liegt die Überlegung zugrunde, dass es in der Demokratie über den staatlichen Organen und ihrer Machtausübung im Namen des Volkes noch eine Schiedsinstanz geben müsse. Nach dem „Stufenbau der Rechtsordnung" ist jeder Akt der Rechtsetzung gleichzeitig auch Anwendung des jeweils übergeordneten Rechts. Daher ist zu prüfen, ob der Gesetzgeber die ihm von der Verfassung gesetzten Grenzen eingehalten hat.[155]

„Verfassungsfragen sind stets auch Machtfragen." Diese Aussage stammt von niemand Geringerem als dem Präsidenten des Verfassungsgerichtshofes Gerhart Holzinger.[156] Wenn aber Verfassungsfragen Machtfragen sind, dann ist die Auslegung der Verfassung eine Entscheidung in Machtfragen, mag sie sich auch noch so sehr auf eine rechtsdogmatische Erörterung der Übereinstimmung eines Staatsaktes mit den Normen der Verfassung zurückzuziehen suchen. Für den Rechtspositivismus ist dies unbeachtlich, für die politische Praxis nicht, und dies hat der Verfassungsgerichtshof schon oft zu spüren bekommen.

Nicht nur bei der Aufhebung der Familienbesteuerung wegen Gleichheitswidrigkeit wurde der Gerichtshof von der „unterlegenen" politischen Seite massiv angegriffen, dass er sich in die autonome Gesetzgebung des Parlamentes einmenge. Und solange die parlamentarische Mehrheit hierfür zu erzielen war, hat man sich oftmals nicht gescheut, Erkenntnisse des Verfassungsgerichtshofes wenigstens für die Zukunft außer Kraft zu setzen, indem man die inkriminierte Bestimmung kurzerhand zur Verfassungsbestimmung erklärte, um sie der Anfechtung durch das Höchstgericht zu entziehen. Als der Kärntner Landeshauptmann Jörg Haider sich schlicht weigerte, die Erkenntnis im Kärntner Ortstafelkonflikt umzusetzen, wurde zwar von politischen Gegnern viel Kritik laut, aber niemand hat die Frage gestellt, warum denn die Republik nicht in der Lage ist, einem höchstgerichtlichen Spruch zum Durchbruch zu verhelfen. Man hätte nicht gleich das Bundesheer auf Befehl des Staatsoberhauptes in Kärnten aufmarschieren lassen müssen, um die Tafeln zu bewachen, die Regierungsparteien hätte im Einvernehmen mit dem Bundespräsidenten beispielsweise die Möglichkeit gehabt, nach Artikel 100 der Bundesverfassung den Kärntner Landtag aufzulösen. Warum niemand auch nur im Traum daran gedacht hat? Weil die Politiker wussten, dass die Partei des Landeshauptmannes bei der dann fälligen Neuwahl möglicherweise eine Zweidrittel- oder Dreiviertelmehrheit errungen hätte. Die Distanz zwischen Politik und Rechtsspruch entstand durch den Versuch, den noch immer schwelenden Minderheitenkonflikt mit den juristischen Kinkerlitzchen nach der Straßenverkehrsordnung aufzustellender Tafeln zu lösen, die zur Kennzeichnung der im Ortsgebiet geltenden Regeln dienen.

Darin aber liegt das Problem einer Verfassungsgerichtsbarkeit. Soll sie mehr sein als die Fehlerbehebung zu spät eingeladener Sitzungen, falsch ausgefüllter Stimmzettel, schlechter Legistik oder willkürlich agierender Politpaschas, soll sie die in der Verfassung enthaltenen richtungweisenden Werte aufspüren und darnach urteilen,(157) so gerät das Verfassungsgericht unweigerlich in die Kritik nicht nur der von ihm beurteilten Politiker, sondern auch jener Juristen, die ihm vorwerfen, nicht Maß zu halten, sondern oft zu weitreichende Schlüsse zu ziehen.(158) Das Gericht mangels politischer Konfliktlösungskompetenz als Schiedsrichter einzusetzen, wie es die Politik gerne tut, bei unliebsamen Erkenntnissen aber dann doch wieder auf eine Formalfunktion reduzieren zu wollen, geht einfach nicht zusammen. Verfassungsgerichte beziehen ihre Rechtfertigung aus einer Urteilsfunktion zwischen aktuellen politischen Machtansprüchen und dem im Grundgesetz manifestierten Willen der Bürgerschaft und sollten nicht nur *„ein von den beiden Großparteien beschicktes, ihnen gemeinsames und ihnen zugleich übergeordnetes Schiedsrichterkollegium“*,(159) sein, wie Manfried Welan vor Jahren bei noch anderen politischen Mehrheitsverhältnissen mutmaßte.

Deshalb müssen sowohl die Bestellung der Mitglieder eines Verfassungsgerichtes als auch deren Entscheidungen in größtmöglicher Transparenz vor sich gehen. Die von der Verfassung selbst vorgegebene Besetzungspraxis, nach der die Richter teils von der Bundesregierung, teils vom Nationalrat und vom Bundesrat nominiert werden, macht den Verfassungsgerichtshof zu einem politisch zusammengesetzten Gericht. Und so ist es auch kein Wunder, dass sämtliche Verfassungsrichter mehr oder minder einer der beiden mit entsprechender Mehrheit im „anspruchsberechtigten“ Staatsorgan ausgestatteten Parteien zuzuordnen sind. Gewiss, Mitglieder für das Verfassungsgericht zu finden, die auf diesem Gebiet theoretische und praktische Kenntnisse erworben, aber niemals mit politischen Funktionsträgern in Berührung gekommen sind, dürfte nicht leicht sein. So man sie freilich überhaupt sucht, denn dass namhafte Leute unter Umständen gar nicht in den Gerichtshof kommen, weil ihnen politische Unterstützung fehlt, bestätigt auch der ehemalige Präsident Ludwig Adamovich.[(160)] Daher ist es auch nicht verwunderlich, dass sich etwa unter den letzternannten Verfassungsrichtern Mitarbeiter, Berater oder Vertraute hoch- bis höchstrangiger Politiker befanden. Alle, wie es die Verfassung befiehlt, keine Parteipolitiker, aber doch noch kürzlich oder vor nicht allzu langer Zeit in guten Diensten von deren Exponenten.

Das wahre Skandalon ist aber nicht dieser Umstand, sondern dessen stetige Leugnung seitens der nominierenden Politik. Wagt das zur endgültigen Ernennung der Verfassungsrichter zuständige Staatsoberhaupt einmal, nicht die vom „zuständigen“ Parlamentsklub gewünschte Kandidatin zu ernennen, muss er sich vom Klubobmann anhören, dass es ihm *„egal ist, was wir wollen“*.[(161)] Wenn man ein politisches Organ zur Höchstrichterbestellung beruft, kann man sich allerdings nichts anderes als eine politische Entscheidung erwarten. Eine Transparenz, das heißt öffentliche Diskussion der Entscheidungskriterien, könnte aber vielleicht dazu führen, dass einmal nicht der Sekretär des Kanzlers oder Vertraute eines Landespolitikers zum Zuge kommt, welcher – dank dem Mangel einer Funktionsperiode – aufgrund seines jugendlichen Alters auf Jahrzehnte dort verbleiben wird.

Zwar ist schon klar: Im Verfassungsgerichtshof wird von den parteipolitisch zu ihrem Amt gekommenen Mitgliedern nicht Parteipolitik gemacht, wie man dies von politischen Gremien kennt. Dort wird juristisch argumentiert. Aber dass man *„mit einigem Geschick ideologische Zielsetzungen juristisch maskieren kann“*,[162] diese Binsenweisheit wird auch von einem Kenner wie dem früheren Präsidenten Ludwig Adamovich nicht geleugnet.

Deshalb muss man sich nicht nur bei der Bestellung, sondern auch bei der Entscheidungsfindung des obersten Staatsgerichtes mehr Transparenz wünschen. Dazu gehört die auch im Österreichischen Verfassungskonvent erörterte Frage, ob die in der Minderheit gebliebenen Gerichtsmitglieder ihre abweichende Meinung der Entscheidung beifügen dürfen (dissenting opinion) oder nicht. Würde die Veröffentlichung von Minderheitsvoten zu weniger Kompromissbereitschaft der Richter führen? Mag sein. Dennoch scheint die Geheimnistuerei um die Beratung richterlicher und vor allem höchstrichterlicher Senate einer Demokratie nicht angemessen. Mit dem „Ansehen“ eines Gerichtes hat dies jedenfalls nichts zu tun. Denn man darf doch annehmen, dass dort keine Argumente vorgebracht werden, die eines höchstrichterlichen Senates nicht angemessen wären. Die Geheimhaltung von Auffassungsunterschieden mag bei einer politischen Partei noch verständlich sein, die um ihr einheitliches Erscheinungsbild bei den Wählern fürchtet, ein Gericht sollte hingegen kein Imageproblem haben, wenn die Mitglieder eines Senates unterschiedlicher Auffassung sind.

Eine Transparenz der Entscheidungsfindung würde insbesondere im Gesetz- und Verordnungsprüfungsverfahren dem Normgeber deutlicher die entweder für eine Reparatur oder eine Weiterentwicklung der Norm zu beachtenden Perspektiven und Grenzen vor Augen führen als die bloße Begründung des bestätigenden oder aufhebenden Erkenntnisses. Wenn aber die Verfassungsgerichtsbarkeit *„Ausdruck und Ausgleich des Misstrauens zwischen den großen politischen Lagern“*[163] war und angesichts der peniblen politischen Zuordnung ihrer Mitglieder offenbar auch heute noch ist, wäre es umso wichtiger die Argumente aller an einer Entscheidung beteiligten Mitglieder zu kennen, um nicht hintennach unter dem Siegel der Verschwiegenheit erforschen zu müssen, warum der oder die so oder so entschieden hätten. Dies könnte auch zu einer Versachlichung der grundsätzlich durchaus zulässigen Kritik an höchstgerichtlichen Urteilen beitragen.

Eines sollte aber in jedem Fall als Maßstab der richterlichen Organisation eines Staates gelten: Richter haben Menschen von hoher fachlicher, vor allem aber moralischer Qualität zu sein, die den Menschen, die vor ihnen erscheinen (müssen), Empathie entgegenbringen und jedweder auch subtiler Beeinflussung durch andere Staatsorgane zu widerstehen vermögen. Jobhopping zwischen Politik und Gericht wird diesem Anspruch nicht gerecht. Nur Richter, die sich jedweder Parteinahme enthalten, werden – im Ernstfall – mit ihren Urteilen Anerkennung finden. Die richterliche Organisation eines Staates erfordert daher nicht nur die Garantie der Anerkennung und Durchsetzung gerichtlicher Entscheidungen, sondern auch eine effektive und ebenso unabhängige Auswahl und Kontrolle.

Der zuständige Ausschuss des Österreich-Konvents, dem neben Wissenschaftlern auch die Präsidenten der drei Höchstgerichte angehört haben, hätte das Potenzial gehabt, die Debatte hierüber zu vertiefen und noch viel mehr zur Realisierung dieser Erfordernisse beizutragen. Das enge Zeitkorsett, eine Reihe tagespolitisch motivierter Debatten wie die Weisungsgebundenheit der Staatsanwälte oder die Zahl der Bezirksgerichte und der Bedarf nach einem baldigen Ergebnis verhinderten dies. Ein für den Konvent typisches Schicksal, hier aber wegen der Bedeutung der Angelegenheit und der Kompetenz der Mitglieder besonders bedauerlich.

(150) Art. 91 B-VG

(151) Vgl. Manfred Burgstaller: Juristische Blätter. 2006, 70 ff

(152) Herzog, Staat, 158

(153) Salzburger Nachrichten, 27.11.1982

(154) Vgl. Karl Albrecht Schachtschneider: Prinzipien des Rechtsstaates. Berlin 2006, 216

(155) Karl Korinek: Betrachtungen zur österreichischen Verfassungsgerichtsbarkeit. In: Festschrift für Ludwig Adamovich. Wien 1992, 257

(156) Gerhart Holzinger: Verfassungsrechtliche Fragen der Bundesstaatsreform. In: Festschrift 60 Jahre Verbindungsstelle der Bundesländer. Wien 2011, 273

(157) Günther Winkler: Wertbetrachtung im Recht und ihre Grenzen. Wien 1969, 46 f

(158) Z. B. Der Standard, 26.6.2002

(159) Manfried Welan: Der Verfassungsgerichtshof – eine Nebenregierung? In: Heinz Fischer (Hg.): Das politische System Österreich. Wien 1982, 271 ff

(160) Ludwig Adamovich: Erinnerungen. Wien 2011, 115

(161) Ernennungsstreit zwischen Bundespräsident Klestil und SP-Klubobmann Fuhrmann anlässlich der Ernennung der Richterin Lisbeth Lass, Die Presse, 8.3.1994

(162) Adamovich, Erinnerungen, 81

(163) Welan, Verfassungsgerichtshof, 282

3. Die Politik und ihre Praxis

3.1. „Und's is alles nicht wahr"

Die Politiker

„Eine Lüge ist schon um die halbe Welt gegangen, während sich die Wahrheit noch die Schuhe bindet."
(Mark Twain)

Eine – wohl zu schwierige – Einstiegsfrage für die beliebte Millionenshow: Ordnen Sie die folgenden Sätze aus ihren Parteiprogrammen zum Thema „Freiheit" den politischen Parteien in der Reihenfolge ihrer parlamentarischen Stärke zu, also SPÖ–ÖVP–FPÖ–Grüne.

a) Die freie Entfaltung der Persönlichkeit in einem selbstbestimmten Leben und der Schutz der persönlichen Freiheit sind für uns vorrangige Ziele.

b) Individuelle Freiheit und solidarische Verantwortung bedingen einander insofern, als nur dann individuelle Lebensentwürfe umgesetzt werden können, wenn gemeinsam die notwendigen gesellschaftlichen und sozialen Rahmenbedingungen sowie natürlichen Lebensgrundlagen sichergestellt werden.

c) Die Freiheit des bzw. der Einzelnen ist für uns die Voraussetzung für die Freiheit aller in der Gesellschaft.

d) Unser Freiheitsbegriff wurzelt in einer idealistischen Weltanschauung und sieht den Menschen nicht auf seine materiellen Bedürfnisse beschränkt. Die Freiheit des Einzelnen findet ihre Grenzen in der Beschränkung der Freiheit des Mitbürgers.

Haben Sie es gewusst, ohne nachzuschauen?(164)

Liest man diese Sätze, die ganz typisch für die Formulierungen in den Parteiprogrammen sind, so könnte man den Eindruck gewinnen, dass in den politischen Lagern weitgehend Friede und Einigkeit über die grundlegenden Fragen der Politik herrscht und nur die konkrete Umsetzung mitunter zu Meinungsverschiedenheit führt, die in einer nüchtern sachlichen Atmosphäre diskutiert und entschieden werden. Die Realität ist freilich eine andere.

„Gehrer ist ein Beispiel für politische Verkommenheit“, „Die SPÖ kann nicht wirtschaften“, „Die ÖVP ist eine rückgratlose Partei, der es nur um die Macht geht“, „Schüssel lügt, wenn er den Mund aufmacht“, „So angelogen wie durch die Sozialisten sind die Österreicher noch nie geworden“, „In der ÖVP gibt es eine genetisch bedingte bösartige Krebszelle, welche schreit: Wir wollen die ganze Macht“, „Gusenbauer steht für Misswirtschaft und Lügenpropaganda“, „Die Grünen sind eine Partei von realitätsverweigernden Multi-Kulti-Fanatikern“, „die FPÖ hat kein Programm außer Ausländerhass“, „Verzweifeltes Ablenkungsmanöver von der Pannenbilanz: Die Verleumdungen haben politische Methode“.

Das ist nur ein kleiner demonstrativer Ausschnitt aus der täglichen Giftküche der Parteisekretariate und Pressedienste. Während in Parteiprogrammen und bei gelegentlichen Festreden staatstragend die Einheit von Nation, Land oder Gemeinde beschworen wird, genieren sich maßgebliche Vertreter der den Staat, das Land repräsentierenden Parteien nicht, in einer ebenso inhaltslosen wie vulgären Art übereinander herzuziehen, die als Kindergarten zu bezeichnen eine unangebrachte Beleidigung der jungen Erdenbürger wäre.

Manchmal denke ich mir, ich kenne doch viele dieser Menschen, die solches von sich geben. Ich weiß, dass sie leidlich intelligent, urteilsfähig und mit klarem Blick ausgestattet sind und sehr wohl bei Parteifreunden wie auch bei politischen Gegnern zu unterscheiden wissen, was gescheit, vernünftig, sinnvoll und einer Sache dienlich ist und was nicht. Warum verhalten sie sich dann in ihrer politischen Tätigkeit so abartig, welche Konditionierung greift da Platz, wenn solch ein Parteimensch das parlamentarische Rednerpult erklimmt, seinen Mitarbeitern eine Presseaussendung diktiert oder einen Artikel schreibt? Dieses Verhalten erinnert ein wenig an Autolenker, die im normalen Leben die gängigen Höflichkeitsformen beachten, einander den Vortritt lassen, auf den anderen Rücksicht nehmen, kaum aber hinter dem Volant sitzend, sich rücksichtslos den Vorrang erzwingen, dem „gegnerischen“ Lenker den Stinkefinger zeigen usw. Sollte die Funktion in einer politischen Partei den Menschen ähnlich wie der Blechmantel eines Kraftfahrzeuges seiner Identität verlustig gehen lassen?

Man stelle sich vor, in der Wirtschaft, etwa zwischen den großen Lebensmittelketten, würde die Werbung nicht nur in der Anpreisung der eigenen Produkte, sondern zu einem wesentlichen Teil darin bestehen, den Konkurrenten vorzuwerfen, die Kunden durch überteuerte Waren von schlechter Qualität zu täuschen, um den eigenen Profit zu erhöhen. Kaum anzunehmen, dass die Konsumenten ausgerechnet einem der übereinander herziehenden Konkurrenten Glauben schenken würden. Sie würden vielmehr all diese Firmen als Halsabschneider ansehen und den Kauf ihrer Produkte so weit wie nur möglich meiden.

In der Politik kann man die Bevölkerung nach ihrer Reaktion auf derlei Verhaltensmuster in drei Gruppen teilen. Da gibt es die immer kleiner werdende Zahl jener, die in den Verantwortlichen der eigenen Partei lauter Menschen sehen, die nur das Beste für den Staat und seine Bürger im Auge haben und Tag und Nacht nicht ruhen, sich für ihre Mitmenschen einzusetzen, während die politischen Gegner nur in die eigene Tasche arbeiten und den Staat und die Gesellschaft um ihres Vorteils willen schädigen.

Die zweite wesentlich größere Bürgergruppe sagt sich, dass es jedweder Vernunft oder Alltagslogik widerspräche, wenn in der einen Partei lauter Lichtgestalten und in den anderen lauter boshafte Dumpfbacken vertreten sein sollten. Zwar verstehen auch diese Skeptiker, dass man mehr „rechts“ oder „links“ sein kann, aber sie glauben solche Sätze nicht, wie dass alle in einer Partei nicht wirtschaften können, nicht ehrlich sind, nichts für das Land tun, die Republik verraten und verkaufen. Da sie solche Sprüche aber aus allen und über alle Parteien hören, ziehen sie den verständlichen, für die Demokratie allerdings letalen Schluss, dass alle Repräsentanten der politischen Parteien so sind, wie sie es voneinander in der Werbung behaupten, nämlich faule, egoistische und in anderen Berufen meist erfolglose Taugenichtse, nur darauf aus, sich die eigenen Taschen vollzustopfen und die Bürger über ihre wahren Absichten hinters Licht zu führen.

Schließlich gibt es noch eine, freilich zu kleine Gruppe von Bürgern, die sich den Blick dafür bewahrt hat, wie die Dinge wirklich sind. Sie wissen, dass Politiker nicht besser, aber auch nicht schlechter sind als der Durchschnittsmensch, der seinen Job gut machen möchte, um beruflich weiterzukommen, Erfolg zu haben und Geld zu verdienen. Solche Bürger wissen aber auch, was von den aus Politikermund wahrzunehmenden Aussagen zu halten ist, dass es ausschließlich um das Wohl des Staates oder des Landes, keinesfalls aber um Vorteile für die eigene Partei oder gar persönliche Interessen gehe.

Man denke nur an die den Spitzenkandidaten vor Wahlen oft gestellte Frage, mit wem man nach der Wahl eine Regierung bilden wolle. Meist kriegt man darauf die Selbstverständlichkeit zu hören, dass zunächst die Wähler am Wort seien, aber dann kommen Aussagen wie, dass man sich ausschließlich davon leiten lassen werde, was für das Land das Beste ist, und dass jedenfalls parteipolitische oder persönliche Motive keinerlei Rolle spielen würden. Nicht selten beteuert so ein Parteiobmann oder eine Spitzenkandidatin auch, dass er/sie sich mit solch einer Frage überhaupt erst nach Vorliegen des Wählervotums zu beschäftigen gedenke.

„Und's is alles nicht wahr, und's is alles nicht wahr!" möchte man mit Johann Nestroy antworten. Leider gibt es bei uns keine Journalisten, die auf solche Äußerungen mit der Frage reagieren: *„Wer soll Ihnen eigentlich glauben, was Sie da sagen?"* Denn ein Parteiobmann, der nicht längst vor der Wahl alle nur erdenklichen Wahlausgänge auf die sich daraus ergebenden Erfolgsmöglichkeiten untersucht hätte, auch wenn er dies vor der Öffentlichkeit geheim hält, um potentielle Wähler nicht zu vergraulen, ein solcher Parteiobmann müsste wegen mangelnder Eignung von seiner Partei unverzüglich abgesetzt werden.

Das Streben der politischen Parteien nach der Macht im Staat würde von der Allgemeinheit wohl leichter durchschaut werden würde, wenn sie sich über den Inhalt des Begriffs „Politik" im Klaren wäre.

Während etwa die englische Sprache für Politik als Gestaltung, als Machtausübung und als rechtlichen Rahmen mit „policy", „politics" und „polity" drei Wörter kennt, vermeint die deutsche Sprache mit einem einzigen das Auslangen zu finden. Der Politologe Anton Pelinka stellt dies sehr anschaulich anhand der weit verbreiteten Auffassung dar, *„die Schule darf nicht verpolitisiert werden"*.[165] Dieser Satz kann sich einerseits gegen direkte oder indirekte Einflussnahmen der politisch Mächtigen wenden, etwa in der Form der Lehrer- und Direktorenbestellung oder der Steuerung der Lehrinhalte im politischen Interesse, er kann aber ebenso meinen, dass die politisch Verantwortlichen sich der Vorschläge zur Reform oder Weiterentwicklung des Schulwesens am besten enthalten und solches den „Experten" überlassen sollten. Die mangelnde Unterscheidung zwischen dem – laut Pelinka – im ersten Fall „engen" und im zweiten Fall „weiten" Politikbegriff führt unter anderem dazu, dass die Mehrheit der Österreicher bei Umfragen seit Jahren die Meinung vertritt, *„Experten und nicht die Regierung sollen entscheiden, was für das Land das Beste ist"*.[166] Dass damit auch das demokratische Prinzip in Frage gestellt wird, weil „Experten" weder vom Volk gewählt noch kontrolliert werden, fällt offenkundig nicht weiter auf.

Die Differenzierung von Politik als reiner Machtausübung und Politik als diskursiver Gestaltung des Gemeinwesens liegt naturgemäß nicht im Interesse der Politikerkaste. Besonders in Wahlkampfzeiten, vor allgemeinen Wahlen, Volksabstimmungen usw. wächst die Lust der Parteien, die eigenen Personen und Ideen zum unabdingbaren Staatsinteresse hochzustilisieren und jene der anderen damit herabzusetzen. Der Wiener Bürgermeister Michael Häupl hat Wahlkämpfe einmal als „Zeiten fokussierter Unintelligenz" bezeichnet und damit amüsierten Beifall eingeheimst. Aber wenn Häupl recht hat – er hat es offenkundig –, heißt dies nichts anderes, als dass gerade dann, wenn die wichtigste Entscheidung der Bürger über die künftige Gestaltung des Gemeinwesens ansteht, die Intelligenz Pause macht. Etwas Schlimmeres kann man einem demokratischen System kaum nachsagen.

Zum Konflikt zwischen Politik als ideologisch-weltanschaulich verbrämter Machtfunktion und als gestaltender Ordnungsfunktion menschlichen Zusammenlebens kommt auch noch der Kaufkraftverlust politischer Ideologien hinzu. Im Gefolge der Freiheitsbestrebungen des ausgehenden 18. und 19 Jahrhunderts sollte die Gesamtheit des Volkes die Werte-Herrschaft übernehmen. So entstand eine mosaikartige Vielfalt politischer Ideale und Vorlieben. Fand eine große Gruppe der proletarischen Massen ihre Heimat in der Sozialdemokratie, so organisierten sich andere in den Sammelbewegungen der Kirchen und Religionsgemeinschaften. Gemäß der durchaus nicht homogenen Gliederung des Volkes bildeten sich soziale Gemeinschaften, die man als „Politbiotope“ bezeichnen könnte. In den Industrieregionen fanden sich sozialdemokratisch bewegte Menschen in den ihnen von der Unternehmung, der Kommune oder der Partei zur Verfügung gestellten Kultur-, Sport- und Volksbildungseinrichtungen zusammen. In den bäuerlich oder städtisch bürgerlichen Bezirken hingegen dominierten Einrichtungen der Kirche, der religiösen Verbände und der beruflichen Stände. Die politische Linke traf sich beim 1.-Mai-Aufmarsch oder im Volksheim, die Rechte bei kirchlichen Feiern oder in Studentenbuden. Der Tauschhandel der politischen Macht erfolgte auf der Basis von Wertehaltungen mit nur geringen Kursschwankungen.

Seit den 70er Jahren des vorigen Jahrhunderts ist ein dramatischer Kaufkraftverlust dieser ehedem stabilen Währungseinheiten eingetreten. Die Bürger und insbesondere die jüngeren Jahrgänge sehen in den politischen Parteien nicht mehr ihre weltanschauliche oder gesellschaftliche Heimat, die man kraft Geburt oder Herkunft erworben hat und der man – von Ausnahmefällen abgesehen – ein Leben lang die Treue hält, sondern Produktanbieter, von denen sie sich die günstigst mögliche Befriedigung der an die Allgemeinheit gerichteten Wünsche erwarten. Zwar machen die Politbiotope nach wie vor einen nicht unwesentlichen Teil des gesellschaftlichen Lebens aus. Immer noch sind sie Quelle politischen Nachwuchses und politischer Sozialisation. Aber ihre Austrocknung schreitet unablässig fort. Dies lässt sich bei Wahlen ablesen, die auch in Arbeiterwohnvierteln oder Bauerndörfern, ehemals typisch linke oder rechte Hochburgen, recht durchwachsene Ergebnisse bringen. Bei der Nationalratswahl 2008 haben laut übereinstimmender Meinungsforschung weniger als die Hälfte der Wähler zum zweiten Mal hintereinander die gleiche Partei gewählt.

Die politischen Parteien verhalten sich angesichts des fallenden Kurses ihrer politischen Ideale wie manche Notenbanken. Sie versuchen denselben künstlich hochzuhalten. Drei Beispiele mögen dies veranschaulichen:

Schulpolitik: Die eine Seite kämpft um Chancengleichheit aller, auch der Ärmsten in der Bildung, der anderen Seite ist es um ein höchstmögliches Bildungsniveau zu tun.
„Gesamtschule der Zehn- bis Vierzehnjährigen" und „Gymnasien müssen bleiben" sind die bald gefundenen Schlagworte, um nur ja für die angesprochene Wählerschar das Trennende vor das Gemeinsame zu stellen.

Steuerpolitik: Die eine Seite meint, dass Arbeit zu viel, Kapital zu wenig zu den Staatserfordernissen beitrage, die andere Seite vermutet einen Anschlag auf die von ihr vertretenen Gewerbe- und Landwirtschaftsbetriebe. Schnell sind plakative Aussagen zur Hand wie „Die Reichen sollen zahlen" oder „Anschlag auf die Häuslbauer" und schon weiß jeder, wogegen, allerdings nicht wofür man sein sollte.

Sicherheitspolitik: Die einen meinen, dass die derzeitige Ausbildung junger Soldaten unzureichend sei und deshalb ein kleines Berufsheer vorzuziehen wäre. Die anderen sehen dabei den Katastrophenschutz gefährdet. Mit Abschaffung und Beibehaltung der Wehrpflicht sind flugs gegenteilige Positionen bezogen und das Volk aufgerufen, um diesen völlig überflüssigen parteipolitischen Machtkampf zu entscheiden. Was das Land wirklich im Interesse seiner äußeren und inneren Sicherheit braucht, spielt dabei kaum noch eine Rolle.

All den genannten und vielen gleichartigen Fällen ist der Versuch der politischen Verantwortungsträger immanent, ein Problem des Gemeinwesens – nein, nicht zu lösen –, sondern durch politisch-ideologische Verfremdung als Mittel zur Gewinnung oder Erhaltung der Macht einzusetzen. Gerade daran sind aber die Bürger in ihrer Mehrzahl nicht interessiert. Sie wollen nicht Politiker, die sich ideologieorientiert auseinander-, sondern sachorientiert zusammensetzen. Die Bürgerschaft ist – mit Ausnahme der immer weniger werdenden Parteigänger – nicht interessiert an Macht- und Funktionsträgern, die in der von ihnen nach der Verfassung zu leistenden Sacharbeit ihre parteiideologischen Überzeugungen missionarisch zu verwirklichen trachten. Sie will vielmehr Menschen, die – gewiss aufgrund individueller Erfahrung, Bildung und auch weltanschaulich-politischer Sozialisation – das für ein Gemeinwesen Beste zu leisten trachten. Der empirische Beweis für diese Behauptung lässt sich anhand der Wahlergebnisse leicht führen. Es gewinnen insbesondere bei kommunalen, regionalen, aber auch staatlichen Wahlen immer jene Politiker, die die Menschen davon überzeugen können, dass ihnen nicht nur an der eigenen Ideologie gelegen ist, sondern dass sie auch im Interesse jener arbeiten, die nicht mit ihren politischen Idealen übereinstimmen.

Um dieses Gleichgewicht zwischen Politik als Machtausübung und Gestaltung im Interesse der Allgemeinheit herzustellen, bedarf es inhaltlicher, formeller und personeller Voraussetzungen. Inhaltlich müsste eine nicht nur an Parteienmacht und -pragmatik orientierte Politik gemeinschaftliche, überparteiliche Ziele bestimmen. Deshalb scheint mir die verfassungsgemäße Verankerung von Staatsaufgaben und Staatszielen für ein Staatswesen des 21. Jahrhundert unabdingbar. Es kann erwartet werden, dass es in vielen, wenn nicht in den meisten Bereichen möglich ist, einen weitgehenden Konsens der Bürgerschaft über solche Ziele zu erlangen, vorausgesetzt dass die politisch Verantwortlichen darauf verzichten, aus Machtüberlegungen diese Entscheidungsfindung zu polarisieren. Sowohl für das Ziel der bestmöglichen Ausbildung aller junger Menschen als auch für eine so gerecht wie mögliche Lastenaufteilung bei öffentlichen Steuern und Abgaben sowie auch für die optimale Besorgung von Landesverteidigung und Katastrophenschutz sollten sich klare Mehrheiten finden lassen. Gewiss, bei den aufgrund dieser Ziele zu treffenden Maßnahmen wird es dann unterschiedliche Auffassungen geben (müssen). Aber bei klar definierten Zielen sollte es leichter möglich sein, konsensuale Wege zur Erledigung der daraus entstehenden Aufgaben zu finden.

Im formellen Bereich hätte die politische Gestaltung mit größtmöglicher Transparenz vonstattenzugehen. In einem Land, in dem das Amtsgeheimnis ein Verfassungsgebot ist[(167)] und man unter Hinweis auf den „Datenschutz" alles nur irgend Mögliche zu vertuschen trachtet, gewiss kein leichtes Unterfangen. Doch nur die transparente Diskussion der politischen Lösungsmöglichkeiten im Rahmen definierter Ziele ermöglicht es, die Richtigkeit der Argumente – auch im Nachhinein – zu prüfen.

Schließlich bedarf es im personellen Bereich einer Politikerkaste, die Politik nicht in erster Linie als Machtausübung, sondern als Dienst an der Allgemeinheit versteht. Das setzt eine sachliche und persönliche Unabhängigkeit voraus. Geeignet für ein politisches, vor allem ein regierendes Amt ist daher nur, wer bereit und in der Lage ist, jederzeit auch wieder in einen anderen Beruf zu wechseln, ohne eine gravierende Beeinträchtigung seiner Existenz in Kauf nehmen zu müssen, und wer nicht einer Partei, Kammer, Gewerkschaft oder einem Konzern gegenüber verpflichtet ist.

Der Weg zu mehr Sach- und weniger Machtpolitik kann sowohl normativ, etwa in Form transparenter Auswahl- und Entscheidungsvorgänge, als auch auf der Ebene öffentlicher Bewusstseinsbildung gegangen werden. Gefordert wären dabei die Rechts- und die Politikwissenschaft. Beide werden dem Anspruch, zu einer Reduzierung reiner Machtpolitik beizutragen, leider nur unzureichend gerecht. Die Rechtswissenschaft beschränkt sich mit wenigen Ausnahmen auf die Rechtsdogmatik, Rechtspolitik wird überwiegend als „unwissenschaftlich" vernachlässigt. Aber auch die Politikwissenschaft beschäftigt sich lieber mit deskriptiven Darstellungen der politischen Realität als mit neuen Vorschlägen, wie der Wille zur politischen Macht und das Bedürfnis nach sachgerechter politischer Führung in der Demokratie zum Besten der Allgemeinheit vereint werden kann. Ob es die Konzeption unserer „Spielregelverfassung" den Politologen verleidet, sich an der Bundesverfassung „abzuarbeiten"?[(168)] Letztlich bleibt nur, auf eine Zivilgesellschaft zu hoffen, die aufgrund ausreichender politischer Bildung die Dinge selbst in die Hand nimmt.

(164) c – a – d – b

(165) Pelinka, Grundzüge, 20 f

(166) Der Standard, 3.1.2002, S. 31

(167) Art. 20 Abs. 3 B-VG

(168) Tamara Ehs: Verfassungspolitologie. In: Journal für Rechtspolitik 19/2011, 3 ff

3.2. Die Partei hat immer recht

Die politischen Parteien

„Sie hat uns alles gegeben. Sonne und Wind und sie geizte nie.
Wo sie war, war das Leben. Was wir sind, sind wir durch sie ...
Die Partei, die Partei, die hat immer Recht!"
(Lied auf die Partie von Louis Fürnberg, 1950)

Schon für die Schöpfer der Österreichischen Verfassung war die Existenz politischer Parteien selbstverständlich. Im Jahr 1945 hat man die Österreichische Volkspartei, die Sozialisten und die Kommunisten als einzige antifaschistische und daher zur Führung des neuen Staates berufene politische Gruppierungen einfach festgestellt. Erst die noch im selben Jahr stattfindenden demokratischen Wahlen zum Bundesparlament und zu den Landtagen haben dieses Parteiensystem dann auch demokratisch legitimiert.

Das sonst so detailfreudige österreichische Recht enthielt keinerlei Bestimmungen darüber, wie eine politische Partei zustande kommt, wie sie agieren und wie sie – im Anlassfall – auch wieder aufgelöst werden könnte. Die großen Parteien ÖVP und SPÖ waren keine Vereine, keine öffentlich-rechtlichen Körperschaften. Und dennoch haben sie auch schon damals Förderungen bekommen, Geld für Werbung ausgegeben, Mitarbeiter beschäftigt, Lokale angemietet usw. Möglich war dies alles durch freundliche Zivilgerichte bis zum obersten, welche aus dem Umstand, dass die Parteien den Staat gegründet haben, messerscharf den Schluss zogen, dass sie Rechtspersonen sein müssten.(169) *„Sui generis"*, wie die Juristen zu sagen pflegen, wenn ihnen sonst nichts einfällt.

Erst im Jahr 1975 wurde dieser seltsame Rechtszustand beendet und ein Parteiengesetz geschaffen.(170) Dieses gab nunmehr sowohl den sogenannten „alten" als auch „neuen" Parteien Gelegenheit, als anerkannte Organisation ins Rechtsleben zu treten. Und so haben sich dann in der Folge auch viele Parteien nach dem Parteiengesetz registrieren lassen. Freilich nicht nur solche, die willens, geschweige denn in der Lage wären, sich tatsächlich bei allgemeinen Wahlen zu bewerben. Das Register der aufgrund des Parteiengesetzes eingetragenen politischen Parteien liest sich wie der Anhang einer wissenschaftlichen Untersuchung über die politische Psyche von Herrn und Frau Österreicher. Da gibt es nicht nur alle politischen Richtungen von der Nationaldemokratischen Partei bis zur Gruppe Revolutionärer Marxisten. Als Parteien registriert wurden die Nichtwählerpartei Österreichs ebenso wie die Teuflische Aktion oder die Rebellen von Liang Shan Po. Aber auch so geschmackvolle Gruppen wie die Initiative Haschisch Legal, das Komitee zur Verteidigung der Gesellschaft gegen den Staat oder die Partei für sexuelle Ausschweifungen haben nach dem Parteiengesetz ihre Satzungen beim Innenministerium hinterlegt.

„Schuld" an dieser Parteieninflation sind die sehr vereinfachten Bedingungen, die man für die Gründung einer politischen Partei erfüllen muss. Es ist noch allemal schwieriger, in Österreich einen Gewerbebetrieb anzumelden, Veranstaltungen abzuhalten oder auch nur auf eigenem Grund und Boden einen Hügel zu errichten, als eine politische Partei zu gründen. Denn der Gesetzgeber hatte die Absicht, möglichst vielen Organisationen die Ausübung des Verfassungsrechts auf politische Betätigung zu gestatten. Dies kommt in den dürftigen Bestimmungen zum Ausdruck, die bei der Gründung einer Partei eingehalten werden müssen.(171) Inhaltlich ist bemerkenswert, dass auch das neue Parteiengesetz aus 2012 Beschränkungen der Parteientätigkeit lediglich durch Verfassungsbestimmungen erlaubt.(172) Da das Nationalsozialisten-Verbotsgesetz Verfassungsrang hat, ist somit zwar eine Neonazipartei von der Registrierung nach dem Parteiengesetz ausgeschlossen, nicht aber etwa eine Partei, die die Übertretung anderer Normen ohne Verfassungsrang als Ziel angibt. Diese müsste registriert werden und erst wenn sie sich tatsächlich im Sinne ihres Parteiprogrammes betätigen sollte, würde der Staatsanwalt in Aktion treten. Manche vertreten daher auch die Ansicht, dass eine in Österreich registrierte Partei keine „demokratische Binnenorganisation" benötige und somit in ihren Statuten auch festlegen könne, dass der Parteigründer auf Lebenszeit ohne Wahl Vorsitzender mit alleinigem Entscheidungsrecht sein soll.[173]

Als wesentliche Funktionen einer politischen Partei im demokratischen Staat gilt die Ausübung der staatlichen Willensbildung.[174] Die politischen Parteien sind berufen, sich beim Volk um demokratische Zustimmung zu bemühen und als gewählte Parteien personelle Vorschläge für die Ausübung staatlicher Funktionen zu erstatten. Eine weitere Funktion politischer Parteien ist die Organisation der politischen Meinungsbildung. Das würde voraussetzen, dass die Entscheidungen der Parteigremien tatsächlich auf demokratischen Weg erfolgen. Wenn ein Parteichef allerdings lediglich aufgrund von Konsultationen mit einigen wenigen Spitzenfunktionären Entscheidungen trifft, reduziert sich das Mitspracherecht der Parteimitglieder auf die formelle Bestätigung dieser Entscheidungen. Die Parteitage politischer Parteien zeigen dies recht oft. Im Mittelpunkt solcher Events steht die Wahl des Parteiobmannes bzw. die Designierung des Spitzenkandidaten für die nächste allgemeine Wahl, verbunden mit einer entsprechenden öffentlichen Inszenierung. Die Entscheidung selbst ist zu diesem Zeitpunkt längst von einigen Spitzenleuten getroffen und der Öffentlichkeit bereits kommuniziert worden. Gibt es in seltenen Fällen tatsächlich einmal eine Kampfabstimmung auf einem Parteitag, so gilt dies eher als ein Zeichen gefährlicher Erosionserscheinungen dieser Partei als einer praktizierten innerparteilichen Demokratie.

Maßgeblich dafür ist das Bestreben – oder wohl richtiger gesagt: der Zwang –, jegliche, in größerem Kreis getroffene Parteientscheidung für die Öffentlichkeit transparent zu gestalten. *„In einer großen Partei geht es darum, im Inneren den Ausgleich zu finden. Außen gegen die eigene Partei zu stimmen, führt zu Verletzungen, die nicht mehr heilen!"*,[175] so der sozialdemokratische Ex-Minister und Parteiintellektuelle Caspar Einem. Wenn aber die Willensäußerungen „im Inneren" erfolgen müssen, um Irritationen zu vermeiden, dann können sie nicht mehr durch Parteiorgane getroffen werden, die nach heutiger politischer Sitte transparent agieren müssen. Daher werden auf Parteikongressen gestellte Anträge, soweit sie nicht vom Parteivorstand als „Leitanträge" vorgegeben wurden, schon im Hinblick auf das öffentliche Erscheinungsbild oft an höhere Parteigremien weiter verwiesen. Kontroversielle Wortmeldungen bleiben jenen Delegierten vorbehalten, deren geringe Stellung in der Parteihierarchie keine „Verletzungen" entstehen lässt, während die Entscheidungsträger zu dieser Zeit meist bei angeregten Gesprächen im Foyer oder am Büfett ihren politischen Tagesgeschäften nachgehen. Die Rechte eines Parteitagsdelegierten, an Entscheidungen mitzuwirken, sind somit denen eines Kleinaktionärs eines Konzerns nicht unähnlich. Sie existieren zwar in der Satzung, kaum aber in der Praxis.

Abgesehen von dieser Rücksichtnahme auf mediale Zwänge macht sich darin auch eine gar nicht so seltene Einstellung mancher Politiker zur Bürgerpartizipation bemerkbar. In der Produktion „Beim Gusenbauer" im Wiener Rabenhoftheater hieß es humoristisch: *„Kummt wos von der Basis, waaß i, dass a Sch... is."* Diese Einstellung, die durch den „Gesudere-Sager" des Kurzzeitkanzlers allgemein bekannt wurde, ist keinesfalls auf Alfred Gusenbauer oder die SPÖ beschränkt. In vielen Parteien scheint die Meinung vorzuherrschen, dass man wichtige personelle oder sachliche Entscheidungen nicht der Basis vorbehalten dürfe, sondern im kleinen Kreis der „Wissenden" entscheiden müsse. Das im Sinne des Soziologen Robert Michels „eherne Gesetz der Parteienoligarchie" könnte nur durchbrochen werden, wenn die Parteien den Mut aufbrächten, wichtige Angelegenheiten ohne Rücksichtnahme auf Kommentare der medialen Öffentlichkeit oder der Mitbewerber nach entsprechender Diskussion von der „Basis" entscheiden zu lassen. Die eine oder andere unglückliche Personal- oder Sachentscheidung, die „beratungsresistente" Politiker in der einsamen Höhe ihrer Position getroffen haben, wäre ihrer Partei und der Bürgerschaft erspart geblieben, hätte man die Stimmung der „Basis" erkundet, anstatt „Führungsstärke" unter Beweis zu stellen.

Die großen politischen Parteien haben die österreichische Gesellschaft durch Jahrzehnte weit über die Politik hinaus noch in anderer Weise beherrscht. Wie der überkochende süße Brei im Märchen haben sie sich über alle Lebensbereiche ergossen. War es in der Ersten Republik vor allem noch das Bestreben, im Interesse der eigenen Sicherheit einem – auch militärisch organisierten – Lager anzugehören, bestimmten nach 1945 die sympathischeren Bedürfnisse nach Wohlstand und Freizeit die Parteimitgliedschaften. Man betrieb – je nach politischer Ausrichtung – Sport in der Union oder im ASKÖ, versammelte sich als Jugendlicher bei der Jungen ÖVP oder den Kinderfreuden, besuchte die ÖVP- oder SPÖ-Seniorenklubs und hatte sein Geld bei einer von den Schwarzen oder Roten dominierten Bank veranlagt. Selbst neue Organisationen wie die seit den 50er Jahren mitgliederstarken Autofahrerklubs waren in einen eher bürgerlichen ÖAMTC und in einen eher sozialistischen ARBÖ geteilt. Dass man auch den Rundfunk zwischen Schwarz und Rot teilte, passt in dieses Bild. Es entwickelte sich daraus ein personeller Gleichklang zwischen politischen und gesellschaftlichen Organisationen. Der oppositionelle Wiener Stadtpolitiker Erhard Busek hatte immer die Lacher auf seiner Seite, wenn er in Wahlreden darauf hinwies, dass der in Wien für das Kanalwesen zuständige amtsführende SPÖ-Stadtrat gleichzeitig auch Präsident des Arbeiterfischerverbandes war.

Diesen starken Einfluss auf die Gesellschaft verdanken die Parteien ihrer Möglichkeit, den Interessen der von ihnen beherrschten Organisationen mit ihrer politischen Macht dienen zu können. Mit dem Aufkommen bzw. Stärkerwerden neuer politischer Gruppierungen und der damit einhergehenden Wählermobilität begann sich diese Verflechtung öffentlicher und privater Interessen langsam aufzuweichen. Denn einerseits hatten neue politische Parteien, die nicht über eine vergleichsweise Organisationskraft verfügen, großes Interesse, diese Zusammenhänge zu bekämpfen.

Auf der anderen Seite mussten die Parteien zur Kenntnis nehmen, dass längst nicht mehr alle Mitglieder ihrer parteinahen Freizeit- oder Sportvereine ihnen am Wahltag auch ihre Stimme geben werden. So kommt es, dass sich die Seniorenorganisationen großer Parteien zwar über einen beachtlichen Zuspruch an Mitgliedern freuen dürfen, die ihre preisgünstigen Wellness- oder Freizeitangebote zu schätzen wissen, aber in Wahlkämpfen, wenn es darum geht, einen Vertreter ihrer Generation auf einen wählbaren Platz zu bringen, enttäuscht feststellen müssen, dass ihre Mitglieder nicht das erhoffte Interesse für ihr politisches Vorhaben aufbringen.

Denn obwohl Österreich noch immer zu den Ländern mit der, gemessen an der Bevölkerung, höchsten Anzahl an Parteimitgliedern gehört, haben politische Parteien einen äußerst schlechten Ruf. Diese Einstellung der Bevölkerung, aber auch der Politiker selbst, kann man mit dem Begriff „Schizophrenie des Parteienstaates" skizzieren. Während die Existenz politischer Parteien in jedem Schulbuch für politische Bildung als unabdingbare Voraussetzung der Demokratie bezeichnet wird, werden bei Nationalrats- oder Landtagswahlen Plakate affichiert, auf denen nur der Spitzenkandidat zu sehen ist, während ihre Partei nur im Kleingedruckten aufscheint – so sie nicht überhaupt schamhaft verschwiegen bleibt. Da werden für die laut Verfassung von den Parteien vorzuschlagenden politischen Funktionen Parteilose als besonders geeignete Kandidaten präsentiert. Und dann verkündet ein solches Mitglied einer Landes- oder Bundesregierung schon einmal selbstbewusst, *„mit Parteipolitik nichts zu tun haben zu wollen"* – und vergisst offenkundig in diesem Moment, dass es nie in dieses Amt gekommen wäre, wenn es nicht von einer politischen Partei nach den Bestimmungen der Verfassung vorgeschlagen und gewählt worden wäre.

Ich habe einmal in einem Zeitungsinterview gemeint, wenn man sich nur mehr dann um eine öffentliche Funktion erfolgreich bewerben dürfe, wenn man keiner Partei angehört, müsse man über den Sinn unserer Parteiendemokratie nachdenken.[176] Warum soll die Nichtdiskriminierung wegen Religion, Geschlecht oder sexueller Neigung zum selbstverständlichen nationalen wie übernationalen

Rechtsbestand gehören, ein Diskriminierungsverbot für Parteimitgliedschaft aber „zynisch oder naiv" sein? [177]

Wie konnte es zu dieser Schizophrenie eines Parteienstaates kommen, der zwar Parlament und Regierung den politischen Parteien überlässt, dessen Öffentlichkeit aber eben diesen Parteien negativ oder sogar feindlich gegenübersteht? Der Krankheitskeim dieses schizophrenen Verhaltens liegt im Parteienbegriff selbst. Heute sind sich alle sogenannten Demokraten bewusst, dass Partei in einer Demokratie anders als in den faschistischen und kommunistischen Schreckensregimen immer nur der Teil eines Ganzen sein kann. Die Überzeugung der Parteileute, dass die (ihre) Partei immer „recht" habe, straft aber dieses Bewusstsein Lügen. Gewiss redet niemand mehr wie Louis Fürnberg und die Stalinisten. Stattdessen tönt es heute aus Politikermund: *„Wir sind die Einzigen, die …"* oder *„Die anderen Parteien sind sich nicht bewusst, dass …"* oder *„Nur von uns darf sich der Wähler erwarten …"* Weil diese quasireligiöse Einstellung in einer zunehmend säkularisierten Gesellschaft auf immer weniger Gegenliebe stößt, distanziert man sich gegebenenfalls aus wahltaktischen Gründen von der eigenen Partei und gibt sich überparteilich, freilich in dem sicheren Wissen, nach parlamentarisch- demokratischem System von seiner Partei, wenn es darauf ankommt, in sein Amt berufen zu werden.

Einen Ausweg aus diesem Dilemma gibt es nur dann, wenn wir die alt vertrauten Begriffe einer politischen Partei über Bord werfen und neue, zeitgemäße kreieren. Wir brauchen heute weder eine politische Dominanz über Freizeit-, Sport-, Lebensabschnitts- oder Selbsthilfevereine noch eine Trägerschaft politischer Bewegungen, die angesichts technokratischer und globaler Sachzwänge ohnedies ihre beste Zeit hinter sich haben. Schließlich können unsere Parteien – wie Anton Pelinka [178] zutreffend vermerkt – angesichts der EU-Erweiterung auch nicht mehr die Illusion aufrechterhalten, unbegrenzt über die Zukunft der österreichischen Gesellschaft zu befinden.

Den für eine lebendige Demokratie dringend nötigen zivilgesellschaftlichen Diskurs zu organisieren, erweisen sich die herkömmlichen

Parteien weitgehend als ungeeignet. Denn die für einen solchen Diskurs nötige Transparenz, Flexibilität und Empathie verträgt sich nicht mit einem Apparat, der mit allen Mitteln den Anspruch auf die Macht in den staatlichen Institutionen anstrebt. Dieser politische Machtanspruch verhindert übrigens obendrein eine saubere Trennung der Staatsfunktionen Gesetzgebung und Vollziehung – im Gegenteil, er bedroht sogar die Unabhängigkeit der Rechtsprechung. Die Parteien müssten daher auf ihre eigentliche und für eine Demokratie unumgängliche Aufgabe reduziert werden. Wenn Menschen miteinander gemeinsame Aufgaben und Ziele verfolgen wollen, sind sach-, zweck- oder auch persönlichkeitsorientierte Gemeinschaften nötig. Sie können die Kandidatur einer Einzelperson als besonders attraktiver Staatslenker zum Ziel haben, oder auch einer Gruppe. Sie können sachlich oder örtlich auf einzelne Bereiche beschränkt sein, auf ein Land, sogar auf eine Gemeinde. Solche Parteien kommen nicht in die Gefahr, immer „recht" haben zu müssen. Und ohne solche Parteien ist man nicht nichts, sondern man kann – entsprechendes politisches Talent oder Charisma vorausgesetzt – auch in einer anderen politischen Gruppe erfolgreich sein. Solche Parteien müssen als kandidierende Interessensgemeinschaften zwar mit einer gewissen Bindungswirkung ausgestattet sein, ohne die zielgerichtetes parlamentarisches Handeln in Sach- und Personalfragen nicht möglich ist. Deshalb muss aber die Zugehörigkeit zu einer solchen Fraktion oder wahlwerbenden Gruppe nicht den „charakter indelebilis" einer Religionsgemeinschaft annehmen, der man sich fürs ganze Leben weiht. Vielfach findet heute nämlich, wer seine Frau oder seinen Mann verlässt und sich einer(m) anderen zuwendet, mehr gesellschaftliche Akzeptanz und klarere rechtliche Regeln über Trennung und Wiederverheiratung vor als jemand, der die Partei wechselt. Die Rechtsordnung zeigt sich weitgehend hilflos gegen Fraktionsteilungen, Aus- oder Übertritte, wie einige prominente Fälle aus den letzten Jahren zeigen.

Was ist nötig? Ein Parteiengesetz, dass sich nicht so gut wie ausschließlich mit Parteispenden, Parteiförderung und deren Kontrolle befasst und mit einem neuen Verfassungsorgan, dem „unabhängigen Parteien-Transparenz-Senat“ die öffentliche Verwaltung vermehrt.Eines das nicht als Spielwiese für wunderliche Weltverbesserer oder wirre Chaoten dient, die ihr Ego durch eine Parteigründung aufzumöbeln suchen. Anstatt dessen sollten klarere Vorgaben für die nötigen Organisationsvorschriften einer Partei verlangt werden. Jeder Briefmarkensammelklub hat nach dem Vereinsgesetz strengere (rechtsstaatliche) Organisationsvorschriften einzuhalten als eine politische Partei nach österreichischer Gesetzeslage. Dieser sonst unüblichen Großzügigkeit des Gesetzgebers ist es zu „danken“, dass politische Parteien, die mit ihren gewählten Abgeordneten den Staat lenken, im internen Bereich nicht einmal das Mindestmaß eines rechtsstaatlichen Verfahrens einhalten müssen und etwa Parteiausschlüsse ärger als in mittelalterlichen Inquisitionsprozessen ohne jegliches Beweisverfahren verfügen können.

Der Gesetzgeber müsste auch klare Richtlinien der Parteien für den Fall einer Spaltung und nicht nur der Auflösung von Parteien verlangen. In diesem Zusammenhang wäre auch die komplizierte Unterscheidung von „Parteien“ und „Wahlparteien“ zu entsorgen, die außer der einschlägigen Juristenriege ohnedies kein Mensch begreift und die im neuen Parteiengesetz durch die Gleichstellung hinsichtlich der Transparenzregeln ohnedies weitgehend aufgehoben wurde. [(179)] Gewiss muss eine Partei auch außerhalb von Wahlzeiten als Organisation und somit als Trägerin von Rechten und Pflichten bestehen können. Aber wenn nach unserer Rechtsordnung jeder Hobbyfußballklub oder Gesangsverein bei der Vereinsbehörde Statuten einreichen muss, kann man dann von einer Personengruppe, die sich einer allgemeinen staatlichen Wahl stellt, nicht auch verlangen, dass sie sich als „Partei“ registrieren lässt?

Schließlich müsste eine Verfassungsnorm über Parteien ein Verbot der Diskriminierung wegen Parteimitgliedschaft enthalten. Niemand darf diskriminiert werden, weil er keiner Partei angehört, aber auch nicht wegen einer Parteimitgliedschaft.

Parteien sind als nützliche, auch notwendige Vereinigungen von Menschen in einzelnen demokratischen Entscheidungsprozessen anzusehen. Dass eine Partei immer „recht“ hat, daran glaubten wohl Menschen wie Herr Goebbels und Herr Stalin. Grund genug, es nicht zu tun.

(169) OGH-Entscheid vom 8.3.1947

(170) BG vom 2.7.1975, 404/1975

(171) § 1 Abs 4 Parteiengesetz 2012

(172) § 1 Abs 3 leg.cit. Vergleiche auch VfSlG 9648/1983

(173) Zu den Argumenten, die auch durch das neue Parteiengesetz nicht obsolet geworden sind: Manfred Stelzer: Innerparteiliche Demokratie. In: Festschrift Heinz Schäffer, 779

(174) So auch § 1 Abs. 2 Parteiengesetz

(175) Der Standard, 27./28.10.2007

(176) Salzburger Nachrichten, 25.6.2004

(177) Ö-Konvent, 12. Sitzung, 25.6.2004

(178) Anton Pelinka: Vom Glanz und Elend der Parteien. Wien 2005, 93

(179) § 13 Parteiengesetz 2012

3.3. Und ewig grüßt das Murmeltier

Die Politikerbezüge

„Damit sie endlich lernen, sich zu schämen, teile ich Ihnen mit, dass ich im Jahre 1919 als Staatskanzler das ganze Jahr hindurch samt den Abgeordnetendiäten und allen sonstigen Einnahmen aus staatlichen Quellen nicht mehr als 65.000 Kronen bezogen habe."
(Abgeordneter Karl Renner am 22. Juni 1921 im NÖ Landtag gegenüber christlich-sozialen Abgeordneten)[180]

Die polemische Auseinandersetzung über Politikergehälter scheint genauso alt zu sein wie partnerschaftliche Beziehungskonflikte. Beide sind von unrealistischen Erwartungshaltungen, falschen Verdächtigungen und versuchten Täuschungsmanövern geprägt. Das war immer so und ist es auch heute, wenn sich die Politiker angesichts der Wirtschaftskrise wieder einmal einen Gehaltserhöhungsverzicht verordnen, während zeitgleich die Bürgermeistergehälter wegen drastischen Mangels an Gemeindeoberhäuptern angehoben werden müssen. Im demokratischen Staat bestimmt das Volk, was ihm seine Führung „wert" ist. Freilich nicht ganz, denn die Politiker sind es ja, die im Namen des Volkes ihre eigenen Gehälter und sonstige Benefizien festzulegen haben. Sie bemühen sich, dem Volk willfährig zu sein, von dessen Wohlwollen sie abhängen, und doch irgendwie auf eine für sie akzeptable Rechnung zu kommen. Das Ergebnis ist eine bezügerechtliche Hü- und Hott-Strategie, die der Qualität der Politik schadet, den Verwaltungsaufwand vermehrt und das Volk dennoch nicht zufriedenstellt.

Es ist schon klar: Wer mit seinem Einkommen knapp über der Mindestpension liegt, von der Arbeitslosenunterstützung lebt oder gerade mal 1.000 Euro netto monatlich am Gehaltskonto vorfindet, hat wenig Verständnis für Minister, Landesregierungsmitglieder oder

Abgeordnete, die das Zehnfache davon verbuchen können. Er wird dabei oft von populistischen Politikern – meist ohne Regierungsamt – bestärkt, die von einem *„verheerenden Signal für Pensionisten und Teilzeitbeschäftigte“* reden. Freilich steht gar mancher Minister oder Landeshauptmann ähnlich verdutzt vor der Tatsache, dass Vorstandsdirektoren großer börsenotierter Unternehmen, die bei ihm antichambrieren, gelegentlich durchaus das Vierzigfache eines Durchschnittsverdieners nach Hause oder sonst wohin tragen können. Unternehmen, an denen die öffentliche Hand beteiligt ist, dürften dabei besonders spendabel gegenüber ihren leitenden Mitarbeitern sein.(181) Wenn laut Bericht des Rechnungshofes vom Ende des Jahres 2011 64 Manager von Staatsunternehmen teilweise das Zwei- oder Dreifache des Gehalts des österreichischen Regierungschefs „verdienen“, könnte man auch von einem „verheerenden Signal“, und zwar für die Bedeutung der Politik im Land reden.

Journalisten nehmen mitunter eine zwiespältige Haltung zu dieser Problematik ein. In privaten Diskussionen vertreten sie die Auffassung, dass Politiker im Interesse des Staates angemessen zu bezahlen wären, um dann in ihre Redaktionsstuben zurückgekehrt, mit den Populisten mitzuheulen, die wieder einmal über „schamlose Politikergehälter“ herziehen. Schließlich trifft man damit den Publikumsgeschmack, der für ein wirtschaftlich geführtes Medienunternehmen nicht ganz unwichtig sein dürfte.

Die Ansichten der Österreicher zu Fragen der Politikergehälter sind gewissermaßen ein Spiegelbild der österreichischen Polit-Seele. Ein Politiker darf in Österreich materiell reich sein und wird dafür sogar noch verehrt. Aber er darf nicht von seiner politischen Hände Arbeit leben, denn das sind wir von alters her von der „Herrschaft“ nicht gewohnt. Der „Leider nein-Millionär“ der 70er Jahre des vorigen Jahrhunderts Hannes Androsch gehörte Zeit seines Politikerlebens zu den beliebtesten Regierungsmitgliedern. Ebenso wie man 30 Jahre später (wieder) einen Finanzminister verehrte, der mit einer Millionärin verheiratet ist und mit ihr gelegentlich auf südliche Inseln jettete, während seine Kollegen in grauen Amtsstuben verhandelten. Auch wer Waldbesitzungen im Ausmaß eines ganzen Tales sein Eigen nennt und gern im Porsche fährt, findet in Österreich als Politiker Anerkennung, wenn er die zu hohen Politikereinkommen geißelt. Und daher ist es auch kein Wunder, wenn das Volk an seine Politiker die selbstverständliche Erwartung hegt, dass sie in ihrem Amt zwar nur mit einem bescheidenen Durchschnittseinkommen besoldet werden, bei Festen und Veranstaltungen aber aus ihrer Privattasche für alle zahlen, hier der Musikkapelle und dort dem Wohltätigkeitsverein einen 100-Euro-Schein zustecken und sich benehmen als wären sie eine Wiedergeburt Ferdinand Raimunds Julius von Flottwell.

Besonders groteske Ausformungen dieser Haltung sind die allseits beliebten Ball- und Pokalspenden. Bei Amateursportwettbewerben finanziert man einen mehr oder weniger großen Pokal, auf dem man seinen Namen und seine politische Funktion eingravieren darf. Ich erinnere mich mit Vergnügen an den Sieg meiner Tochter bei einer Sautrogwettfahrt auf dem Dorfteich einer niederösterreichischen Gemeinde, der ihr den vom Präsidenten einer österreichischen Parlamentskammer gestifteten Pokal eintrug. Ob es Politiker wirklich nötig haben, solcherart ihre Bekanntheit und Beliebtheit zu fördern, ist diskussionswürdig. Dahinter verbirgt sich jedenfalls das aus Feudalzeiten überkommene Bewusstsein, dass die Herrschenden wohlhabend und daher verpflichtet sind, dem Volk Almosen zu geben, um von ihm geliebt zu werden.

In Politikerkreisen habe ich öfters die von grimmigem Lächeln umspielte Bemerkung gehört, wenn man überhaupt auf ein Einkommen verzichte und noch etwas zahle, um ein politisches Amt ausüben zu dürfen, werde das den Leuten auch noch zu viel sein. Ja so ist es, aber dessentwegen ist keinerlei Mitleid mit der Politikerkaste angebracht. Denn die Politik hat ihre ureigenste Aufgabe in der Demokratie, nämlich für sachliche und allgemein begreifbare Lösungen zu sorgen, selten so vernachlässigt wie in diesem Bereich. Statt den Menschen die Leistungen der Politik verständlich zu machen und sie über die Schwierigkeiten einer politischen Amtsausübung anschaulich zu informieren, hat man aus lauter Angst vor der Neidgesellschaft und in dem Bestreben, sich den Massen anzubiedern, Jahre hindurch jedweder Forderung unverantwortlicher Populisten und eines ganz bestimmten Boulevardjournalismus nach Gehaltsreduzierung willig nachgegeben. Die Politiker verhalten sich dabei nicht unähnlich einem Pantoffelhelden, der von seiner Frau wegen Alkohol-, Tabakgenusses oder Kartenspielens ständig ausgezankt wird und nicht den Mut aufbringt, seiner Angetrauten klarzumachen, dass er trotz ehelicher Bindung ein Recht auf persönliche Vorlieben habe, sondern stattdessen ständig Ausflüchte und Heimlichkeiten sucht, um unbeobachtet seinen Neigungen zu frönen. Ähnlich solchen Ehemännern versucht auch die Politik mit mehr oder weniger raffinierten Mitteln, dem öffentlich geforderten Armutsgelöbnis zu entrinnen. Die schmäler gewordenen Politikerbezüge wurden durch allerlei mehr oder weniger undurchsichtige Zulagen oder durch zusätzliche Funktionsgebühren und Nebengeschäfte aufgefettet, was oppositionellen Politikern, deren Partei selbst nicht oder nur in geringem Maß über solche Funktionen verfügt, die Möglichkeit eröffnet, wohl dosiert und in wahlentscheidenden Momenten vor dem staunenden Publikum diese Tricks aufzudecken.

Jeder Beruf, und so auch der des Politikers, hat mehrere Motivationen. Eine davon ist gewiss das zu erzielende Einkommen, eine zweite die Chance, sich durch berufliche Tätigkeit Ansehen erwerben zu können. Schließlich ist auch die persönliche und berufliche Weiterentwicklung für eine Karriereentscheidung nicht unwichtig.

Das Einkommen der regierenden Politiker liegt beträchtlich unter den Bezügen der an Verantwortung, Qualifikation und Zeitaufwand vergleichbaren Führungspersonen in der privaten Wirtschaft. Freilich sind auch die Einkommen der Politiker untereinander wenig sachgerecht verteilt. Wer Regierungsmitglied, Fraktionschef einer großen Partei oder gar deren Obmann ist, kann seinem Einkommen noch eine Reihe angenehmer Privilegien hinzuzählen. Er braucht sich um manch alltägliche Verrichtungen nicht zu sorgen. Diese werden von hilfreichen Händen des eigenen Büros besorgt. Man muss keine Termine vereinbaren, nicht beim Friseur oder Zahnarzt warten oder mühsam günstige Angebote suchen. Möchte man einer Dame oder auch der eigenen Ehefrau Blumen spenden oder benötigt man ein Mitbringsel für eine Einladung, hat das aufmerksame Büro dies längst erledigt. Hat man den unwiderstehlichen Drang, mit einem Parteifreund oder Politikerkollegen in einem anderen Bundesland oder auch jenseits der Staatsgrenzen zu dinieren, kommt für das Arbeitsgespräch selbstverständlich die Staats- oder Parteikasse auf. Es muss schon einer jener seltenen Fälle einer Parteispaltung eintreten, dass man einem Spitzenpolitiker die über den Bezug hinaus gewährten Wohltaten zum Vorwurf macht, wie dies der ehemaligen Vizekanzlerin Susanne Riess-Passer durch ihre früheren Parteifreunde widerfahren ist. Dieser Fall hat übrigens exemplarisch gezeigt, dass es nicht immer leicht festzustellen ist, ob Dienstleistungen im Amt oder durch die Partei noch zu dem mit der Funktion verbundenen Aufwand gehören oder schon eine (zusätzliche) private Entlohnung darstellen, wie etwa Styling und modische Accessoires für Fernsehauftritte, Karten für des Images wegen zu besuchender Kultur- oder Sportveranstaltungen oder die Fahrt mit der Ehegattin zum Golfturnier, bei dem am Weg zwischen den Löchern in aller Ruhe wichtige politische Weichenstellungen geplant sind.

Nicht zuletzt genießt man als Spitzenpolitiker auch im Privatleben gewisse Vorzüge, die sich weder durch „Anfütterungsverbote" noch durch Verhaltenskodices normieren lassen, und die Normalsterblichen verwehrt bleiben. Die bevorzugte Behandlung im Restaurant, das Spezialservice des Herrenausstatters, die prompte Betreuung im Beauty-Salon. Und damit bin ich beim zweiten Motivationskriterium einer Berufswahl, dem sozialen Prestige. Beim Politikerberuf ist dabei zwischen einem Generalprestige und einem Spezialprestige zu unterscheiden. Das generelle Prestige der Politiker in der Öffentlichkeit könnte schlechter nicht mehr sein. In einschlägigen Umfragen liegen sie meist hoffnungslos am letzten Platz, Lichtjahre entfernt von Ärzten oder Flugkapitänen und höchstens noch in Reichweite von Journalisten und – neuerdings auch – Bankmanagern. Das Spezialprestige, das Ansehen der einzelnen Funktionsträger sieht hingegen weit besser aus. Man wird hofiert, besonders begrüßt, eingeladen, mit Ehrungen überhäuft und Ähnliches mehr. Wer solches liebt, den kann es auch trotz Verzicht auf höheres Einkommen in die Politik ziehen. Wem jedoch davor graut, sich gelegentlich beschimpfen oder frech herausfordern lassen zu müssen, für den ist die generelle Ablehnung seines Berufsstandes neben dem Gehalt ein zusätzlicher Grund, politische Tätigkeiten zu meiden.

Bleibt somit die für die Bereitschaft zur Ausübung eines Berufs erhebliche Frage der Nachhaltigkeit der gewählten Tätigkeit beziehungsweise die Möglichkeit, im Fall eines Ausscheidens eine neue Beschäftigung zu finden. Unser System sieht zwar in etwa fünfjährigem Turnus die Neuwahl in den meisten politischen Funktionen vor. Politiker müssen daher damit rechnen, ihre Funktion nach Ablauf dieser Zeit an einen „Parteifreund" oder auch an eine andere Partei abgeben zu müssen. In der Praxis lautet die Devise jedoch „einmal Politiker, immer Politiker". Wer ein Landtags- oder Nationalratsmandat erst einmal errungen hat, bleibt durch längere Zeit auf diesem Platz, so er nicht mit den höheren Weihen eine Regierungsmandates versehen wird. Geht ein Mandat verloren, so versucht man, lang gediente und in der Partei entsprechend verankerte Mandatare mit einem Bundesratssitz zu entschädigen oder in Warteposition für eine später freiwerdende Stelle zu vertrösten. Das Ganze erinnert an das beliebte Kinderspiel „Reise nach Jerusalem", bei dem jeder auf ein bestimmtes Zeichen (in diesem Fall der Beginn einer neuen Funktionsperiode) schnell einen Sessel zu ergattern sucht.

Politik als berufliches Engagement, in das man seine angeborenen oder erworbenen Fähigkeiten eine Zeit lang einbringt, um sie sodann wiederum einem anderen Arbeitgeber zur Verfügung zu stellen oder auch selbständig zu nutzen, ist unserem System weitgehend fremd. Daher ist es kein Wunder, dass sich Regierungsmitglieder, welche die ohnedies nur mehr für einen kurzen Zeitraum gewährte Gehaltsfortzahlung beim Ausscheiden in Anspruch nehmen, als Volksschädlinge schmähen lassen müssen. In der privaten Wirtschaft geht kein wirklich bedeutender Manager einen Vertrag ein, ohne sich für sein Ausscheiden eine Abfertigung zu bedingen, um seinen Lebensstandard für die Zeit der Suche nach einer neuen beruflichen Herausforderung aufrechterhalten zu können.

Die Folgen der Feigheit vor dem Populismus zeichnen sich bereits in einem fachlich und führungstechnisch bisweilen unterqualifizierten politischen Personal ab, das den harten Anforderungen unserer Zeit nicht mehr gerecht wird. Solches wird die Politik freilich niemals zugeben. Selbstredend betont jeder Parteichef, dass der von ihm nominierte Minister oder Landesrat sein Traumkandidat und das Beste sei, was er und seine Partei für dieses Amt anzubieten hätten. Insider aus Politik und Medien wissen es freilich besser, denn sie kennen Fälle, in denen der Auserkorene bereits der fünfte oder sechste war, dem man das hohe Amt des Ministers oder Staatssekretärs angetragen hat.

„Ohne (entsprechendes) Geld ka Musi": Dieser harte, aber nur zu wahre Spruch gilt auch für die Politikerauswahl und macht sich sogar auf der lokalen Managementebene der Bürgermeister bemerkbar. Wenn Bürgermeister einer kleinen Gemeinde 1.000 Euro verdienen und ihre Kollegen in Städten über 10.000 Einwohner etwa 4.000 Euro, so ist dies gemessen am Durchschnittseinkommen der Österreicher ein stattliches Salär. Die Frage ist allerdings, ob dieser Maßstab passt.

Bürgermeister zu sein, bedeutet in unserer Zeit, sogar in einer kleineren Gemeinde auf eine Berufstätigkeit überwiegend verzichten zu müssen. Das kann man sich leisten, wenn man mit einem gut verdienenden Partner liiert ist, ein Unternehmen betreibt, das auf den Chef in der Alltagsarbeit weitgehend verzichten kann, oder ein politisches Zweitamt ausübt, das sich mit der bürgermeisterlichen Tätigkeit ideal verbinden lässt. Weshalb sich auch immer mehr Abgeordnete, öffentlich Bedienstete oder Funktionäre unter den Dorfoberhäuptern finden. Wenn – wie der Gemeindebundpräsident Helmut Mödlhammer anhand einer von ihm in Auftrag gegebenen arbeits- und sozialrechtlichen Studien beklagte [182] – für Arbeitnehmer sonst selbstverständliche Rechte fehlen, darf solches nicht sonderlich verwundern. Ob dies auch im Interesse der örtlichen Gemeinschaft gelegen ist, steht auf einem anderen Blatt.

Nationalratsabgeordnete haben einen Monatslohn von ca. 8.500 Euro brutto. Ein solches Einkommen, von dem Normalverdiener nur träumen können, ist dennoch gerechtfertigt, wenn jemand mit hoher Qualifikation und ebenso großer Verantwortung über weit mehr als einen durchschnittlichen Arbeitstag seine Kräfte zur Verfügung stellt. Viele fragen sich, ob eine solche Leistung von Abgeordneten tatsächlich erbracht wird. Denn immerhin üben nahezu vier Fünftel von ihnen neben ihrem gut dotierten Job auch noch eine weitere bezahlte Beschäftigung aus. 136 der 183 Nationalratsabgeordneten und 57 der 62 Bundesratsmitglieder gingen beispielsweise im Jahr 2008 einer weiteren Erwerbstätigkeit nach.[183] Daraus könnte man schließen, dass Menschen eklatant überbezahlt sein müssen, die neben einem 8.500-Euro-Job noch Zeit für eine weitere Erwerbstätigkeit finden. Zumal Abgeordnete keineswegs täglich Ausschuss- und Plenarsitzungen frequentieren und in den Sommermonaten darüber hinaus noch eine längere weiter bezahlte tagungsfreie Zeit genießen.

Parlamentarier, die darauf angesprochen werden, betonen, dass sich ihre Arbeit nicht im Besuch von Sitzungen erschöpfe. Es gelte, sich vorzubereiten, mit Parteifreunden und Experten Anträge zu formulieren und Vorlagen zu studieren und schließlich sei es ihre Hauptaufgabe, mit den Wählern im Kontakt zu sein. So gesehen sei nicht nur an den Plenar- und Ausschusstagen, sondern tagtäglich und sozusagen rund um die Uhr Mandatarentätigkeit angesagt. Das hohe Gehalt sei darüber hinaus zu einem nicht unwesentlichen Teil ein Durchlauferposten, weil daraus zahlreiche Repräsentativverpflichtungen wie die oben genannten Ball- und Pokalspenden zu leisten und im Übrigen auch der Partei oder Fraktion für administrative Dienste beachtliche Beiträge abzuführen wären.

Diese Argumentation lässt den Schluss zu, dass die Tätigkeiten der Abgeordneten als Staatsorgane und als Organe ihrer politischen Partei nicht voneinander getrennt werden können, und Abgeordnetengehälter daher immer auch staatliche Parteifinanzierung darstellen. Dazu kommt noch, dass die Mandatare einen Teil ihres Abgeordnetengehalts ihrer Fraktion oder Partei als Klub- oder Parteibeitrag weitergeben, weshalb der Politologe Hubert Sickinger Abgeordnete einmal als wandelnde Spesentöpfe bezeichnet hat.(184)

Das Verfassen von Anträgen, das Studium der Vorlagen und die Willensbildung zur Entscheidung im Parlament sind einerseits Staatstätigkeit, weil sie die von der Verfassung vorgegebene Aufgabe der Abgeordneten umfasst, Gesetze zu beschließen und an der Vollziehung, etwa durch den Beschluss von Budget und Rechnungsabschluss, mitzuwirken. All dies ist aber auch Partei- bzw. Fraktionstätigkeit, weil diese Arbeit mithilfe bzw. für eine politische Partei oder Fraktion ausgeübt wird. Gleiches gilt für den Kontakt der Abgeordneten mit ihren Wählern. Er ist (auch) Staatstätigkeit, weil ein Mindestmaß an Meinungsaustausch zwischen Mandatar und Wählerschaft für das Funktionieren der repräsentativen Demokratie essenziell ist. Der Wählerkontakt ist aber in hohem Ausmaß Parteitätigkeit, soweit die Mandatare nicht nur die Anliegen ihrer Wählerschaft aufnehmen, sondern die Kontakte dazu nutzen, um für die Beschlüsse oder Vorhaben ihrer Fraktion Verständnis und Zustimmung bei der Bürgerschaft zu finden. Weder die Informationsveranstaltung eines Abgeordneten im Parteilokal oder Dorfwirtshaus noch die Sprechstunde am Gemeindeamt oder im Bezirksparteisekretariat sind daher zur Gänze nur der Partei- oder der Staatsfunktion der Mandatare zuzuordnen.

Was der Gesellschaft die einzelnen ineinander fließenden Abgeordnetentätigkeiten „wert" sind und ob sie von den Mandataren hauptberuflich, nebenberuflich oder nur in einem notwendigen Stundenausmaß ausgeübt werden sollen, ist eine Frage nach dem Zweck des Parlamentarismus in einem modernen demokratischen Staat.(185) Sie sollte jedenfalls vor einer politischen Diskussion über die Abgeordnetenbezüge beantwortet sein. Denn ein Firmenchef, der seinen Mitarbeitern Entlohnungen zuerkennt, ohne sich darüber im Klaren zu sein, was sie für ihn leisten sollen, ist eher fürs Witzblatt geeignet als für ein seriöses Stelleninserat. Dort sollten sich die „Chefs“ der Firmen Österreich, Bundesland X oder Gemeinde Y aber nicht finden wollen.

(180) Stenografisches Protokoll 8. Sitzung der 1. Session, 107

(181) Die Presse, 29.5.2008, Der Standard, 19.5.2011

(182) Wolfgang Mazal: Die soziale Situation von Österreichs Bürgermeistern. Wien 2006

(183) Österreich, 20.5.2008

(184) Die Presse, 17.11.2007

(185) Vgl. Kapitel 2.2.

3.4. Der traurige Minister

Der politische Alltag

„Gott scheint dich manchmal verlassen zu haben. Ein Parteiobmann nie!"

Minister, Landeshauptmann, Bürgermeister oder sonst ein Spitzenpolitiker zu sein, ist in Österreich ein trauriges Los. Täglich, ja fast stündlich muss er sich aus tiefstem Herzen grämen, eine Rede nicht halten, eine Gratulation nicht vornehmen oder eine Auszeichnung nicht verleihen zu können.

Schon am Morgen beginnt es. Eine Schulklasse ist im Rahmen der politischen Bildung beim Bürgermeister zu Gast. Aber der hat leider keine Zeit. Also muss seine „Vize" den jungen Bürgern die Aufgaben der Gemeinde erklären und wie leid es dem Bürgermeister sei, dies nicht selbst tun zu können. Am Vormittag ist im Ministerium die Auszeichnung eines prominenten Künstlers angesagt. Der Generalsekretär des Ministeriums hält eine rhetorisch brillante Laudatio auf den Ausgezeichneten und vergisst nicht hinzuzufügen, wie sehr es der Herr Minister bedaure, gerade diese Ehrenzeichenverleihung nicht selbst vornehmen zu können. Zur selben Zeit findet im Parlament eine Studientagung statt, bei der eine Abgeordnete den Wissenschaftern kundtut, wie gerne der Herr Präsident persönlich den bedeutenden Fachvorträgen gelauscht hätte und dass er der Veranstaltung jedenfalls einen guten Verlauf wünsche. Beim Mittagessen mit der ausländischen Delegation im Landhaus darf eine Landesrätin die Tischrede halten und die peinlicherweise völlig unvorhersehbare anderweitige Verpflichtung des Herrn Landeshauptmannes wortreich erläutern. Beim Seniorenempfang am Nachmittag reicht für den gleichen Zweck ein Abgeordneter. Zu dem wichtigen Abschnittsparteitag am Abend, bei dem der Landesparteiobmann für das politische Referat angekündigt war, muss dann freilich der Klubobmann ran, um mit seiner politischen Routine glaubhaft zu erklären, warum der vorgesehene Hauptredner in letzter Minute leider, leider unabkömmlich geworden ist. Irgendwann – so denke ich mir – wird solch ein gehetzter Politiker, der ständig bedauert, nicht auch noch dies und das machen zu können, durch ein Herzleiden hinweggerafft werden. Kann sein, dass dann beim feierlichen Begräbnis ein Kollege in seiner Grabrede erwähnt, wie sehr der Verstorbene bedaure, bei diesem festlichen Ereignis nicht selbst anwesend sein zu können, der Veranstaltung aber jedenfalls einen guten Verlauf wünsche.

Jeder Spitzenpolitiker bekommt Einladungen und hat Verpflichtungen, deren auch nur annähernde Bewältigung nach Katzenart neun Leben erforderte, aber nicht hintereinander, sondern gleichzeitig. Mitarbeiter der Sekretariate sind oft mit nichts anderem beschäftigt, als geeignete Ersatzleute von Regierungskollegen über Abgeordnete bis zu Beamten für eine Vertretung ihrer Chefs aufzutreiben. Da diese selbst ihre Termine haben, ist das oft eine fürchterliche Knochenarbeit. Wenn dann endlich einer gefunden wurde, pflegen diese Statthalter nicht nur die besten Grüße der eingeladenen Persönlichkeiten zu überbringen, sondern fügen meist noch hinzu, wie sehr es ihm oder ihr leid tue, nicht selbst kommen zu können. Bisweilen stimmt das sogar, meistens aber nicht.

Na und, wird jetzt mancher sagen. Das ist doch wenigstens ein Zeichen guten Benehmens. Man sagt ja auch eine private Einladung nicht mit der Begründung ab, dass einem die Gastgeber zu langweilig oder unwichtig sind, um mit ihnen einen Abend zu verbringen. Nein, man beteuert, wie gern man der Einladung folgen würde, aber leider, leider lassen berufliche oder familiäre Verpflichtungen auf Wochen hinaus keinen freien Termin zu.

Im öffentlichen Leben sind solche „charmanten Lügen" jedoch keineswegs so harmlos wie im privaten Umgang. Entspringen sie doch dem unbändigen Drang des Politikerstandes, den Bürgern eine gottähnliche Allmacht und Allgegenwart ihrer höchsten politischen Repräsentanten zu suggerieren. Anstatt von vornherein den diversen Veranstaltern klarzumachen, dass auch der Tag eines Politikers im besten Fall 18 Stunden hat und mit zahllosen anderen Verpflichtungen als dem Repräsentieren angefüllt ist, hält man lieber die Menschen in völliger Ahnungslosigkeit über die eigene Tätigkeit, was der Meinung über die Politiker ebenso wenig zuträglich ist wie der Demokratie an sich.

In unserem Land erscheint kein Fachmagazin, kein Heimatbuch, keine Festschrift, kein Ausstellungskatalog und keine Sonderbeilage einer Zeitung, die nicht von einem Vorwort des für die jeweilige Sparte oder Region zuständigen höchstrangigen Politikers verziert wären. Besonders in Wahlkampfzeiten mutiert die politische Zunft zur schreibenden und ergeht sich in wohl formulierten herzerwärmenden Liebesbriefen an die sehr geehrten Zweitwohnungsbesitzer, Erstwähler, Pensionisten und und und ... Alle selbstredend mit persönlicher Unterschrift und – der Computer macht's möglich – individueller Anschrift.

Müssten die mit Foto und Unterschrift für ihre literarischen Beiträge einstehenden Politiker all diese fachkundigen, ernsthaften oder originellen Wendungen selbst erfinden geschweige denn niederschreiben oder auch nur diktieren, die nahezu täglich in ihrem Namen und mit ihrem Konterfei herausgegeben werden, kämen sie, so sie dazu überhaupt intellektuell in der Lage sind, ganz gewiss zu keiner anderen Arbeit mehr. Natürlich werden all diese Artikelchen, Briefchen und Editorials von hilfreichen Kräften verfasst, die als geistiger Klon ihres Auftraggebers dessen Ansichten und Meinungen wiederzugeben in der Lage sind, meist ohne sich mit ihm auch nur über deren Inhalt beraten zu haben.

Eine ähnliche Art, politische All-Gegenwart zu demonstrieren, sind Massenaussendungen, mit welchen Parteimitglieder und Bürger aufgefordert werden, ihre Meinung kundzutun. *„Schreiben Sie dem Parteivorsitzenden!“* heißt es da und folgerichtig sind die beigelegten Retourkuverts nicht an das Büro oder Sekretariat des nach der Meinung der Massen begierigen Spitzenpolitikers adressiert, sondern an ihn persönlich. „An den Herrn Landeshauptmann Dr. X“ oder „an die

Frau Bundesministerin Y" oder „an den Vorsitzenden der Z-Partei, Herrn Nationalratsabgeordneten ..." heißt es da, um die Leute glauben zu machen, dass der oder die Betreffende die schriftlich erbetene Meinungsäußerung auch höchstpersönlich lesen werde. Da die mathematisch-statistische Einsicht der meisten zu wünschen übrig lässt, wie sich an der unerschütterlichen Hoffnung auf einen Millionentreffer in den diversen Lotterien erweist, hat diese Methode durchaus Erfolg. Mit einigem Nachdenken ließe sich ohne Weiteres die Unmöglichkeit erkennen, solche Versprechungen auch einzuhalten. Wenn auch nur ein geringer Prozentsatz der Empfänger dieser Massensendungen dem Auftrag Folge leistete, würde eine auch nur oberflächliches Wahrnehmung der Retourantworten den als Empfänger genannten Spitzenpolitiker ununterbrochene ein bis zwei Wochen seiner Arbeitszeit kosten. Die Methode hat den zweifelhaften Erfolg, die Bevölkerung in ihrer verständlichen Ahnungslosigkeit über die Aufgaben moderner Spitzenpolitik zu belassen.

In meiner Amtszeit als Wiener Bezirksvorsteher hatte ich die angenehme Aufgabe, Bezirksbürgern zu Jubiläen wie dem 90. Geburtstag oder der Goldenen Hochzeit zu gratulieren und dabei ein persönlich unterfertigtes Glückwunschschreiben des Wiener Bürgermeisters und ein Ehrengeschenk der Stadt zu überbringen. Nicht nur einmal haben mir die wohlerzogenen alten Herrschaften noch beim Weggehen eingeschärft: *„Herr Bezirksvorsteher, vergessen Sie nicht, dem Herrn Bürgermeister unseren aufrichtigen Dank für seine netten Worte und das großzügige Geschenk zu bestellen."*

Ich gestehe freimütig, auch ich habe die alten Herrschaften angeschwindelt und ihnen versichert, dass ich das keinesfalls vergessen werde. Ich habe es nicht übers Herz gebracht, sie darauf hinzuweisen, dass dieser Brief des Herrn Bürgermeisters wöchentlich an ein paar hundert Jubilare in ganz Wien überreicht wird. Aber beim Weggehen habe ich mir manchmal im meiner Fantasie ausgedacht, wie denn der von den Jubilaren erbetene Dialog zwischen mir und dem Bürgermeister ablaufen könnte. Vielleicht etwa so:

Anruf des Bezirksvorstehers beim Wiener Bürgermeister, Bestehen auf einer persönlichen Verbindung:

„Herr Bürgermeister, ich soll ausrichten, das Ehepaar Navratil aus der Kleinen Neugasse lässt sich herzlich bedanken für Ihren Brief zur Goldenen Hochzeit."
„Aha, Navratil, haben's g'sagt, von wo s'mi kennen?"
„Die kennen Sie nicht persönlich, Herr Bürgermeister. Sie finden nur, man muss sich bedanken, wenn man so einen netten persönlichen Brief und ein Geschenk bekommt."
„Und deshalb rufen S' mi an, Herr Vursteher, wollen S' mi pflanzen?

Eine weitere Methode, den Menschen gottgleiche Allmacht und Allgegenwart vorzugaukeln, ist die der Werbebranche entnommene Methode, unversehens aus der Rolle des großen Chefs in die des kleinen Beamten, Sacharbeiters, Feuerwehrmannes oder Polizisten zu schlüpfen, um für alle sichtbar Anteilnahme und Handlungskompetenz zu demonstrieren. Da kann man dann einen Bundeskanzler mit Stiefeln und Spaten bewaffnet bei Aufräumungsarbeiten nach einer Hochwasserkatastrophe im Fernsehen bewundern und allerorten stehen bei Naturkatastrophen und Verbrechen Minister und sonstige politisch Wichtige herum und den wirklich Wichtigen im Wege. Ein ORF-Landesstudio verkündet als Spitzenmeldung, dass ein Landesrat einen verirrten Steinbock durch sein Eingreifen vor dem Abschuss gerettet habe und Bürgermeister wie Bundesminister sprechen „Machtworte", um einer armen alleinerziehenden Mutter die von der Behörde kaltschnäuzig verweigerte Unterstützung zu gewähren oder den Autofahrern – nach tagelangen Medienklagen – während der Fußballeuropameisterschaft das Anstecken von Wimpeln an ihren Autos zu gestatten.

Diese Art der Anlassfallpolitik erinnert an das klassische Kasperltheater, wo das Krokodil die Großmutter zu fressen droht, bis aufgrund des immer lauter werdenden Geschreis der Kinder der sich zunächst schwerhörig stellende Kasperl dem Krokodil endlich eine aufs Maul haut. In der Rolle des Krokodils sehen wir im „politischen Kasperltheater" die zuständigen Beamten, als Kinder fungieren die einen Skandal witternden Medien und den Kasperl gibt der führende Politiker, der immer gewinnt, weil er den Prügel im theatralisch richtigen Moment schwingt, dann nämlich, wenn die Kinder lang und laut genug geschrieen haben.

Derlei Kasperliaden sind nicht nur unnötig, sondern auch undemokratisch, weil sie eine Ungleichbehandlung der Menschen herbeiführen, die unser im Verfassungsrecht verankerter Gleichheitsgrundsatz leider nicht zu verhindern im Stande ist.

Die Legende vom Kaiser Josef II., der sich unerkannt unters Volk mischt und auf ein weinendes Mädchen trifft, dessen Mutter krank im Bett liegt, dürfte weithin bekannt sein. Der Kaiser gibt sich als Arzt aus und lässt sich ans Krankenbett führen. Er erkennt sofort, dass es den armen Leuten am Nötigsten zum Leben fehlt. Er schreibt ein Rezept, das nichts anderes ist als eine Anweisung an seine kaiserliche Schatulle. Da hat die Not ein Ende und die Mutter wird schnell wieder gesund. Mir hat diese rührselige Geschichte, die sich tatsächlich so zugetragen haben könnte, immer schon zu denken gegeben. Denn es stimmt traurig, dass zur selben Zeit, da dieses arme Mädchen zufällig auf den Kaiser traf, hunderte und tausende arme Kinder in gleicher Not und Verzweiflung in dem großen Reich herumgeirrt sind, die nicht das Glück hatten, dem Kaiser zu begegnen. Noch so gute und wohlgemeinte Einzelmaßnahmen vermögen eben eine grundlegende und nachhaltige Sozialpolitik nicht zu ersetzen.

Pflicht der leitenden Staatsorgane, der Regierungspolitiker in Bund und Ländern ist zu regieren, die Verwaltung, den Staat oder das Land zu führen und nicht immer jene Rolle zu spielen, in der man dem Publikum gefallen zu können glaubt, vom gütigen Landesvater über den Geldhilfen auszahlenden Konzeptsbeamten bis zum Bauarbeiter und Feuerwehrmann. Denn der modernen Politik des 21. Jahrhunderts ist die Aufgabe gestellt, einem höchst komplizierten Verwaltungsapparat vorzustehen, auf mehreren Kommunikationsebenen zu agieren und dutzende Entscheidungsabläufe zu kontrollieren, aber nicht Einzelmaßnahmen zu setzen und solcherart Ungleichheiten unter den Bürgern zu provozieren.

War das „Machtwort" im Einzelfall tatsächlich notwendig, dann hat es der Mächtige offenkundig verabsäumt, seiner Führungs- und Leitungsverantwortung nachzukommen und für ordnungsgemäße Verwaltungsentscheidungen zu sorgen, die im Einzelfall keines Eingriffes bedürfen. Wie kommen schließlich jene dazu, die auch gern ihr persönliches Anliegen von höchster Stelle behandelt hätten, aber leider gerade nicht zufälligerweise der ministeriellen, landeshauptleutlichen oder bürgermeisterlichen Aufmerksamkeit teilhaftig werden oder einen Journalisten dazu bewegen können, diese auf ihr Anliegen zu lenken. Ist die Ad-hoc-Entscheidung aber nur aus Gründen des öffentlichen Meinungsdruckes entstanden und eigentlich unnötig oder gar unkorrekt, dann ist sie – wenn auch vielleicht nicht im strafrechtlichen Sinn – schlichtweg ein politisch motivierter Missbrauch des Amtes.

Zu dem patriarchalischen Bild unserer Regierenden, das die Menschen glauben lässt, ein Politiker sei in der Lage, sich um alles und jedes zu kümmern, trägt auch die Verfassungs- und Verwaltungsrechtstheorie das Ihre bei. Die meisten Entscheidungen in der Bundes- wie auch in der Landesverwaltung treffen Einzelorgane. Solche Verwaltungsakte werden demnach entweder vom Minister oder Landeshauptmann selbst unterfertigt oder von einem seiner Mitarbeiter, wobei dann auch der niedrigste, in der Hierarchie Zeichnungsberechtigte „Für den Bundesminister" oder „Für den Landeshauptmann" unterschreibt. Für Nicht-Juristen oder Studienanfänger muss es seltsam klingen, wenn in einem höchstgerichtlichen Urteil oder in einer rechtswissenschaftlichen Fachpublikation zu lesen steht, der Landeshauptmann habe in Angelegenheit der Öllagerung einer Tankstelle so und so entschieden. Man kann sich doch ausrechnen, dass der oberste Chef eines Bundeslandes Wichtigeres zu tun hat, als sich um die ordnungsgemäße Installierung einer Tankstelle zu kümmern. In Wahrheit trifft so eine Entscheidung eine der Hundertschaften von Mitarbeitern, die in einem Ministerium oder einem Amt der Landesregierung die Geschäfte besorgen und nicht der an der Spitze stehende Politiker. Warum also nicht auch rechtlich von einer Entscheidung des Ministeriums, des Amtes der Landesregierung, der Gebietskrankenkasse sprechen, anstatt einem Minister die Nostrifizierung eines Hochschulstudiums, dem Landeshauptmann die Genehmigung einer Autotype und dem Generaldirektor der Krankenkasse die Bewilligung eines ärztlichen Rezeptes unterzujubeln?

Die Sache hat einen tieferen Sinn als nur den einer misslungenen juristischen Ausdrucksweise. Dieser liegt in dem Bestreben unserer Verfassung, die streng hierarchisch ausgerichtete Bürokratie aus Kaisers Zeiten zwar beizubehalten, sie aber im Wege der Ministerverantwortlichkeit der politischen Kontrolle durch das demokratisch legitimierte Parlament zu unterstellen. Diese hypothetische Verantwortlichkeit der Regierenden setzt voraus, dass sie mittels Weisungshierarchie die Entscheidung aller ihrem Ressort angehörenden Mitarbeiter in jedem Einzelfall beeinflussen können. Eine Voraussetzung, die weder der absolute Monarch und seine Statthalter noch die heute Regierenden erfüllen können und die daher reine Fiktion bleiben muss.

Vor einiger Zeit wurde ein – noch dazu der linken Reichshälfte zuzuordnender – Landeshauptmann vom Verwaltungsgerichtshof gerügt, dass er zum Schaden eines Naziopfers falsch entschieden habe. Sein Büro, mit dieser peinlichen Erledigung konfrontiert, versicherte treuherzig, der Landeshauptmann hätte natürlich anders entschieden, wenn ihm der Fall persönlich zur Kenntnis gelangt wäre. Besser kann man kaum darstellen, wie unrealistisch die Zuordnung hunderter und tausender Verwaltungsentscheidungen zur Verantwortlichkeit eines einzelnen Regierungsmitgliedes bleiben muss.

Die vorgetäuschte Allmacht führender Politiker führt beim Wählervolk zu frustrierten Reaktionen. Wer an das durch glänzenden Broschüren vorgespiegelte unerschöpfliche Zeitbudget höchster Repräsentanten des demokratischen Systems im Dienst ihrer Bürger und Wähler glaubt und bei ernsthaften Anliegen die Probe aufs Exempel macht, scheitert an Sekretären, Vorzimmerdamen und sonstigen Abwimmlern.

Der Bürger, dem die persönliche Anteilnahme suggeriert wurde, versteht die Ablehnung nicht und sucht deren Ursachen in Faulheit, Desinteresse oder Parteilichkeit des gefragten Repräsentanten. *„Der Herr Landeshauptmann hat sich wieder für unser Fest entschuldigt, er sollte doch selber kommen, keinen Vertreter schicken.“ „Die Frau Minister war für meine Beschwerde wegen der skandalösen Spitalsunterbringung meiner Tochter nicht zu sprechen. Gerade solche Probleme der kleinen Leute müssten ihr doch wichtig sein.“* Wer die Menschen bewusst darüber im Unklaren lässt, was eine Person in einem Regierungsamt tatsächlich zu leisten hat und zu leisten im Stande ist, darf sich nicht wundern, wenn diese an ihn immer mehr Ansprüche stellen.

Die Rolle der Regierungsmitglieder, also jener Funktionsträger, die in der Demokratie von den Repräsentanten des Volkes gewählt werden, um das Land, den Staat oder die Gemeinde zu regieren, wäre neu und unter Berücksichtigung der Realitäten darzustellen. Politiker, die täglich wichtige Entscheidungen treffen, dutzende Akten studieren, die Erledigungen ihrer Mitarbeiter korrigieren, Reden und Aufsätze verfassen, Interviews geben, Konferenzen abhalten, Gäste empfangen und nebenbei für jedermann jederzeit zur Verfügung stehen, sind unrealistische Märchenfiguren. Gefordert sind vielmehr Typen mit der notwendigen Übersicht und Kreativität, um den Verwaltungsapparat eines Großunternehmens erfolgreich zu führen.

Wir sollten daher kritisch über eine Verwaltungsnomenklatur nachdenken, die uns vorgaukelt, dass der Chef eines Ministeriums, eines Amtes der Landesregierung oder des Magistrats einer Großstadt für jede Handlung oder Unterlassung des Apparates persönlich zuständig ist. Wir sollten uns fragen, ob es ein Zeichen politischer Klugheit ist, als Opposition einen Minister zum Rücktritt aufzufordern, weil sich einer von tausend Polizisten einen verantwortungslosen Übergriff geleistet hat oder einer seiner hunderten Schreibtischbeamten eine gesetzwidrige Entscheidung getroffen hat. Viel wichtiger wäre es, darauf zu achten, ob Minister oder Landeshauptleute sachgerechte generelle Anleitungen treffen, für möglichst qualifiziertes, aber auch bürgerfreundliches

Personal sorgen, vor allem aber, ob sie jene innovative Reformen stimulieren können, die das Land für die Zukunft braucht. Eine solche Kontrolle auszuüben und hiefür öffentliches Verständnis zu finden, ist freilich schwieriger, als mit dem Boulevard über ein empörendes Einzelereignis mitzuheulen.

Die Bürger hingegen sollten sich von dem Irrglauben verabschieden, dass erfolgreiche Politiker eine Art Inkarnation übernatürlicher Gestalten sind, die über die Fähigkeit verfügen, zugleich an mehreren Orten zu sein. Sie sind – hoffentlich – begabter als der Durchschnitt, sonst aber sind sie Menschen wie du und ich.

3.5. Der Staat als Animateur

Die Staatsaufgaben

„Die Regierung hat für die Bevölkerung das zu besorgen, wonach die Menschen ein Bedürfnis haben ... In all das, was die Menschen ebenso gut selber tun können, hat die Regierung sich nicht einzumischen."
(Abraham Lincoln)

Man kennt das in mancherlei Spielarten. Sie wollen als Kunde eines Konzerns für Kommunikationstechnologie eine günstigere Tarifvariante oder ärgern sich über eine partout nicht funktionierende Anwendung und bekommen nach endloser Warteschleife eine unbefriedigende Antwort. Der Verein, bei dem sie vor allem aus Rechtsschutzgründen Kunde sind, verweigert ihnen beim ersten Anlassfall die erwartete Hilfe. Das (halbstaatliche) Dienstleistungsunternehmen bietet seine Dienste nur zu unakzeptablen Parteienverkehrszeiten um unverschämt hohes Entgelt an.

Aber der Telekonzern versorgt Sie regelmäßig mit bunten Bildern seiner neuesten Spielzeuge zum Downloaden, der Klub schenkt Ihnen zum Mitgliedsjubiläum ein paar Tage Urlaub in einem türkischen Ferienklub und der Dienstleister versorgt Sie mit einem Scheckbuch, um verbilligt Einkäufe tätigen zu können.

Die im Wirtschaftsleben nicht unübliche Methode, Dienstleistungen aus Kostengründen zu minimieren und dies den Kunden durch billige Surrogatsangebote zu verschleiern, hat längst auch von der öffentlichen Hand und somit von der Politik Besitz ergriffen. Auch diese sieht sich zunehmend außerstande, die von ihren „Kunden", den Bürgern, erwarteten Leistungen im gewünschten Ausmaß zu erbringen und nimmt zu Ersatzhandlungen Zuflucht. Während aber private Dienstleister darauf achten müssen, diese Methode nicht auf die Spitze zu treiben, um ihre Kunden nicht an Konkurrenten zu verlieren, muss die öffentliche Hand nicht befürchten, dass ihre „Kunden“, die Bürger in Bund, Land und Gemeinde, zur Konkurrenz abwandern könnten.

Nehmen wir etwa die Staatsaufgabe der Sicherung des Eigentums als Beispiel. Bei kontinuierlich hoher Einbruchskriminalität und einer äußerst bescheidenen Aufklärungsquote kann man schwerlich noch von einer qualitativ ausreichenden staatlichen Leistung sprechen. Die Politik reagiert darauf mit einem Heer kundiger Beamter, die der Bürgerschaft gute Ratschläge erteilen, wie sie selbst für die nötige Sicherheit ihres Eigentums sorgen kann, mit der Förderung von Anlagen, um das traute Heim zur Festung auszubauen, oder mit akribisch ausgearbeiteten statistischen Nachweisen, dass alles doch nicht gar so schlimm sei.

Der historische Staat sah seine Aufgabe nur in der Aufrechterhaltung von Ordnung und Ruhe. Diese eingeschränkte Sicht der Staatsaufgaben, despektierlich als „Nachtwächterstaat“ bezeichnet, ist längst einem umfassenden System von Staatspflichten gewichen. An die Stelle der bloßen Abwehr von Verbrechen und des Schutzes von Eigentum trat zunächst der Leistungsstaat, der den Bürgern vor allem soziale Sicherheit, das nötige Einkommen zum Leben, ein Dach über dem Kopf usw. gewähren soll. Daraus entwickelte sich in weiterer Folge der sogenannte Versorgungsstaat, in dem Beratung in allen nur denkbaren Lebenslagen geboten wird und die Vorsorge gegen die Risken des Lebens wie Alter oder Krankheit von den einzelnen und ihren primären sozialen Gruppen auf den Staat übergeht.

Die Bürger gewöhnen sich an solche staatlichen Versorgungsleistungen und tendieren dazu, immer mehr davon einzufordern, sei es im Bereich der finanziellen Sicherheit, der Gesundheit, aber auch des zeitgemäßen Lebensstils. Diese Leistungen des Staates sind daher Mittel der Politik. Angetrieben durch die Bürger und auch durch oppositionelle Kritik versuchen die Regierenden den Ansprüchen ihrer Klientel gerecht zu werden. Es entsteht eine Art Schraubenbewegung, bei der die Bedürfnisse der Bürger und Wähler durch die der Wählerstimmen bedürftigen Politiker befriedigt werden, was wiederum in neue, vermehrte

Bedürfnisse der Wähler mündet. Der Zylinder, um den sich diese Bedürfnisschraube emporrankt, ist der öffentliche Haushalt. Die Politik versucht daher bisweilen in budgetären Nöten die Bedürfnisschraube zusammenzudrücken. So wie Schraubenfedern bei Nachlassen des auf sie einwirkenden Druckes wieder zur ursprünglichen Ausdehnung zurückkehren, ist den politischen Bemühungen um die rechte Spargesinnung nur sehr kurzfristig Erfolg beschieden. Die Politik nimmt daher zu mehreren kleinen Bedürfnisschrauben Zuflucht, die in Summe ein geringeres Zylindervolumen erfordern.

Wenn die Gesundheit für alle auf höchstem Niveau nicht mehr finanzierbar ist, bietet man den Bürgern – gesundheitserhaltende – Sport- und Freizeitaktivitäten mit staatlicher oder kommunaler Förderung an. Fehlt es an Mitteln, um die Pensionsansprüche der älteren Menschen ausreichend zu befriedigen, greift man zu verbilligten Eintritts- und Fahrkarten oder hält Seniorenjausen und Ausflugsfahrten ab, die Jugend wird mit „kids-gerechten" Freizeit- und Sportangeboten getröstet und Jung und Alt vergessen bei öffentlich geförderter Gartenschau, Gratis-Mal- oder Skikursen und bei den Sonderangeboten an den Tagen der offenen Türen, dass auch ihre eigene Wohnungstür mangels ausreichender Kriminalitätsbekämpfung bereits geöffnet sein kann. Der Leistungs- und Versorgungsstaat entwickelt sich unter dem Zwang zu neuen, kleineren Bedürfnisschrauben immer mehr zum **Animationsstaat**, der vor allem in Gestalt der Länder und der Gemeinden sich das Wohlbefinden seiner Bürger in ihrer Freizeit angelegen sein lässt. Es wird wohl nicht mehr lange dauern, bis ein findiger Landesrat öffentliche Einschlafkurse veranstaltet und dazu den Ankauf rückgratschonender Betten fördert. So es das nicht ohnedies schon gibt.

Der Versorgungsstaat findet seine Fortsetzung aber nicht nur im Animationsstaat, der die Bürger bei Laune halten soll, sondern auch in der weiteren Abzweigung zum **Sachwalterstaat**. In dieser Funktion sucht der Staat seine pflegebefohlenen Bürger nicht mehr zu überzeugen, was ihnen gut tut, sondern mit mehr oder weniger sanftem Druck zu jenem Verhalten zu bewegen, das der gute Onkel Staat als das Beste für sein Mündel hält. Und so ist es dann von der Maßnahme einer Wiener Umweltstadträtin, die Einkaufszettel verteilen lässt, damit die Konsumenten nichts Unnötiges einkaufen und weniger Lebensmittel weggeworfen werden,(186) bis zum gesetzlichen Verbot der Werbung für kalorienreiche Kindersnacks (187) nur ein kurzer Weg.

Der Politikwissenschaftler Wolfgang Mantl hat die Frage der Staataufgaben in drei Teile gestellt: „Was kann der Staat", „Was darf der Staat" und „Was soll der Staat?"(188) Was der Staat **kann**, hängt – wie oben ausgeführt – nicht zuletzt vom materiellen Einsatz ab, was er **darf**, das sollte in den Freiheitsrechten manifestiert sein. Die Frage, was der Staat tun **soll**, ist für die am Rechtspositivismus orientierten Juristen, solange sie nicht von einer Norm beantwortet wird, eine politische und damit außerhalb ihres Gegenstandes gelegen. Unsere Verfassung enthält daher weder einen Katalog von Staatszielen noch von Staatsaufgaben. Nur dort, wo sich die Politik in ihrem Gestaltungsdrang aus aktuellen Anlässen des Rechts als Stilmittel bedient, kommt es rudimentär zu Ausnahmen. Einem solchen Anlass verdanken wir das verfassungsgesetzliche Neutralitätsgebot, das Bekenntnis zum umfassenden Umweltschutz, zur umfassenden Landesverteidigung und neuerdings zur Rolle der Sozialpartner. Schon diese Aufzählung verdeutlicht den aleatorischen Charakter unserer Staatsziele, ohne jede Vollständigkeit und ohne irgendeinen inneren Zusammenhang.

Im österreichischen Verfassungskonvent wurde der Frage der Staatsaufgaben und der Staatsziele ein eigener Ausschuss gewidmet.(189) Allerdings nahm die Diskussion über die in die Verfassung aufzunehmenden Staatsziele mitunter seltsame Züge an. In den für nicht im Konvent vertretene Gruppen veranstalteten Hearings wurde ein recht üppiges republikanisches Wunschkonzert dargeboten. Von der Verankerung des Sports in der Verfassung über die Berufsbezeichnung als SozialarbeiterInnen, die „Entkriminalisierung" der Verletzung des Amtsgeheimnisses, den Verfassungsschutz für Wasser, Wald und Berge bis zur Sonn- und Feiertagsruhe wurde alles in die Verfassung reklamiert, was gut und bisweilen auch recht teuer ist.

Auch die Mitglieder des Konvents machten fleißig mit und stellten Forderungen, um die Wünsche ihrer eigenen Klientel unverrückbar in der Verfassung festzuschreiben. Die Städte wollten die Daseinvorsorge als Staatsaufgabe erwähnt wissen, Arbeiter- und Wirtschaftskammer sprachen sich in sozialpartnerschaftlicher Einigkeit für „Arbeit" und „Wirtschaft" als Staatsziele aus und auch ein „Diskriminierungsverbot aufgrund des Alters" stand nebst zahlreichen anderen Vorschlägen zur Debatte.

Die eher rechten Vertreter des politischen Spektrums, damals an der Regierung und offenkundig in der trügerischen Hoffnung, daselbst auf unabsehbare Zeit zu verweilen, nahmen eine eher negative Haltung zu formulierten Staatszielen und -aufgaben ein und wollten möglichst nur „Spielregeln" für die Politik und höchstens eine allgemeine Präambel formuliert sehen. Kein Wunder also, dass der Endbericht des Ausschusses 1 „Staatsaufgaben und Staatsziele" mit dem Satz beginnt: *„Die Mitglieder des Konvents-Ausschusses 1 vertraten hinsichtlich der geplanten Aufgabenstellung des Mandats eine mehrheitlich reduktionistische Auffassung."* (190)

Sowohl diese „reduktionistische" Auffassung, welche die Gestaltung der Staatsaufgaben der Tagespolitik überlässt und sich nur auf Verfahrensbestimmungen beschränken will, als auch die detaillierte verfassungsrechtliche Festlegung der Regierungstätigkeit befriedigen nicht. Denn die Verfassung ist zwar kein Syndikatsvertrag zur Absicherung materieller Wünsche von Interessensvertretern, aber sie sollte ebenso wenig nur ein Werkzeug zum beliebigen Gebrauch der an der Macht befindlichen Politiker sein. Denn eine staatliche Gemeinschaft, die in ihrem Grundgesetz keine Gedanken darüber verschwendet, was Aufgaben des Staates sein sollen und was nicht, verzettelt ihre Organe in oft monate- oder jahrelangen Diskussionen, wie sich etwa beim Streit über die sogenannte „Homoehe" eindrucksvoll erwiesen hat:

Für viele ist die Ehe eine dem natürlichen Sittengesetz entsprechende Lebensgemeinschaft von Menschen verschiedenen Geschlechtes mit der Bereitschaft, Kinder zu zeugen und großzuziehen. Der Staat hat durch lange Zeit den Wert der ehelichen Gemeinschaft für sich anerkannt und sie durch eine Reihe von rechtlichen Schutz- und Vorsorgemaßnahmen privilegiert, wie gegenseitiges Erb- und Unterhaltsrecht, staatliche Unterstützung in Form von Witwenpensionen oder durch zivilrechtliche Bevorzugung in Form gemeinsamen Eigentumserwerbs oder der Nachfolge im Mietrecht. Im Zug der wirtschaftlichen und gesellschaftlichen Entwicklung in der zweiten Hälfte des 20. Jahrhunderts wurde das Zusammenleben von Personen ohne Trauschein immer häufiger. Der Staat trug diesem Umstand Rechnung, indem er manche der bisher den Eheleuten vorbehaltenen Privilegien, wie etwa die Mietrechtsnachfolge oder den gemeinsamen Erwerb von Eigentumswohnungen, auch Lebensgemeinschaften ohne Heirat zuerkannte.

Auf der anderen Seite äußerten gleichgeschlechtlicher Paare mehr und mehr den Wunsch, ebenfalls eine staatliche „Ehe" eingehen zu dürfen. Konservative Politiker wehrten sich zwar gegen eine Gleichstellung der traditionellen Ehe mit homosexuellen Lebensgemeinschaften, manche beeilten sich aber gleichzeitig anzuerkennen, dass auch diesen Menschen die rechtsstaatlichen Folgen der Ehe wie Erb- oder Mietrechtsnachfolge, Beistandsrechte und -pflichten zuerkannt werden sollten.

Die Politiker quälten sich lange damit ab, eine Lösung zu finden, die man auch der eigenen Wählergruppe ideologisch schmackhaft machen könnte. Herausgekommen ist ein Kompromiss in Form eines Lebenspartnerschaftsgesetzes, der die Ehe zwar nicht dem Namen, wohl aber den Rechtsfolgen nach zu einer Gemeinschaft auch gleichgeschlechtlicher Personen werden lässt, letzteren aber die für heterosexuelle Partnerschaften im Personenstandsgesetz[(191)] vorgeschriebene feierliche Form der öffentlichen Willenskundgebung vor kostümierten Gemeindebeamten in einem Festsaal verweigert. Wie es sachlich zu rechtfertigen sein mag, eine solche Lebenspartnerschaft mit ihren rechtlichen Vorteilen Menschen verschiedenen Geschlechtes zu verwehren, etwa einer betagten Dame, die zwecks Pflege ihren alleinstehenden Neffen bei sich wohnen lässt, ist mir unter dem Gesichtspunkt des verfassungsgemäßen Gleichheitssatzes ein Rätsel.

Hätte sich die in der Rechtsordnung repräsentierte Gemeinschaft irgendwann einmal Gedanken gemacht, warum ihr das Zusammenleben von Menschen überhaupt regelungswürdig ist, hätte man sich all diese Probleme ersparen können. Der langwierige Streit ist jedenfalls ein augenfälliges Beispiel für die Stolpergefahr, die entsteht, wenn man den zweiten Schritt vor dem ersten tut, das heißt Aufgaben besorgt, bevor man sich über deren Zielsetzung im Klaren ist.

Es gibt drei wesentliche Gründe, in einer Verfassung nicht nur die Spielregeln der Machtausübung und allenfalls eine schön formulierte, aber nichts sagende Präambel, sondern einen Katalog von staatlichen Zielen festzuschreiben. Die Gründe heißen Transparenz, Legalität und Akzeptanz staatlichen Handelns. Die Formulierung von Zielen, Voraussetzung für jedes Unternehmen, um erfolgreich zu sein, darf beim Staat nicht fehlen. Sie geben dem Handeln des Staates Halt, weil sich dieses an den gesteckten Zielen messen lässt, und sie machen die Motivation politischen Handelns für die Bürger transparent. Derzeit sind nur die wirtschaftspolitischen Ziele des Staates wie Wachstum, Vollbeschäftigung, Abbau der Staatsverschuldung einigermaßen transparent, gesellschaftspolitische Vorstellungen bleiben dem Gutdünken der jeweils Regierenden überlassen.

Staatsziele dienen auch dazu, öffentlichen Maßnahmen aus den taktisch-strategischen Spielen der Tagespolitik auf die höhere Ebene der Legalität zu heben und damit zu versachlichen. Die Gesetzgebung kann sich ebenso wie die Verwaltung an grundsätzlichen Zielen orientieren, freilich nur, wenn es solche gibt. Man könnte dem entgegenhalten, dass die politischen Parteien in ihren Programmen und in gemeinsamen Regierungserklärungen ohnedies solche Ziele formulieren. Regierungs- und Wahlprogramme werden jedoch – wie die Erfahrung lehrt – allzu leicht nach den Gesichtspunkten der politischen Opportunität uminterpretiert und entziehen sich einer objektiven Prüfung ihres Inhaltes.

Schließlich hätte ein verfassungsrechtlicher Zielkatalog eine (breite) gesellschaftliche Akzeptanz für sich. Verfassungsgesetze können nur mit großer Mehrheit beschlossen werden. In ihnen erweist sich, ob und inwieweit eine Gesellschaft zu gemeinsamen Entscheidungen fähig ist und sie hätten damit auch einen erzieherischen Effekt für die Politik. Allzu oft habe ich im Österreich-Konvent aus prominenten politischen Mündern die Aussage gehört, wenn dieser und jener Wunsch der eigenen Partei oder auch nur einzelner ihrer Vertreter nicht erfüllt werde, könne es keine neue Verfassung geben. Diese Selbstüberschätzung der eigenen (Minderheits-)Meinung fände ihre Grenze im Erfordernis einer, wenn auch geringen konsensorientierten Programmatik staatlichen Handelns.

Damit wäre auch eine leidige Debatte beendet, die im Verfassungskonvent unter dem Arbeitstitel „Mezzaningesetze“ geführt wurde. Unter „Mezzaningesetzen“ versteht man im Fachchinesisch der Juristen Normen, die zwar inhaltlich wenig bis nichts mit den in einer Verfassung üblichen Bestimmungen zu tun haben, die aber nur mit großem Konsens beschlossen oder geändert werden sollen, wie etwa die Schulgesetze. Es wäre durchaus nicht schädlich, wenn sich ein Parlament zur Formulierung wirklich bedeutender Ziele gemeinsam zusammenfände und diese mit großer Mehrheit außer Streit stellte.

Dass man aber auch nach Jahren eines demokratischen Reifungsprozesses in unserer Zeit Staatsziele nicht verbindlich festlegen kann oder will, dürfte Ausdruck eines zeitgeistigen Opportunismus der politischen Kräfte sein. In ausufernden ideologischen Auseinandersetzungen einer globalen Welt wird diese politische Beliebigkeit zum Problem. Wie wollen wir Menschen, die aus fremden Kulturen zu uns kommen, unsere grundlegenden gesellschaftlichen Ziele und Haltungen nahebringen, wenn wir selbst nicht fähig sind, uns auf solche zu einigen und uns stattdessen auf seelenlose Regeln beschränken, deren Inhalt bei jedweder passender Gelegenheit geändert werden kann und oftmals auch wird.

Unsere Verfassung gleicht insofern der Spielanleitung eines Gesellschaftsspieles, in der zwar ausführlich erläutert wird, wie mit den Spielsteinen gezogen oder geschlagen werden kann, welche Felder zu betreten oder zu überspringen sind, in welcher jedoch anzuführen vergessen wurde, was das Ziel des Spieles sein soll. Bei einem solchen Spiel werden die Spieler eigene Spielziele erfinden, so sie sich darauf einigen können. Wenn nicht, werden sie die das Spiel beiseitelegen. Keine beruhigende Perspektive für eine Spielanleitung namens Staatsverfassung.

(186) Die Presse, 16.8.2005

(187) Der Standard 6.9.2006

(188) Wolfgang Mantl (Hg.): Effizienz der Gesetzesproduktion. Wien 1995, 21

(189) Ausschuss 1, Staatsaufgaben und Staatsziele

(190) Bericht des Ö-Konvents Bd. 1 Teil 3, 15

(191) § 67 PSTG

3.6. In Jubelchören Treue schwören

Die politische Symbolik

„Ich aber sage euch, dass ihr überhaupt nicht schwören sollt ..."
(Neues Testament, Matthäus 5,34)

Man möchte es kaum glauben: Fahnen, Eide, Hymnen, Wappen und Schilde werden als Zeichen längst vergangener Epochen gerne belächelt und sind doch so ungemein zeitgeistig. Man gehe nur in ein Fußballstadion oder zu einem Schirennen. Jedes Team hat seine Farben, seine Embleme und Anstecknadeln. Kein Sportgroßereignis kommt ohne mehr oder weniger melodiösen „Schlachtgesang" aus. Wimpeln, Fahnen, T-Shirts und Kappen mit dem Vereinszeichen sind ein Muss für jeden Fan. Im Knopfloch prangt das Erkennungszeichen in Form eines Ansteckknopfes, der seinen Träger als glücklichen Ordensinhaber, Landespatrioten, Klubanhänger usw. ausweist.

Meine Skepsis gegen Symbole, zu deren Tragung man zumindest moralisch verpflichtet ist, wenn man zu dieser oder jener Gruppe gehören möchte, kommt nicht nur davon, dass ich immer und überall zugleich überzeugter Ordensangehöriger, Landespatriot, fanatischer Klubanhänger usw. sein, aber nicht wie ein sowjetischer General aus kommunistischer Ära daherkommen möchte. Dass die großen Gemeindewohnhäuser Wiens am 1. Mai an nahezu jedem Fenster mit einer kleinen Fahne geschmückt waren, während die Fenster der alten Wohnhäuser unseres bürgerlichen Bezirkes unbeflaggt blieben, erklärte mir schon als Kind meine Mutter damit, dass am Tag der Arbeit nur die Roten (Sozialisten, Kommunisten) Fähnchen stecken, die Beflaggung an den Fenstern alter Bürgerbehausungen hingegen in unseligen Zeiten der Bejubelung der Nazidiktatur gedient hätte. Sie hat mich damit nicht ganz vollständig unterrichtet, denn natürlich haben alle politische Gruppen immer wieder Symbole als identitätsstiftende Stimulantia verwendet. Im Rahmen meiner historischen Studien fiel mir die „Kleine Volkszeitung" vom 17. Juli 1935 in die Hände, wo der Wiener Bürgermeister Richard Schmitz dazu aufrief, anlässlich des Jahrestages der Ermordung von Bundeskanzler Engelbert Dollfuß die Häuser mit Trauerfahnen zu beflaggen und die Fenster zum Zeichen des Gedenkens zu beleuchten. *„In dankbarer Erinnerung an den großen Toten wird sich kein Bewohner der Stadt von der Mitwirkung an der Trauerkundgebung ausschließen"*, hieß es in dem Aufruf.

So habe ich politische Symbolik meist entweder als Ausgrenzung anders Denkender oder als Zwang zu uniformen Denken und Handeln empfunden.

Auch heue noch wird seitens politischer Organe „erwartet", dass sich Bedienstete, Mitglieder oder Sympathisanten in bestimmter Weise verhalten, um ihre Zustimmung auszudrücken, sei es durch einen Button, einen Schal, einen „Song" oder eine Parole. Wenn eine Gruppe ihre gemeinsame politische Überzeugung durch uniformierte Bekleidung zum Ausdruck bringen muss, hat sie zumindest mit einem von beiden à la longue wahrscheinlich ein Problem. Deshalb wirken bei den üblichen Politikerinterviews an Wahlabenden die im Hintergrund Schals oder Tücher schwingenden Komparsen auf mich eher lächerlich als überzeugend.

Staatliche Symbole wie Hymnen, Wappen, Fahnen gehören von alters her auch zu den geläufigen Inhalten der Verfassungswerke. Sie sind Identitätsmerkmale und Ausdruck eines kollektiven Bewusstseins. Sie erinnern obendrein an eine mehr oder weniger gloriose Vergangenheit. In dieser Funktion verdienen sie Achtung und Ehrerbietung. Problematisch wird es hingegen, wenn mit ihnen ein Denken oder Empfinden erzwungen werden soll, das der Realität nicht gerecht wird.

In unfreiwilliger Komik endet der Versuch, solche Symbole künstlich dem Zeitgeist anzupassen. Die vor einer Reihe von Jahren aufgetauchte Forderung, Hammer und Sichel als „kommunistische Symbole" aus dem Staatswappen zu eliminieren, ist ebenso ridikül wie der Entschluss unserer Volksvertreter, in der Bundeshymne die *„Heimat großer Söhne“* durch eine *„Heimat großer Töchter und Söhne“* zu ersetzen, und aus den dem Vaterland Treue schwörenden *„Brüderchören“* *„Jubelchöre“* zu machen. Treue schwören, dachte ich, sei eine ernsthafte Sache. Kann man das jubelnd tun?

Wer solcherart Hand an die traditionellen Symbole legt, sollte sich bewusst sein, dass er dieselben damit nach und nach der Vernichtung preisgibt. Denn die Halbwertszeit dessen, was als zeitgemäße Sprache oder bildliche Darstellung gelten darf, wird immer kürzer. Staatssymbole aber sollten als historische Erinnerungsstücke Bestand haben. Man möge daher den Bundes-Adler mit Hammer und Sichel in seinen Fängen und den gesprengten Ketten in Ruhe lassen. Hammer und Sichel sind eine traditionelle Symbolik der arbeitenden Bevölkerung. Wir müssen sie nicht durch Hochöfen, Erntemaschinen oder Laptops ersetzen, die wir dem Bundesadler in seine Fänge legen.

Ähnlich ist es auch mit den Hymnen. Sieht man einmal vom oberösterreichischen „Hoamatland“ Franz Stelzhammers, des wohl bedeutendsten Mundartdichters des deutsch-österreichischen Sprachraumes, ab, so gilt für die meisten Hymnen der Refrain eines bekannten Wiener Liedes: *„Des hat ka Goethe g'schriebn, des hat ka Schiller dicht', is von kan Klassiker und kan Genie.“* Es ist aber auch nicht *„wie ein Wiener zu einer Wienerin spricht“* (oder ein Niederösterreicher zu einer Niederösterreicherin) höchstens noch *„voller Poesie“*. Denn wenn man *„mit Blut die Grenze“* schrieb, wenn *„rot die heißen Herzen sprechen“*, die für die *„Heimat starben“*, wenn *„sich am Pflug die nervige Hand regt“*, und wenn dann *„die Fahnen an ernster Mahnung reich im Winde wehen“* und man *„treu der Heimat bleiben sollte, bis der liebe Herrgott ruft“*, ja dann merkt man allzu deutlich das leider oft vergebliche Bemühen der Textdichter unserer Hymnen, hehre Wort von zeitloser Bedeutung zu finden.

Darüber kann man sich lustig machen, wie über die Kleider vergangener Epochen und so wie sich unsere Nachkommen über unsere Art des Sprechens und Denkens lustig machen werden. Oder man kann sie in Ehren halten als Zeugen einer vergangenen Zeit. Einer Zeit, die für die regionale Gemeinschaft von Bedeutung war und daher wert ist, sich daran zu erinnern. Wer sie jedoch zu modernisieren versucht, der handelt gleich jenen heutzutage belächelten Vorfahren, die romanische oder gotische Kunstwerke barock übermalten.

Zu den staatlichen Symbolen gehören auch Siegel und Wappen. In der Zeit von E-Card, Fingerprints, Passwort und ID-Nummer dürften Siegel weniger Symbole des Staates als einer vergangenen Epoche sein. Was aber auffällt, ist der Verwaltungsaufwand, mit dem das Wappen auch heute noch vor unbefugtem Gebrauch gesetzlich bewahrt wird. Warum, so könnte man fragen, wird in einer Demokratie des 21. Jahrhunderts der Gebrauch des Wappens per Gesetz noch immer Privilegierten vorbehalten, den hohen Politikern und bestimmten Firmen, die dieses ähnlich dem früher dem Firmennamen vorangestelltem „k. und k." bei ihrer Geschäftspost verwenden dürfen. Warum darf nicht jedermann das Wappen verwenden und dadurch seine Verbundenheit mit dem Staat, seinem Bundesland oder seiner Gemeinde zum Ausdruck bringen? Wozu der Aufwand einer Genehmigung? Warum nicht alle das Wappen verwenden lassen, die das möchten? Weil man den Staat, das Land oder die Gemeinde lächerlich machen könnte, indem man das Wappen als Briefkopf unsittlicher Angebote verwendet? Wenn solches wirklich vorkommt, kann man es immer noch als öffentliches Ärgernis unter Sanktion stellen.

Wozu auch eine Wappenverleihung? Wir leben nicht mehr in landesfürstlichen Zeiten, da der Erwerb eines Wappens auf die besondere Gunst des verleihenden Landesherrn hinwies. Wenn eine Gemeinde ein Wappen haben will, dann soll der Gemeinderat ein solches beschließen. Allenfalls kann man ein Register anlegen, um gleichartige Wappen oder einen Urheberstreit zu verhindern. Alles andere ist überholter Aufwand.

Wenn von überholter Symbolik die Rede ist, muss man schließlich auch auf die in unserem säkularisierten, pluralistischen Staat noch immer rechtlich verankerte Bedeutung von Schwur und Gelöbnis zu sprechen kommen. Zwar sind bei den Gerichten die Zeiten vorbei, wo man Zeugen der Reihe nach vor Kreuz und brennenden Kerzen schwören ließ, *„die Wahrheit und nichts als die Wahrheit"* zu sagen. Denn man hat längst erkannt, dass – wenn überhaupt – die Furcht vor einer gerichtlichen Vorstrafe wegen falscher Zeugenaussage die meisten Zeitgenossen mehr schreckt als die Angst, wegen eines Meineides vor dem Jüngsten Gericht zu stehen.

Um aber als Abgeordneter ein Mandat auszuüben, in das man vom Volk gewählt wurde, bedarf es nach den Wahlordnungen noch immer eines Gelöbnisses, ohne dessen Ableistung man des vom Volk verliehenen Amtes gleich wieder verlustig wird. Man hat der Republik, dem Bundesland oder der Gemeinde, deren Vertretung man angehören möchte, *„unverbrüchliche Treue"* und *„gewissenhafte Pflichterfüllung"* zu geloben. Die Bereitschaft zu gewissenhaftem Einsatz für das Unternehmen, in dem man arbeitet, ist auch im zivilen Wirtschaftsleben bei Dienstverträgen eine Selbstverständlichkeit, ohne dass es dort solch hehrer Gelöbnisworte bedürfte. Man gelobt aber als Abgeordnete auch *„stete und volle Beobachtung der Verfassungsgesetze und aller anderen Gesetze"*.(192) Wie das? Sind denn die Damen und Herren Abgeordneten nicht dazu da, die Gesetze und nötigenfalls auch die Verfassung zu ändern oder zu ergänzen oder dies zumindest durch Anträge zu versuchen, wenn es ihnen zweckmäßig scheint? Müssen sie dann nicht fortwährend gegen ihr Gelöbnis verstoßen? Oder ist nur gemeint, dass sie sich an die bestehenden Gesetze zu halten versprechen? Müssen das aber nicht alle „normalsterblichen" Bürger des Landes auch tun, ohne solches jemals gelobt zu haben?

In unserem Staat wird überhaupt recht viel geschworen und gelobt, nicht nur im Text der Bundeshymne. Bei jeder Wahl haben tausende von den wahlwerbenden Parteien nominierte Beisitzer der Wahlbehörden mit „Handschlag" *„strenge Unparteilichkeit"* zu geloben.(193) Mich hat dieses Shakehands der Parteienvertreter mit dem Vorsitzenden immer belustigt. Denn wenig später versuchten die eben noch die strenge Unparteilichkeit gelobt habenden Politfunktionäre mit den oft fadenscheinigsten Argumenten für oder gegen eine Aufnahme ins Wählerverzeichnis, für oder gegen die Gültigkeit eines Stimmzettels zu argumentieren. Die Wahlgesetzgeber betätigen sich somit als Anstifter zum Gelöbnisbruch. Denn entweder will man streng unparteiliche Wahlbehörden, dann müssen diese ausschließlich mit Beamten oder Richtern besetzt sein und die Vertrauensleute der Wahlparteien nur Beobachterstatus haben, oder man möchte Parteienvertreter in diesen Gremien, dann möge man diese nicht die „Unparteilichkeit" geloben lassen. Man nimmt ja auch nicht bei Fußballmeisterschaften die Trainer der beiden Mannschaften als Linienrichter.

Ein wichtiger Teil staatlicher Symbolik ist schließlich der Nationalfeiertag. Dass Österreich trotz unbestreitbaren Hangs zu Feiertagen lange Zeit seines Bestehens einen solchen nicht kannte, ist darauf zurückzuführen, dass es nicht gelang, einen Tag des Jahres zu finden, der seine Erhebung zum Nationalfeiertag rechtfertigen würde.

Gegen den 12. November, den Tag der Ausrufung der Republik Österreich im Jahr 1918, sprach nicht nur der Umstand, dass diese Erste Republik keine wirkliche Erfolgsgeschichte war. Schon der Tag selbst mündete vor dem Parlament in ein von kommunistischen Agitatoren provoziertes Blutbad. Auch ist dieses Datum unter Historikern und Juristen dem in diesem Land unvermeidlichen politischen Streit ausgesetzt. Denn manche meinen, dass eigentlich der 30. Oktober 1918, der Tag der konstituierenden Nationalversammlung Deutsch-Österreichs als Anfangsdatum der Republik Österreich anzusehen wäre.(194)

Gegen den 27. April 1945 (gilt verfassungsrechtlich als Entstehungstag der Zweiten Republik) wurde ins Treffen geführt, dass zu diesem Zeitpunkt noch nicht ganz Österreich befreit war, aber auch – ganz pragmatisch – dass dieses Datum zu nahe beim anderen Staatsfeiertag, dem Tag der Arbeit am 1. Mai gelegen sei.(195) Demgegenüber wendete man gegen den 25. Oktober, als den Tag, da 1955 der letzte Besatzungssoldat österreichischen Boden verlassen hatte, ein, dass *„die österreichische Flagge nicht vom Oktobernebel umbraust sein,* *sondern im Frühlingswinde wehen solle“.* [196] Vor allem aber hätte dies den Westösterreichern nicht viel gesagt, weil dort die fremden Soldaten schon längst aus dem Straßenbild verschwunden waren. So kam es schließlich zum 26. Oktober als Nationalfeiertag, und zwar deshalb, weil an diesem Tag im Jahr 1955 der österreichische Nationalrat das Bundesverfassungsgesetz über die „immerwährende Neutralität“ Österreichs beschlossen hat.

Ein typisch österreichischer Kompromiss und zugleich ein Symbol dafür, dass sich staatspolitische Entscheidungen bei uns vorwiegend an den Argumenten von Juristen und anderen Fachleuten und weniger an den Gefühlen der Menschen orientieren. Daher wissen wahrscheinlich drei Viertel der österreichischen Bevölkerung nicht, warum der 26. Oktober Nationalfeiertag ist. Denn schon 1955 war dieser Parlamentsbeschluss, von Politikern und Verfassungsjuristen abgesehen, nicht in aller Munde, wie man der ziemlich bescheidenen Berichterstattung der Zeitungen des nächsten Tages entnehmen kann. Die Bevölkerung hat die Neutralitätsverpflichtung als gern geleisteten Preis für Freiheit und Frieden verstanden und sie politisch korrekt, wenn auch verfassungs- und völkerrechtlich falsch mit dem Abschluss des Staatsvertrages am 15. Mai 1955 im Belvedere in Wien verbunden.

In den ersten Jahren danach feierte man den 26. Oktober nur als „Tag der Fahne“. Eine seltsame Bezeichnung, die der patriotischen Unterweisung in den Schulen an diesem Tag Rechnung tragen sollte, angesichts der gesellschaftlichen Bedeutung des Alkohols in unserem Land aber auch zu manch despektierlichem Witzchen Anlass bot. Später wurde er dann zum arbeitsfreien staatlichen Feiertag, an dem ganz Österreich nach dem Beispiel des damaligen Bundespräsidenten Franz Jonas zum Wandern aufgefordert war. Diese Verbindung von Patriotismus und körperlicher Ertüchtigung ist sonst eher aus diktatorischen Regimen geläufig. Aber auch diese Welle ebbte ab und heute ist der Nationalfeiertag den meisten ein arbeitsfreier Tag, über dessen Bedeutung man sich ebenso wenig im Klaren ist wie bei Mariä Himmelfahrt (15. August) oder Mariä Empfängnis (8. Dezember). Wären da nicht die obligatorische Rede des Staatsoberhauptes im Fernsehen und die Freizeitangebote öffentlicher Stellen, insbesondere des Bundesheeres in Form von Paraden oder als Tag der offenen Tür.

Dass die Neutralität, die am 26. Oktober 1955 vom Parlament beschlossen worden ist, nach der Neuordnung der Militärblöcke und dem Beitritt Österreichs zur EU eine ganz andere als 1955 und kaum mehr die österreichische Nationalität repräsentierende Bedeutung hat, ist wohl schwerlich zu bestreiten. Deshalb muss man es schon bedauern, dass sich die Republik nicht entschließen konnte, den 15. Mai zum Nationalfeiertag zu erklären. Im Gedenken an jenen 15. Mai 1955, an dem in Wien von den alliierten Mächten der Staatsvertrag mit der Republik Österreich über die Wiederherstellung der vollen Souveränität unterzeichnet wurde. Der Tag, der dieser Republik nach einem traurigem Beginn, nach Jahren von Bürgerkrieg und Diktatur, denen weit schlimmere Zeiten nationalsozialistischer Herrschaft folgen sollten, und nach Not und Entbehrung einer zehnjährigen Besatzung die Selbstbestimmung in einem friedlichen Land als Grundlage einer ungeahnten Erfolgsgeschichte bescherte. Jener 15. Mai 1955, von dem fast alle älteren Landsleute (anders als vom 26. Oktober 1955) noch genau wissen, wo sie waren und wie sie ihn persönlich erlebt haben und an dem wirklich – wie Außenminister Leopold Figl damals mit Pathos verkündete – vom Bodensee bis zum Neusiedlersee, von der Thaya bis zu den Karawanken die Glocken läuteten und dieses oftmals so uneinige Volk in Freude vereint war. Diesen Tag zum Nationalfeiertag zu erklären, ist letztlich an der kleingeistigen Überlegung gescheitert, dass es im Mai eh schon so viele Feiertage gibt.

Jede Gemeinschaft sucht Symbole als Zeichen ihrer individuellen Existenz. Auch der Staat, ein Bundesland oder eine Gemeinde. Wo sie Vergangenes repräsentieren, sollte man sie schätzen und bewahren, wo sie ihren Sinn und ihre Aussagekraft verloren haben, den Mut haben, auf sie zu verzichten oder sie durch andere, sinngebende ersetzen. Und Symbole, deren Gebrauch die persönliche Freiheit des Einzelnen einzuschränken geeignet sind, haben in einer demokratisch verfassten Gemeinschaft ohnehin nichts zu suchen.

(192) Z. B. § 4 Nationalratsgeschäftsordnung

(193) Z. B. § 16 Abs. 2 Nationalratswahlordnung

(194) Vgl. Wilhelm Brauneder: Österreichische Verfassungsgeschichte. Wien 1987

(195) Die Zukunft, H. 6/1955

(196) Kurt Skalnik in „Die Furche" Nr. 38/1955

3.7. Zwangsneurose Regulitis

Politik und Gesetz

„Wo Politikern Ideen fehlen, stellt ein Gesetz zur rechten Zeit sich ein. Gesetze kann man schnell bereiten, mit Gesetzen manche Wahl bestreiten."
(Frei nach Goethe, „Faust I")

Es gibt eine Krankheit, die sehr häufig Politiker befällt. Es handelt sich um einen neurotischen Prozess, bei dem der Organismus auf bestimmte Situationen mit zwanghaftem Handeln reagiert. Dieses Handeln besteht im Fordern, Erarbeiten und Beschließen eines neuen Gesetzes und könnte daher auch als Regulitis bezeichnet werden.

Irgendetwas passiert, das die Öffentlichkeit aufgrund der Tragweite des Ereignisses oder der geschickten Steuerung seitens einer interessierten Gruppe in Aufregung versetzt. Politiker, denen in dieser Sache eine Zuständigkeit zukommt oder die eine solche für sich beanspruchen möchten, sehen sich veranlasst, eine Reaktion zu zeigen. Dafür gelten folgende Maßstäbe. Es muss schnell reagiert werden, damit einem nicht jemand anderer zuvorkommt. Es muss ein bestimmtes Verhalten verlangt werden, um den Eindruck von Handlungs- und Entscheidungsfähigkeit zu vermitteln. Schließlich muss die Reaktion dem oder den Politikern in der Öffentlichkeit eindeutig zurechenbar sein.

Die Konsequenz aus diesen Überlegungen ist so gut wie immer die Forderung nach einem neuen Gesetz oder nach der sofortigen Veränderung eines bereits bestehenden. Warum? Gesetzliche Bestimmungen zu verlangen ist leicht und erfordert zum Unterschied von anderen Maßnahmen keinen hohen Überlegungsaufwand und auch keine Handlungskompetenz. Letzteres ist der Grund, warum insbesondere Oppositionspolitiker, die über keine Durchsetzungsmöglichkeiten verfügen, gerne Gesetze fordern. Ein Verhalten zu verbieten, das im

Einzelfall zu unerwünschten Situationen geführt hat, und ein neues Gremium zu schaffen, um darüber Kontrolle ausüben zu können, solche Forderungen kann man praktisch ansatzlos erheben und damit schnelle Entschlusskraft dokumentieren. Es reicht meist ein Pressepapier (Schlagwort: *„Ein Gesetz muss her!“*), die Ausarbeitung kann man getrost den Fachleuten überlassen. Schließlich ist die Forderung nach einem Gesetz leicht dem zuordenbar, der sie erhoben hat. Heinz Fischer hat daher schon vor etlichen Jahren – wohl eher in seiner Funktion als Professor und Herausgeber des „Journal für Rechtspolitik“ denn als Politiker – beklagt, dass der Ruf nach Gesetzen manchmal Selbstzweck sei und *„die Inhalte nur eine untergeordnete Rolle spielen“*.(197)

Da werden einige bedauerliche Fälle jugendlichen Alkoholmissbrauches zum wochenlangen Medienthema des „Komasaufens“ hochgeredet. Trinken bei Jugendlichen ist in erster Linie eine gesellschaftliche Störung. Notwendig ist vielleicht ein Mehr an entsprechender Erziehung, an glaubwürdigen Vorbildern, auch an Bereitschaft der Erwachsenengeneration, junge Menschen nicht sich selbst zu überlassen. Dennoch, ein Politiker, der oder die sich auf solche Überlegungen beschränken wollte, würde in der veröffentlichten Meinung wohl nur Häme ernten: *„Sonst fällt Ihnen nichts ein? Haben Sie keine konkreten Maßnahmen in petto, die möglichst sofort umgesetzt werden können?“* Da ist es doch allemal besser, ein Gesetz zu fordern. Auch wenn sich jeder ausrechnen kann, dass Zugangsbeschränkungen an Zigarettenautomaten oder Verkaufsverbote von Alkoholika das jugendliche Suchtverhalten weniger beschränken als eine gute Erziehung oder attraktive Freizeitangebote und nicht zuletzt ausreichende Bildungs- und Beschäftigungsmöglichkeiten.

Gelänge es, die schnelle Aufeinanderfolge von Aktion und Reaktion in der öffentlichen Normenbildung auf ein vernünftiges Maß zurückzuführen, wäre der Sache mehr gedient. So lange jedoch die Geschwindigkeit einer überdrehten Meinungsmaschinerie größer ist als die Entscheidungsfindung gründlich erwägender und danach handelnder Verantwortungsträger, vollzieht sich in der staatlichen Gesetzgebung jener Prozess, den jeder Autofahrerneuling bei zu raschem Einkuppeln eindrucksvoll erlebt. Der sich (zu schnell) drehende Motor wird von dem sich aufgrund seiner Masse nur langsam in Gang setzenden Fahrwerk abgewürgt. Das Auto macht zwar zunächst einen spektakulären Sprung, aber dann ist es mit der Vorwärtsbewegung auch gleich wieder vorbei. Wie auch der Gesetzgeber mit schnellen Maßnahmen vorerst zu beeindrucken vermag, ohne dass man wirklich vom Fleck gekommen wäre.

So wie der unter Waschzwang leidende Neurotiker sich fortwährend Hände oder Gesicht wäscht, obwohl er gar nicht schmutzig ist, macht der an Regulitis laborierende Politiker gerne Tatbestände zum Gesetzesinhalt, die ohnedies geregelt sind. Ein typisches Beispiel hiefür sind gesetzliche Regeln über die Hundehaltung.

Ein alter Kinderreim lautet: *„Bauer bind den Pudel an, dass er mich nicht beißen kann. Beißt er mich, klag ich dich, 1.000 Taler kost es dich"*. Die Regel ist ebenso klar wie vernünftig. Wer durch unsachgemäße Haltung eines Tieres Schaden verursacht, ist dafür haftbar. Kaum passieren ein, zwei solche Fälle, erlässt man ein neues Gesetz, mit dem man Hunde in Gefährlichkeitsklassen einteilt und deren Halter zum Erwerb eines öffentlichen Hundeführerscheins verpflichtet; der eine Prüfung voraussetzt, die wiederum einer gesetzlichen Regelung über Ausbildungsvorschriften und Erfordernisse der hiefür berechtigten Schulen bedarf. Ein gigantischer Verwaltungsaufwand, der obendrein seinen angestrebten Zweck mit ziemlicher Sicherheit verfehlt, da Hundehalter, die sich nicht durch Sorgfalts- und Schadenersatzpflicht zu einer ordentlichen Tierhaltung veranlasst sehen, sich auch von weiteren aufwändigeren und unklareren Regeln nicht werden beeindrucken lassen.

Ein allseits bekanntes Krankheitsbild der Regulitis ist auch die angstneurotische Verlaufsform. Die Angstneurotiker sehen in nahezu jedem menschlichem Verhalten eine Form der Selbst- oder Fremdgefährdung. Tritt der befürchtete Gefahrenfall ein oder wird er auch nur gerade noch verhindert, ruft man schon nach neuen Normen, die derlei Gefährdungen unterbinden könnten. Ulrich Beck spricht von der „antizipierten Katastrophe",[198] und erwähnt als Beispiel die Verhinderung eines Flüssigkeitssprengstoffattentats auf ein Passagierflugzeug im Jahr

2006, welche zur der jedem Flugpassagier bekannten Vorschrift führte, kein Wasser- oder Parfumfläschchen ins Flugzeug mitnehmen zu dürfen. Die Antizipation von Terroranschlägen schränkt die Freiheit von Millionen von Passagieren in einem Teilbereich auf Dauer ein und die Terroristen haben ihr Ziel der Destabilisierung der von ihnen gehassten Gesellschaft erreicht. Dem neurotisch-gesetzlichen Impfzwang gegen Vogel-, Schweine- oder sonstige Viren sind wir bisher gerade noch entgangen, auch wenn Persönlichkeiten des öffentlichen Lebens bereits in eben dieser Öffentlichkeit bloßgestellt wurden, wenn sie die Impfung verweigerten. Es dauert aber gewiss nicht mehr lange, bis nach einer entsprechenden medialen Berichterstattung einschlägiger Unglücksfälle auch alte Landleute, die mit ihrem klapprigen Fahrrad in den Ort oder aufs Feld gondeln, zum Tragen eines – natürlich von der einschlägigen Industrie erzeugten und TÜV-geprüften – Helmes verpflichtet werden.

Schon Max Weber sah in dem Zusammenspiel von Wissenschaft, Bürokratie und Kapitalismus die Verwandlung der Moderne in eine Art „Gefängnis“.(199) Die fortschreitende wissenschaftliche Erkenntnis über Ursachen und Beseitigung möglicher Gefahrenherde, das kapitalistische Interesse an deren Vermarktung und eine willfährige Bürokratie verbinden sich zur einer unheilvollen Trias zunehmender menschlicher Unfreiheit. Die Früchte dieser Erkenntnis kann man beispielsweise bei den von den Kommunen und den wenigen noch mutigen Privaten errichteten Kleinkinderspielplätzen beobachten. Wissenschaftliche Erkenntnis und technisches Vermögen haben bis ins kleinste Detail reichende Normen für die Errichtung und den Betrieb von Spielgeräten entstehen lassen. Die Industrie sorgt für deren Herstellung und die Bürokratie für ihre verpflichtende Verwendung. Sie schauen alle gleich aus und lassen der Fantasie des spielenden Kindes kaum Raum.

Die normative Entmündigung lässt die Bereitschaft der Bürger zu eigenverantwortlichem Handeln erlahmen. Der holländische Verkehrsplaner Hans Mondermann hat aus der Tatsache, dass Regeln eigenständiges Denken behindern, die Konsequenz gezogen, Kreuzungen von Ampeln und Schildern zu befreien – und damit die Unfallzahlen gesenkt.[200] Denn die eigene vernunftbegabte Entscheidung wäre allemal einer noch so detaillierten Regulierung vorzuziehen. Versuchen Sie einmal, wenn Sie als Autofahrer schon hunderttausende Kilometer unfallfrei gefahren sind, ohne Vorbereitung den für die Lenkerprüfung gesetzlich vorgesehenen Test zu bestehen. Es wird Ihnen nicht gelingen. Wie kommt es aber, dass sich zehntausende Autofahrer tagaus tagein unfallfrei auf unseren Straßen bewegen, obwohl sie bei einer plötzlich stattfindenden Führerscheinprüfung chancenlos wären? Es kommt daher, dass man zwar gewisse Grundregeln wie die Bedeutung der Lichtzeichen einer Ampel kennen muss, dass aber das Vermögen guten und sicheren Fahrens in der eigenen Psyche gelegen ist, in der Vorsicht, in der Rücksichtnahme auf andere, in der Erfahrung.

Ist die normative Entmündigung der Bürger erst einmal begonnen, macht sie nicht bei jenen Entscheidungen halt, die die Bürger aus Schwäche oder Bequemlichkeit nur allzu gern abgeben. *„Wir werden das Modell des Kinderbeistandes ausdehnen. Wenn nötig, auch gegen den Willen der Eltern"* konnte man etwa aus dem Mund einer Justizministerin hören, deren Partei das Adjektiv „demokratisch" in ihrer Namensbezeichnung führt.[201] Der normative Vormund weiß am besten, was seinem Mündel, den sogenannten Rechtsunterworfenen, frommt.

Aus der Neurosenlehre gut bekannt sind weiters der Ordnungs- oder Kontrollzwang sowie der Zählzwang, der sich in dem Bedürfnis ausdrückt, alle möglichen Gegenstände ohne sinnvolle Notwendigkeit zählen zu müssen. Nicht nur zahllose Unternehmer werden in ihrer Arbeit behindert, auch viele private Bürger, die Formulare ausfüllen müssen, leiden unter dem öffentlichen Bedürfnis, Daten erfassen und bekannt geben zu müssen, die in vielen Fällen gar nicht benötigt, aber dennoch gesammelt werden, weil es eine der Bürokratie willfährige Gesetzgebung ermöglicht.

Die Regulitis wird nicht nur von politischen, sondern auch von juristischen Krankheitserregern hervorgerufen. Im Mittelalter war die Theologie jene Wissenschaft, der sich alle anderen Forschungen unterzuordnen hatten, in der Moderne ist an deren Stelle die Jurisprudenz getreten. Juristen erheben den Anspruch, alles regeln zu müssen, was bedeutsam ist. Christian Morgenstern hat diese Denkweise in seinen „Galgenliedern" köstlich skizziert: *„Palmström kommt zu dem Ergebnis, nur ein Traum war das Erlebnis. Weil, so schließt er messerscharf, nicht sein kann, was nicht sein darf."*

Am 11. November 2000 sind bei einer Brandkatastrophe der Standseilbahn von Kaprun 155 Menschen ums Leben gekommen. Als Auslöser wurde der nicht vorgesehen gewesene Einbau eines Heizlüfters identifiziert. Im Herbst 2005 wurden in einem Strafprozess alle Beschuldigten freigesprochen. Doch noch immer kämpfen Anwälte mit Zivilklagen um Schadenersatz. Nicht nur, weil manche Hinterbliebene den Kampf nicht aufgeben, sondern weil eine bestimmte Spezies von Juristen niemals zur Kenntnis nehmen wird, dass in einem detailliert geregelten Bereich wie der Errichtung und dem Betrieb einer Seilbahn für den Personenverkehr 155 Menschen ohne rechtliche Relevanz sterben können. Denn – so schließen sie messerscharf – es kann nicht sein, was nicht sein darf. Irgendjemand muss „schuld" sein, das heißt kraft positiven Rechts haftbar gemacht werden können. Wenn nicht, muss ein neues Gesetz her, das eine solche Haftung regelt.

Das Heimtückische an der Regulierungsneurose sind die Langzeitschäden, welche sie hervorruft. Gesetze, die infolge eines akuten Regulitis-Anfalls beschlossen wurden, bleiben nämlich meist auch dann bestehen, wenn kein Hahn mehr nach dem Problem kräht, das Anlass für den überstürzten Gesetzgebungsakt gewesen ist. Derart breiten sich die Regelungen metastasenartig aus und beschränken nicht nur die Freiheit der Bürgerschaft, sondern vergeuden auch Volksvermögen. Sie führen etwa dazu, dass sich kaum jemand noch traut, fremde Kinder in seine Wohnung oder in seinen Garten einzuladen, denn sie könnten sich beim Spielen an irgendeinem Gegenstand verletzen, der dort nicht hätte sein dürfen, wenn Kinder im Haus sind. Und ein Ärztekammerfunktionär und Spitalsärztevertreter räumte ein, dass 50 Prozent aller Untersuchungen, die in den Spitälern gemacht werden, für den Fall dienen, dass Patienten zu Gericht gehen, und sprach von einer „Absicherungsmedizin".(202)

Schließlich führt der Regulierungszwang nicht selten zu Diskriminierungen. Die größte Anzahl von registrierten Vormerkungen, die zur Entziehung der Lenkerberechtigung führen, gab es in den ersten beiden Jahren nach Einführung des Vormerksystems wegen fehlender Kindersicherung im Fahrzeug. Sie machten mehr als ein Drittel, bei Abzug der Alkoholdelikte sogar weit mehr als die Hälfte der Vormerkdelikte aus.[203] Gewiss ist die sichere Beförderung von Kleinkindern ein legitimes staatliches Ziel. Dennoch stellt sich die Frage, ob Großeltern oder Bekannte, die für eine gestresste Mutter ein Kind über kurze Strecken durch Tempo 30 km/h geregelte Gassen zum Kindergarten oder in die Schule fahren und dabei keinen dem Gesetz genau entsprechenden Kindersitz verwenden, wirklich unverantwortlicher agieren als Autolenker, die gewohnheitsmäßig mit mehr als 70 km/h durch Ortsstraßen rasen. Letztere haben nämlich auch bei mehrmaliger Bestrafung zum Unterschied von Ersteren keinen Entzug der Lenkerberechtigung zu fürchten. Schnellfahren ist eben für eine nicht unbedeutende Bevölkerungsgruppe, mit der es sich der Gesetzgeber, sprich: die Politiker, nicht ganz verscherzen will, noch immer ein „Kavaliersdelikt".

Bisweilen versucht der Gesetzgeber, die Geister, die er in seinem Regulierungswahn gerufen hat, wieder loszuwerden, indem er Ausnahmen von der getroffenen Regel macht oder „Amnestien" verkündet, um praxisferne Ungleichheiten wieder zu beseitigen, was wiederum andere Normunterworfene auf den Plan ruft, denen solche Ausnahmen nicht zugestanden wurden oder die sich an die Gesetze gehalten haben. Der Gesetzgeber befindet sich dabei in der Lage eines Autofahrers, der das Abdriften seines Fahrzeuges durch Gegenlenkbewegungen zu korrigieren versucht und dadurch nur noch mehr ins Schleudern gerät. Goethes Feststellung, dass *„Gesetz und Recht sich wie eine ewige Krankheit forterben"*,[204] findet solcherart ihre Bestätigung.

Viel schlimmer noch sind die völlig sachfremden Differenzierungen, die der Gesetzgeber bei der Verfolgung seiner Ziele vornimmt. Das Rauchverbot an öffentlichen Orten oder in Gaststätten wird (noch) nicht mit der Eigengefährdung der Raucher begründet, sondern mit dem gesundheitlichen Risiko des Passivrauchens für das Personal und die übrigen Passanten oder Gäste. Lokalbesuchern stünde es allerdings frei, ob sie ein Raucherlokal aufsuchen oder meiden wollen, sodass diese Begründung ein Rauchverbot für Gaststätten ohne Personaleinsatz nicht rechtfertigen könnte. Es gibt aber eine Gruppe von Menschen, die ganz sicher durch Passivrauchen gesundheitlich gefährdet wird und der der Gesetzgeber keinerlei Schutz angedeihen lässt, und das sind die Kinder. Denn man darf nach gesetzlicher Vorschrift zwar in Bars oder Wirtshäusern nicht mehr rauchen, wohl aber in der eigenen Wohnung und auch im Auto in Anwesenheit kleiner Kinder. Eine sachliche Begründung dafür lässt sich beim besten Willen nicht finden, außer jener, dass sich der Gesetzgeber außer Stande sieht, ein Rauchverbot in Wohnungen zu verordnen, will er nicht endgültig zum „großen Bruder" entarten, der die Fantasie George Orwells weit in den Schatten stellt.

Solche Ungleichbehandlungen, die nicht erst in einer mangelhaften Gesetzesdurchsetzung gelegen sind, sondern bereits in dem mangelnden Mut des gesetzgebenden Organs, seine scheinbar ernst zu nehmenden Ziele auch konsequent umzusetzen, sind seiner Autorität nicht förderlich. Sie nähren den Verdacht, dass es den Gesetzgebern bisweilen weniger um das Wohl der Bürger als um das eigene Ansehen geht.

(197) Heinz Fischer: Zur Notwendigkeit wissenschaftlicher Rechtspolitik. In: Journal für Rechtspolitik 1999 H. 4, 231

(198) Ulrich Beck: Weltrisikogesellschaft: auf der Suche nach der verlorenen Sicherheit. Frankfurt/Main 2007

(199) Zit. nach Beck, Weltrisikogesellschaft, 43

(200) Profil extra 9/2006

(201) Kurier, 18.2.2007

(202) Der Standard, 9.3.2009

(203) Kurier, 6.8.2007

(204) Goethe, Faust I

3.8. Polizeistaat – Juristenstaat – Bürgerstaat

Das Rechtsstaatsprinzip

„Manche Menschen benutzen ihre Intelligenz zum Komplizieren, manche zum Vereinfachen.“
(Erich Kästner)

Ein Mensch möchte ein Fest veranstalten. Ein großes Sommerfest soll es werden mit Musik und Tanz und auch ein paar netten Ideen für die Kleinen. Das Ganze soll an einem öffentlichen Ort stattfinden, weil ja möglichst viele Gäste erwartet werden und weil dafür kein entsprechend großer Privatgarten zur Verfügung steht. Natürlich soll es an Speis und Trank nicht fehlen. Was die Veranstalter nicht selbst an Köstlichkeiten aus der eigenen Küche beisteuern können, sollen Gewerbetreibende mit ihren Standln darbieten. Alle im Ort sind eingeladen zu kommen und deshalb sollen viele Plakate in der Gemeinde affichiert werden.

Der Mensch und seine Mitveranstalter wissen als aufmerksame Staatsbürger, dass man für derlei Vorhaben eines behördlichen Segens bedarf. Sie gehen zum Bürgermeister ihres Ortes und der teilt ihnen freundlich mit, dass die Veranstaltungsgesetzgebung in den letzten Jahren stark vereinfacht wurde. Er müsse nicht mehr wie früher sämtliche persönliche Daten des Veranstalters von der Schuhgröße bis zu den Vornamen der Großeltern wissen und auch kein Leumundszeugnis mehr verlangen. Die Anmeldung der Veranstaltung bei ihm, dem Bürgermeister reiche aus. Der veranstaltende Mensch scheidet dankbar, und in dem guten Gewissen, seinen staatsbürgerlichen Pflichten Genüge getan zu haben, macht er sich ans Werk.

Der veranstaltende Mensch ist leider kein Jurist. Sonst wüsste er, dass er mit der Anmeldung zwar dem Veranstaltungsgesetz entsprochen hat, dass aber sein Sommernachtsfest noch zahlreicher anderer gesetzlicher Erlaubnisse bedarf.

Da auf öffentlichem Grund ein paar Standln aufgestellt werden, braucht es eine Bewilligung nach dem Gebrauchsabgabegesetz, das heißt es werden für den Gebrauch des öffentlichen Grundes Gebühren zu zahlen sein. Auch eine Bewilligung nach der Straßenverkehrsordnung wird notwendig sein. Ist unter den Belustigungen irgendetwas aus brandgefährlichem Material, kommt das Feuerwehrgesetz zur Anwendung, möglicherweise muss auch eine Brandsicherheitswache beigestellt werden. Wird eine Bühne aufgestellt, ist sicherlich eine Bewilligung nach der Bauordnung oder dem Bautechnikgesetz notwendig. Selbst wenn für die Veranstaltung nach dem Veranstaltungsgesetz keine Genehmigung erforderlich war, kommt natürlich das Lustbarkeitsabgabegesetz zur Anwendung, welches für den Kartenverkauf eine Abgabe vorschreibt. Für die Verabreichung der Speisen und Getränke durch Unternehmer gilt die Gewerbeordnung, für die Vereinsmitglieder, die selbst Würstel braten oder Kuchen und Torten mitbringen, jedenfalls das Lebensmittelsicherheitsgesetz und das Verbraucherschutzgesetz.

Natürlich sind für die jugendlichen Besucher das Alkohol- und Tabaksverbot sowie die Aufenthaltsdauer an öffentlichen Orten nach dem Jugendschutzgesetz zu beachten. Wenn – was wahrscheinlich ist – irgendjemand sich durch die Musik gestört fühlt, gilt das Polizeistrafgesetz betreffend ungebührliche Lärmerregung. Nicht zu vergessen das Mediengesetz, welches für die Plakate und Flugzettel zur Anwendung kommt, mit denen für die Veranstaltung geworben wird.

Viele Veranstalter, die das alles noch irgendwie im Kopf haben, vergessen dabei hoffentlich nicht auf die für die Wiedergabe von Musik, ob live oder aus der Konserve, zu entrichtende AKM (Autoren, Künstler, Musiker) Abgabe.

Alle diese Gesetze mögen ihren Sinn haben, wenigstens zum überwiegenden Teil. Schließlich will sich auch bei einem schönen und lustigen Sommerfest niemand auf einer schlecht montierten Tribüne die Glieder brechen, mit einer Lebensmittelvergiftung nach Hause kommen oder durch unerträglichen Musiklärm bis in die frühen Morgenstunden um seinen verdienten Schlaf gebracht werden. Was aber an diesem keinesfalls außergewöhnlichen, sondern recht alltäglichen Beispiel gezeigt werden soll, ist die Unfähigkeit oder – richtiger gesagt – Unwilligkeit des Gesetzgebers, die notwendigen Vorschriften für einen Sachverhalt so zu treffen, dass sie einen einigermaßen sinnvollen Zusammenhang ergeben, den auch ein durchschnittlich gebildeter und lebenserfahrener Mensch nachzuvollziehen vermag. Denn ein solcher würde wohl vermuten, dass in einem „Veranstaltungsgesetz" alles geregelt sei, was man bei einer Veranstaltung zu beachten hat.

Wie wäre es, wenn man den Gesetzgeber, der ja schließlich niemand anderer ist als die Summe jener Frauen und Männer, die vom Volk mit seiner Vertretung beauftragt wurden, dazu verpflichtete, gesetzlich zu regelnde Sachverhalte in einer Vorschrift zusammenzufassen und dies bei der Sanktion sonstiger Nicht-Geltung? Das heißt, wenn jemand eine Veranstaltung abhalten will, dann fände er im Veranstaltungsgesetz alles, was er dabei dem Staat an Handlungen oder Unterlassungen schuldig ist, und was nicht drin steht, müsste er eben nicht beachten.

Wenn ich diese Zeilen schreibe, sehe ich bereits vor meinem geistigen Auge, wie sich meine Juristen-Kollegen angesichts solcher Aussagen an den Kopf greifen.

Die Gesetzgebung orientiert sich grundsätzlich nicht an den Sachverhalten des tatsächlichen Lebens. Gesetze werden nicht von Bürgern für Bürger, sondern von Juristen für Juristen gemacht. Verständlichkeit, Übersichtlichkeit oder Praktikabilität für rechtsunkundige Adressaten sind keine Kategorien der Legistik. Die Gesetzgebung orientiert sich an der Kompetenzverteilung zwischen dem Bund und den Ländern und weiters nach ministeriellen Zuständigkeiten, nicht nach Lebenssachverhalten. Sie ist auf diese Weise längst zu einer unerträglichen Landplage geworden. Nicht nur, dass die Gesetzesnormen wegen immer komplizierter werdender technischer Erkenntnisse und des in dem vorangegangenen Kapitel geschilderten Regulierungswahns der

Politik von Periode zu Periode in exponentiellem Ausmaß zunehmen. Selbst das wichtigste Normengefüge, die Verfassung, ist völlig aus dem Ruder gelaufen. Im Österreich-Konvent, der diesem Thema einen eigenen Arbeitskreis gewidmet hat,[(205)] äußerte man die Vermutung, dass es etwa 1.600 Verfassungsbestimmungen gebe, ohne dass jemand die genaue Zahl wirklich nennen könnte.

Von einer Chance, zu überblicken geschweige denn zu begreifen, was rechtens ist, kann bei „normalen" Staatsbürgern längst keine Rede mehr sein. Der Verfassungsgerichtshof hat schon 1956 darauf aufmerksam gemacht, dass sich eine Norm, die sich nur durch *„subtile verfassungsrechtliche Kenntnisse"*, *„qualifizierte juristische Befähigung"* und *„archivarischen Fleiß"* ermitteln lasse, mit dem Publizitätsprinzip der Rechtsordnung nicht zu vereinbaren sei.[(206)] Weder dieses noch die 1990 erlassene „Denksporterkenntnis"[(207)] des Höchstgerichtes, welches das Aufspüren des geltenden Rechtes mit einer Denksportaufgabe verglich, haben eine Änderung bewirkt. Im Gegenteil: Durch die hinzutretenden Normen internationalen Rechts ist die Rechtsordnung wahrhaft zu einem „Buch mit sieben Siegeln" geworden. Eine solche Rechtsordnung – so der langjährige Präsident des Verfassungsgerichtshofes und unbestrittene Experte des öffentlichen Rechts Karl Korinek – gibt sich selbst auf, wenn es den Rechtsunterworfenen nicht mehr möglich ist, mit einem zumutbaren Aufwand festzustellen, was rechtens ist.[(208)]

„Wenn die Novellen kein Ende nehmen – auf uns ist Verlass!" heißt es im Werbebrief eines renommierten juristischen Verlages und weiter: *„Wieder drei Novellen des X-...-Gesetzes in nur eineinhalb Jahren! Schon kurz nach dem Inkrafttreten der 29. Novelle ist die 8. Auflage unseres bewährten Kommentars erschienen. Bestellen Sie am besten gleich!"* Der jedem Kind geläufige Spruch *„Unwissenheit schützt vor Strafe nicht"* gilt zwar gottlob nicht in dieser Allgemeinheit, da zur Strafbarkeit immer noch ein persönliches Verschulden zumindest in der Form der Fahrlässigkeit nötig ist. Im Zusammenhang mit der Verpflichtung, sich für bestimmte Tätigkeiten, als Autofahrer, als Unternehmer, als Steuer-

zahler der geltenden Vorschriften kundig zu machen, lässt er aber die viel gepriesene Rechtsstaatlichkeit zum Glückspiel verkommen, da es oft von Zufällen abhängt, ob man weiß, was rechtens ist. Die Tatsache, dass man erst kürzlich Unsummen ausgegeben hat, um den Autofahrern eine noch recht leicht begreifliche Straßenverkehrsordnungsnovelle, die „Rettungsgasse", bewusst zu machen, zeigt, dass die Kenntnis gehörig kundgemachter Gesetze nichts anderes ist als ein theoretisches Hirngespinst zu Lasten der Normadressaten.

Selbst der Juristenspruch „jura novit curia", wonach wenigstens die Gerichte und Behörden als rechtskundig zu gelten haben, hat im ausufernden Gesetzesstaat längst seine allgemeine Gültigkeit verloren. Nicht nur dass – wie Karl Korinek nicht zu betonen müde wurde – selbst Höchstrichter bisweilen nur unter äußerstem Einsatz von Zeit und Hirnschmalz herausfinden, was in einem konkreten Fall gilt: In meiner Tätigkeit als Obmann einer Mieter- und Wohnungseigentümerorganisation habe ich bei der Vertretung unserer Mitglieder nicht nur einmal feststellen müssen, dass die in erster Instanz zuständigen Bezirksrichter nicht wussten, was der Gesetzgeber mit einer wohnrechtlichen Bestimmung eigentlich gemeint hat, und daher mitunter froh waren, wenn man ihr Urteil bekämpfte, um eine richtungweisende Entscheidung der höheren Instanz zu erlangen.

Neben den an das Gesetz gebundenen Bürgern, neben den zu seiner Auslegung berufenen Gerichten und Behörden gibt es noch eine dritte Gruppe, die ebenfalls oft nicht weiß, was rechtens ist, und das sind die Parlamentarier, die diese Gesetze zu verantworten haben.

Es darf angenommen werden, dass die Parlamentsabgeordneten in einer großen Anzahl von Fällen gesetzliche Regelungen beschließen, deren Bedeutung ihnen entweder überhaupt nicht bewusst ist oder von deren Zweck sie zwar eine rudimentäre Ahnung haben, ohne sich über die konkreten Auswirkungen der Anwendung dieser Norm Gedanken gemacht zu haben. Sie verlassen sich auf die Regierung, die die Vorlage eingebracht hat, auf die Beamten und auf ihre Klubkollegen, die auf dem jeweiligen Fachgebiet Spezialisten sind und die Sache im

Ausschuss zu behandeln hatten. Nur werden Gesetze halt nicht in den Fachausschüssen verabschiedet, sondern im Plenum, und sie binden nicht immer nur Fachleute, sondern oft ganz gewöhnliche Menschen wie du und ich, die sich fragen, warum sie etwas befolgen müssen, was die, welche dafür Verantwortung tragen, intellektuell gar nicht zu überblicken vermögen.

Ein Staat, dessen Volksvertreter zahlreiche Normen beschließen, ohne deren Zweck und Wirkung zu kennen, dessen Gerichts- und Behördenorgane bisweilen nur schwer oder gar nicht herausfinden, was der Gesetzgeber gewollt hat, und dessen Bürger mit der Rechtsbefolgung in vielen Fällen überfordert sind, kann nur schwer als Rechtsstaat, eher schon als Juristenstaat, ganz gewiss aber nicht als „Bürgerstaat" bezeichnet werden.

Dabei hatte es doch so erfolgversprechend begonnen. Eine der größten politischen Errungenschaften des 19. Jahrhunderts war die Bindung der Verwaltung an das Gesetz. Der sogenannte „Polizeistaat", in dem der absolute Monarch mittels polizeilicher Gewalt seiner Beamtenschaft schalten und (ver)walten konnte, wie es ihm beliebte, sollte der Vergangenheit angehören. Der Rechtsstaat fand im „Legalitätsprinzip" des Artikels 18 unserer demokratisch-republikanischen Bundesverfassung seine Fortsetzung, wonach die gesamte staatliche Verwaltung nur aufgrund der Gesetze ausgeübt werden darf.

Art und Ausmaß der Bindung öffentlicher Verwaltungstätigkeit an gesetzliche Vorgaben ließen den Rechtsstaat allerdings nicht wirklich gedeihen. So ähnlich wie Schutzwasserbauten bei falscher Dimensionierung einerseits zum völligen Austrocknen der Umgebung und andererseits zu unerwünschten Überschwemmungen an anderen Stellen führen können, so führte die konkrete Ausformung des Legalitätsprizips und dessen Anwendung zu einem Übermaß an Regulierungserfordernissen und in der Folge zu einem Rechtsschutzverlust für einzelne in bestimmten Anwendungsfällen.

Auch im internationalen Recht, insbesondere in der Rechtsordnung der Europäischen Union schafft unser Rechtsstaatskorsett manche

Probleme. So stürzte etwa die Naturschutzrichtlinie der Europäischen Union „Natura 2000" mit ihrem Erfordernis der Erstellung von „Wirtschaftsplänen" die österreichischen Verwaltungsjuristen ebenso in ein Dilemma wie die nationalen Zuteilungspläne für Emissionszertifikate. Denn wer das Recht bloß als Sanktionsnorm begreift (wenn – dann), tut sich schwer mit Rechtsakten außerhalb des bestehenden Rechtsquellenkatalogs.[(209)]

Das Erfordernis, staatliches Verwaltungshandeln restlos auf gesetzliche Vorgaben zurückführen zu müssen, führt aber auch in der legistischen Praxis bisweilen zu skurrilen Ergebnissen. Verbietet es doch weitgehend die Verwendung unbestimmter Gesetzesbegriffe, deren Auslegung der Verwaltung zu viel Freiheit gestatten könnte. Daher beginnen moderne Gesetze meist mit seitenlangen Definitionen von in der Alltagssprache durchaus üblichen Begriffen, um nur ja keinen zu großen Spielraum für die vollziehende Gewalt übrig zu lassen. *„Als Luft im Sinne des Gesetzes gilt ...", „Abfall im Sinne des Gesetzes ist ...", „Fahrzeug im Sinne des Gesetzes ist ...", „Gebäude im Sinne des Gesetzes ..."* heißt es da und besonders „lustig" wird es, wenn – was gar nicht so selten vorkommt – zwei Gesetze ein und denselben Begriff des allgemeinen Sprachgebrauches unterschiedlich definieren. Insbesondere hier wird deutlich, dass Juristen für Juristen und nicht für Bürger gearbeitet haben.

Doch auch Rechtsbegriffe, die in der Alltagssprache keine Entsprechung finden, kann man entweder allgemein verständlich formulieren oder mit dem Anspruch, möglichst kein Auslegungsproblem offenzulassen. Nehmen wir als Beispiel die Unterscheidung zwischen beweglichem und unbeweglichem Vermögen, an die sich von alters her unterschiedliche Rechtsfolgen knüpfen. Im altgermanischen Recht galt hiefür die Regel *„Was die Fackel verzehrt, ist Fahrnis"*. Dinge, die verbrennen können, galten demnach als bewegliches Vermögen, Grund und Boden hingegen, die zwar brennen, aber nicht verbrennen können, als unbewegliches. Wahrscheinlich kannten die alten Germanen noch keine feuerfesten Gegenstände, die die Fackel nicht verzehrt und die dennoch bewegliches Vermögen sind. Aber auch wenn, man hätte anhand des Rechtssprichwortes gewusst, wie es gemeint ist.

In unserem Bürgerlichen Gesetzbuch liest sich die gleiche Bestimmung schon komplizierter: „*Sachen, welche ohne Verletzung ihrer Substanz von einer Stelle zur anderen versetzt werden können, sind beweglich; im entgegengesetzten Fall sind sie unbeweglich*". So weit – noch –, so klar! Aber dann heißt es weiter: „*Sachen, die an sich beweglich sind, werden im rechtlichen Sinn für unbeweglich gehalten, wenn sie vermöge des Gesetzes oder der Bestimmung des Eigentümers das Zugehör einer unbeweglichen Sache ausmachen.*" Der Begriff „Zugehör" musste freilich erst einmal umschrieben werden, um nicht der Vollziehung zu viel Freiheit einzuräumen. Und so heißt es in einem weiteren Paragrafen: „*Unter Zugehör versteht man dasjenige, was mit einer Sache in fortdauernde Verbindung gesetzt wird.*" Dieses wird dann weiter definiert als „*Zuwachs einer Sache, solange er von derselben nicht abgesondert ist, so wie auch Nebensachen, ohne welche die Hauptsache nicht gebraucht werden kann oder die das Gesetz oder der Eigentümer zum fortdauernden Gebrauch der Hauptsache bestimmt hat.*" In weiteren Paragrafen zählt der Gesetzgeber eine Fülle von Beispielen auf, was denn so bei Grundstücken, Teichen oder Gebäuden alles als Zugehör zu gelten habe, von den Bäumen und Früchten über Holz und Getreide bis zu Maschinen und Rechten, die mit einer unbeweglichen Sache verbunden sind. Zehn Paragrafen anstatt eines Satzes!

Da das Leben gottlob bunt, vielfältig und dynamisch verläuft, müssen auch Gesetze immer wieder angepasst – und meistens vermehrt – werden. In Niederösterreich wurde jahrelang darüber gestritten, was Heurigenbetriebe, die nicht über eine gastgewerbliche Konzession mit den damit verbundenen strengen Auflagen verfügen, an Speisen und Getränken anbieten dürfen. Dem Bedürfnis, eine jede Interpretation vermeidende gesetzliche Regelung für die Vollziehung zu schaffen, verdanken es die regionalen Delikatessen des Schmerkrapfens, des Prügelkrapfens, der Pofesen und der Obstkuchen in ein Landesgesetz über die beim Buschenschank erlaubten Speisen Eingang gefunden zu haben.[210] Sollte eine ähnliche Speise in Buschenschenken aufkommen oder der Name einer dieser Köstlichkeiten geändert werden, muss daher der Landtag in Aktion treten und das Landesgesetz novellieren.

Im Österreich-Konvent war das Legalitätsprinzip in Form der strengen Bindung der Verwaltung an gesetzliche Vorgaben ein schwieriges und letztlich erfolgloses Beratungsthema. Während einige Mitglieder den Gesetzgeber ermächtigen wollten, die Verwaltung in manchen Bereichen nur durch die Festlegung von Zielen zu binden, lehnten dies andere strikt ab. Eine auch nur geringfügige Lockerung der gesetzlichen Verwaltungsdeterminierung wurde als Angriff auf Rechtsstaat und Demokratie gebrandmarkt. Eine jener typischen Politphrasen, die jedwede sachliche Diskussion von vornherein unmöglich machen.

In der Tat steht nämlich das statische Moment des Rechtsstaates mit einer gestaltenden und sich entwickelnden demokratischen Gesellschaft[211] in einem schwierigen Spannungsverhältnis. Einige politische Diskussionen aus jüngerer Zeit machen dies klar. Denken wir nur an die Probleme mit der Asylgesetzgebung. Exakte Vorschriften, wie lange und unter welchen Bedingungen sich Asylwerber oder Immigranten im Land aufhalten dürfen, führen – so notwendig sie auch sein mögen – in Einzelfällen zu Ergebnissen, die von weiten Teilen der Bevölkerung als unmenschlich empfunden werden. Oder ein anderes Beispiel: Nach den Buchstaben einer absolut geltenden Norm mussten Behörden gegen Bürger, die ihre pflegebedürftigen Angehörigen zu Hause von ausländischen Pflegekräften betreuen ließen, genauso mit Strafverfahren vorgehen wie gegen Betriebe, die sich Steuern und Lohnnebenkosten durch Schwarzarbeiter zu ersparen trachten.

In solchen und ähnlichen Fällen pflegen sich um ihre Wahlchancen bangende Politiker vor den Zug des Rechtsstaates zu werfen und die Vollziehung so lange zu verweigern, bis das zuständige Parlament eine Änderung herbeiführt. Wir erleben damit ein seltsames Kuriosum unserer Rechtsstaatlichkeit. Der Rechtsstaat, welcher die Bürger vor den Übergriffen der Verwaltung schützen sollte, hat die Verwaltung in ein solch starres Korsett gezwängt, dass diese – in Gestalt eines Bundeskanzlers, Ministers, Landeshauptmannes oder Bürgermeisters – manchmal die Bürger vor den Folgen der von ihren Vertretern beschlossenen Gesetze bewahren muss.

Wenn aber der Rechtstaat die ihm zugedachte Aufgabe, die Bürger vor Willkür der Verwaltung zu schützen, nicht mehr erfüllen kann, weil allzu detaillierte generell abstrakte Normen den individuellen Sachverhalt nicht ausreichend berücksichtigen, dann bedarf es einer Reform, die den zum „Juristenstaat“ pervertierten Rechtsstaat zum „Bürgerstaat“ werden lässt.

(205) Bericht des Ö-Konvents Ausschuss 2, Legistische Strukturfragen

(206) Verfasssungsgerichtshof VfSlg 3130

(207) Verfasssungsgerichtshof VfSlg 12.420

(208) Karl Korinek: Überschaubarkeit der Rechtsordnung als Bedingung für deren Effizienz. In: Mantl, Effizienz, 236 f

(209) Vgl. Peter Oberdorfer/Michael Mayerhofer: Der nationale Zuteilungsplan für Emissionszertifikate – eine neue Rechtsquelle?. In: Festschrift für Heinz Schäffer, 548 ff

(210) § 11 NÖ Buschenschankgesetz LGBl 7045

(211) Heinrich Amadeus Wolff: Das Verhältnis von Rechtsstaatsprinzip und Demokratieprinzip. In: Staat-Souveränität-Verfassung. Festschrift für Helmut Quaritsch zum 70. Geburtstag. Berlin 2000, 85

3.9. Kassenjustiz statt Klassenjustiz

Der Rechtsschutz in Österreich

„Wer sich mit Administration abgibt ohne regierender Herr zu sein, der muss entweder ein Philister oder ein Schelm oder ein Narr sein."
(Goethe am 9. Juli 1786 an Frau von Stein)

Dem jährlichen Bericht der Volksanwaltschaft an einen österreichischen Landtag entnehme ich folgende Begebenheit:
Ein pubertierender Jüngling hat sich im kommunalen Freibad blöd aufgeführt. So blöd, dass sich die Badeverwaltung entschloss, gegen ihn ein Badeverbot zu verhängen. Dabei lässt man es aber nicht bewenden, sondern macht nach Art mittelalterlicher Prangermethoden auch noch den Namen des vom Bad Ausgeschlossenen an der Anschlagtafel bei der Bäderkassa öffentlich kund. Seine Mutter findet, dass dies doch zu weit gehe, und wendet sich nach erfolglosem Protest an die Volksanwaltschaft. Diese ersucht die Gemeinde um Stellungnahme und bekommt von dort zu hören, das Freibad sei als eigener Wirtschaftskörper aus der öffentlichen Verwaltung der Gemeinde ausgegliedert worden. Mutter und Volksanwaltschaft können sich daher mit ihrer Beschwerde gegen das Bad brausen gehen.

Dieser Vorfall hat mich zu zwei Gedankenexperimenten angeregt. Zunächst habe ich mir vorgestellt, die Mutter des jungen Übeltäters wäre keine einfache Frau aus dem Volk, sondern eine Rechtsanwältin gewesen. Auch solche sollen bisweilen pubertierende Kinder haben. Die Frau Doktorin wäre nicht zur Volksanwaltschaft gepilgert. Sie hätte sich ihren Laptop oder ihr Diktiergerät hergenommen und eine gerichtliche Unterlassungsklage samt Antrag auf einstweilige Verfügung gegen das Gemeindebad vom Stapel gelassen. Schon am Werken, hätte sie wahrscheinlich auch eine Schadenersatzklage wegen psychischer Kränkung und verminderten beruflichen Fortkommens ihres Sohnemanns nachgeschossen. Wetten, dass der oberste kommunale Badewaschl sehr schnell eingelenkt hätte?

Hierauf habe ich ein zweites Gedankenexperiment angestellt. Nehmen wir an, der hoffnungsvolle Jüngling wäre Mitglied einer Migrantenfamilie gewesen. Seine Eltern hätten sich kaum getraut, aufzubegehren, so sie überhaupt von der seltsamen Methode der Bäderverwaltung erfahren hätten. Aber möglicherweise hätte der Aktivist einer um das Schicksal ausländischer Mitbürger besonders besorgten politischen Partei von der Sache Wind bekommen. Man darf darauf wetten: Der Fall hätte sich recht schnell zu einem politischen Skandal gemausert. *„Empörendes Beispiel für die Diskriminierung von Menschen mit Migrationshintergrund"*, *„rechtsbrecherische Verletzung internationalen Asylrechts"*, *„faschistische Entgleisung eines wild gewordenen Dorfschulzen"* wären da noch die gelinderen Wörter gewesen, die man in einschlägigen Medienprodukten oder bei Versammlungen zu lesen oder hören bekommen hätte. Höchstwahrscheinlich hätte die Angelegenheit auch zu einer Debatte im Landtag geführt, wo Parteifreunde an das zuständige Landesregierungsmitglied die Anfrage gerichtet hätten, was es gegen derlei rechtsradikale, fremdenfeindliche Tendenzen in den seiner Aufsicht unterliegenden Kommunen zu unternehmen gedenke. Eine höchstpersönliche Entschuldigung des Bürgermeisters samt unbefristeten Bäderfreikarten für die ganze Familie wäre da eine selbstverständliche Minimalreaktion gewesen.

Was lernen wir aus diesen beiden Gedankenexperimenten? Der gegenständliche Fall illustriert eine Problemlage unseres Rechtsschutzsystems, die ich als Randgruppengerechtigkeit bezeichnen möchte. Wer über genug geistige oder materielle Mittel verfügt oder wer einer der politischen Obsorge teilhaftigen Minderheit angehört, hat die Chance, seine Rechte und Interessen durchzusetzen. Verfügt man über ausreichende finanzielle Mittel, um sich von Fachleuten rechtlich vertreten zu lassen, so hat man es auch gut. Wer das nicht kann, hat noch die Möglichkeit, sein individuelles Rechtsrisiko genossenschaftlich abzusichern, durch Abschluss einer Rechtsschutzversicherung oder durch Mitgliedschaft in diversen Vereinen wie einem Autofahrerklub mit Schutzbrief oder irgendeiner anderen Organisation, die ihren Mitgliedern zumindest für facheinschlägige Bereiche mit staatlichem Segen diesen Schutz gewährt. Wer allerdings in einer bestimmten Angelegenheit nichts von alledem hat, der steht recht dumm da. Ist man weder vermögend noch kundig noch einer Randgruppe mit organisierter öffentlicher Rechtshilfe zugehörig, befindet man sich in der ansehnlich breiten Mittellage jener, die sich selbst helfen müssen. Der von der Politik so gern hofierte Durchschnittsbürger steht dann in der Mitte – oder treffender gesagt, daneben.

Sicherlich, wir haben keine Klassenjustiz mehr in unserem Land. Jeder ist vor dem Gesetz gleich und selbstredend hat jeder Mann und jede Frau in Österreich den gleichen Zugang zu den Rechtsschutzeinrichtungen. Der trotzdem unterschiedlich schwierige Zugang zum Recht, einerlei ob zu unabhängigen Gerichten oder Organen der politischen Verwaltung, hängt nicht von der Zugehörigkeit zu einer sozialen Klasse, sondern von der Verfügung über materielle oder auch fachliche Ressourcen zur Rechtsverfolgung ab. Man muss nicht selbst über diese Ressourcen verfügen. Die gesetzlich verpflichtenden Kammerumlagen, die staatlich zur Verfügung gestellten Hilfen etwa in Form einer Konsumentenberatung oder diverser offiziöser Anwaltsstellen leisten gleichfalls diesen Dienst. Auch wer rechtsschutzversichert ist oder einem Klub oder Verband angehört, der aufgrund der Mitgliedschaft Rechtsschutz gewährt, kann bis zu den Höchstgerichten prozessieren. Wer im Anlassfall allerdings über keinen dieser Dienste verfügt, muss selbst Vorsorge treffen. Hat er genug Geld in der Tasche, kann er prozessieren, wenn er sein Einkommen auf Euro und Cent verplant hat, muss er klein beigeben. Der justizielle Erfolg hängt nicht mehr von der Klasse ab, aus der man stammt, wohl aber von der Kasse, über die man verfügt oder der man – freiwillig oder kraft gesetzlichen Zwangs – angehört.

Gewiss gibt es zumindest bei Gerichtsverfahren die kostenlose Rechtsvertretung für alle jene, die nicht über die erforderlichen Mittel verfügen. Selbst der mittellose Verbrecher hat Anspruch auf einen Anwalt. Armenrecht und Armenanwalt hieß das früher, Verfahrenshilfe sagt man heute. Diese Hilfe gebührt jedem, der sich einen Prozess nicht leisten kann. Aber was heißt „leisten können“? Es geht oft nicht darum, ob das Risiko eines Verfahrens leistbar ist, sondern ob der nächste Familienurlaub, eine notwendige Investition im Haushalt oder die Sportausrüstung der Kinder ausfallen muss, falls man nicht oder nicht vollends obsiegt. Insbesondere dann, wenn der Gegner, was oft der Fall ist, nicht ein in gleicher wirtschaftlicher Situation befindlicher Privater, sondern eine Institution ist, deren Organe frisch drauflos um das Recht ihres Dienstgebers streiten. In dem angenehmen Bewusstsein, für die Folgen auch im Fall einer Niederlage nicht finanziell aufkommen zu müssen. Dies gilt insbesondere bei Auseinandersetzungen mit öffentlichen Rechtsträgern, aber auch mit Versicherungen, Banken oder privaten Großunternehmen.

Nicht immer geht es dabei um teure Gerichtsprozesse mit Anwälten. Oft sind es alltägliche, aber für eine Einzelperson bedeutsame Anlassfälle, wo man einer rechtsfreundlichen Vertretung bedürfte, sich diese aber nicht leisten kann. Da wird man von einem Geschäftspartner übers Ohr gehauen, von einem böswilligen Nachbarn vernadert, von einem Behördenvertreter abgeschasselt oder scheitert bloß an einer Antragstellung, die man allein nicht zuwege bringt. Auch dafür stehen natürlich Rechtsanwälte gern zur Verfügung, nur der kleine Mann oder die kleine Frau kann es sich nicht leisten, für solch eine (juristisch gesehen) Lappalie anwaltliche Hilfe in Anspruch zu nehmen und anwaltliche Tarife zu begleichen. Eine Situation, ähnlich der eines handwerklich Unbegabten, der eine kleine Reparatur im Haushalt benötigt, für die der Stundensatz eines Professionisten – so ein solcher überhaupt für derlei Kleinkram zu haben ist – viel zu teuer käme. Bei den kleinen Reparaturen im Haushalt bedient man sich der Nachbarschaftshilfe, die meist keine solche ist, sondern die kundige Hand eines Pfuschers, der für ein gutes Trinkgeld die Sache erledigt.

Bei rechtlichen Problemen bleibt solche Abhilfe versagt. Juristische Hilfen sind, wenn Entgelt dafür empfangen wird, als „Winkelschreiberei“ strafbar und da man anders als handwerkliche Dienste, die hinter Hausmauern und Wohnungstüren stattfinden, eine Vertretungshandlung bei Behörden oder Gerichten schwer geheim halten kann, kommt es auch zu solchen Anzeigen. Die Lobby der in gesetzlichen Kammern organisierten Rechtsanwälte, Steuerberater und Notare sorgt mit staatlicher Unterstützung dafür, dass keine noch so unbedeutende Leistung auf diesem Gebiet ihrer Monopolstellung entgeht. Denn es wäre ein Irrtum zu glauben, dass das Gesetz, welches nicht einmal jemanden privat zu beraten erlaubt,(212) im Interesse der rechtsuchenden Bürger erlassen worden wäre, um zu verhindern, dass sie falsch beraten werden. Die höchstgerichtliche Judikatur betont vielmehr, dass der Straftatbestand der sogenannten „Winkelschreiberei“ dazu diene, die Notare, Rechtsanwälte und verwandten Berufe zu schützen.(213) Obwohl man gut weiß oder wissen müsste, dass die von diesen Fachleuten heutzutage geforderte Qualifikation sowie die ihren Kanzleien erwachsenden Kosten es gar nicht erlauben, solch kleine, aber für viele existenziellen Hilfeleistungen in einem für breite Kreise akzeptablen Preis-Leistungs-Verhältnis anzubieten.

Aber auch die offiziellen Stellen kennen bisweilen keine Gnade, wenn sie jemanden verdächtigen, sich von anderen Personen als von teuren Fachleuten beraten zu lassen. Die politischen Sonntagsreden von der Wichtigkeit der Freiwilligen erscheinen da in ziemlich gedimmtem Licht.

Die Einrichtungen zahlreicher sogenannter „Anwälte“, vom Umweltanwalt über Kinder- und Jugendanwaltschaften bis zu Bürgeranwälten und Bürgerbüros der politischen Verwaltung, zeigen deutlich, dass sich die Politik sehr wohl der mangelnden Effizienz des Rechtsschutzes bewusst ist. Auch der Gesetzgeber selbst schafft immer wieder sogenannte „Rechtsschutzbeauftragte“ etwa nach dem Sicherheitspolizeigesetz, dem Militärbefugnisgesetz, der Strafprozessordnung oder in Form der Bewohnervertreter nach dem Heimaufenthaltsgesetz, um nur einige Beispiele zu nennen. Die Problematik all dieser Rechtsschutzbeauftragten liegt in der faktischen

Ungleichheit, die dadurch entsteht, dass man dann, und nur dann, einer amtlich oder gesetzlich verordneten rechtsfreundlichen Unterstützung teilhaftig wird, wenn man eine Sache auszustreiten hat, für die eine solche Hilfe aus politischen Erwägungen für zweckmäßig oder notwendig erachtet wurde. Ein öffentlich unterstützter Rechtsfreund für Ausländer, Kammerangehörige, Mieterverbandsmitglieder, einer Straftat Beschuldigten, für Konsumenten oder Patienten diskriminiert den prozessualen Alltag all jener Fälle, die nicht (oder noch nicht) solcher politischen Aufmerksamkeit teilhaftig wurden.

Wie groß das Bedürfnis der Bevölkerung nach einer angemessenen und leistbaren Hilfe in Rechts- und Verwaltungsangelegenheiten tatsächlich ist, kann man aus den regelmäßigen Berichten der Volksanwaltschaft an Bundes- und Landesparlamente entnehmen. Im Jahr 2011 hat die Volksanwaltschaft über 16.000 beschwerdeführende Bürger gezählt, wobei sie in einem Viertel der Fälle (knapp 4.000) Fälle außerhalb ihres eigentlichen Prüfauftrages beratend tätig geworden ist, also in reinen Beratungsleistungen für die bei den Volksanwälten vorsprechenden Bürger.(214)

Die Volksanwälte spielen für die rechtsuchende Bevölkerung erfreulicherweise eine solch positive Rolle, obwohl sie nach sachlich schwer nachvollziehbaren Verfassungsregeln bestellt werden. Ihre Wahl durch das Parlament, die in Wahrheit eine Bestellung durch die drei mandatsstärksten Parteien ist,(215) hat dazu geführt, dass verdiente Parteifunktionäre mit der Position eines Volksanwaltes ausgezeichnet oder, wie gelegentlich boshaft gemutmaßt wird, aus dem politischen Geschäft weggelobt wurden. Völlig skurril wird diese Regel, wenn es nicht – wie das bei der Einrichtung der Volksanwaltschaft noch der Fall war – drei eindeutig stärkste Parteien gibt, zumal die Funktionsperiode der Volksanwaltschaft nicht mit jener des Nationalrates übereinstimmt.

Am Beginn der jüngsten Periode der Volksanwaltschaft hatten im Nationalrat FPÖ und Grüne gleich viele Mandate, sodass die dritt-„mandatsstärkste" Partei nicht ermittelt werden konnte. Man wählte – nachdem wochenlang geistige Ressourcen für Stellungnahmen und

Gutachten vergeudet wurden – die Kandidatin der Grünen zur Volksanwältin, weil ihre Partei bei gleicher Mandatszahl mehr Stimmen bei der Nationalratswahl erzielt hatte. Kurz darauf gab es im Jahr 2008 neuerlich Nationalratswahlen, aus denen die Freiheitliche Partei als eindeutig drittstärkste hervorging. Da war aber nun die Volksanwaltschaft schon für eine weitere Periode von sechs Jahren mit einer Volksanwältin der Grünen besetzt.

Die Bestellung eines Organs vom Mandatsverhältnis eines Vertretungskörpers mit anderer Funktionsperiode abhängig zu machen und die Unterlassung einer Regelung, was bei Mandatsgleichstand zu gelten habe, sind legistische Anfängerfehler, die kein gutes Licht auf die Gesetzgeber des Grundgesetzes unserer Republik werfen.

Abseits aller Institutionen und Verfahren sollte es Aufgabe des Staates sein, allen Bürgern in gleicher Weise den Zugang zum Recht zu ermöglichen, ohne dass dies vom eigenen Vermögen oder von politischen Interessen abhängig ist. Der Staat, der zu bestimmen in Anspruch nimmt, was rechtens ist, muss konsequenterweise auch dafür Sorge tragen, dass alle unter den für sie zumutbaren Bedingungen zu diesem Recht gelangen. Verabsäumt er dies, dann handelt er ähnlich wie ein Staat, der keine öffentliche Krankenversicherung unterhält und es der persönlichen Vorsorge des Einzelnen überlässt, im Akutfall entweder auf seine Gesundheit oder einen wesentlichen Teil seines Einkommens oder Vermögens zu verzichten.

Wie kann sich der Staat dieser Pflicht ohne allzu großen Aufwand entledigen? Sicher nicht durch staatliche Verfahrenshilfeanwälte bei allen Gerichten und sonstigen öffentlichen Organen. Die Verstaatlichung der freiberuflichen Rechtsvertretung wäre weder leistbar noch erstrebenswert. Auch eine zwangsweise Rechtsschutzversicherung ähnlich der staatlichen Kranken-, Unfall- und Pensionsversicherung löst das Problem nicht, weil sie ähnlich der Krankenversicherung zu schwer durchschau- und nachvollziehbaren Leistungskatalogen führen muss. Es bedarf vielmehr einiger flexibler und der jeweiligen Situation angepasster Maßnahmen, um zu gewährleisten, dass alle unter den für sie individuell zumutbaren Voraussetzungen ihre Anliegen in gleicher Weise verfolgen können.

Die Rechtsprechung des Europäischen Gerichtshofes zu Artikel 6 EMRK weist dazu einige Wege. Darunter fallen eine Vereinfachung des (unnötig komplizierten) Verfahrensrechtes, gerichtliche Anleitungspflichten (die auch nicht akademisch gebildete juristische Laien verstehen) oder eine kostenlose Rechtsberatung, die das Risiko der Prozessführung solide abklärt (und nicht nur unverbindliche Gratisauskünfte bei Kammer- oder Mediensprechstunden).(216) Das Angebot einer umfassenden und obligatorischen Mediation zur vorprozessualen Vermeidung von Rechtsstreitigkeiten könnte ebenfalls die Waffengleichheit vor Gerichten herstellen und gleichzeitig die Gerichte entlasten. Weiters könnte eine Gebühren- und Kostenordnung, die nicht nur auf Streitwerte und Obsiegensprozente, sondern auf die individuelle Zumutbarkeit für die einzelnen Parteien und auch auf eine allfällige Mutwilligkeit der Inanspruchnahme staatlicher Rechtschutzeinrichtungen Bedacht nimmt, zur Prozessgleichheit beitragen. Schließlich müsste es in einem freien Land auch möglich sein, eine Beratung oder Vertretung in Bagatellsachen gewerbsmäßig anzubieten, für die keine qualifizierte juristische Ausbildung erforderlich ist, sondern bloß einfache Behördenkenntnisse und ein wenig praktisch erworbene Erfahrung ausreichen.

Nicht zuletzt wäre es aber die Aufgabe echter Volksvertreter, also der Damen und Herren Abgeordneten der verschiedenen Vertretungskörper, den Bürgern überall dort hilfreich zur Seite zu stehen, wo sie Gefahr laufen, im Umgang mit den Staatsorganen mangels ausreichender eigener Mittel übervorteilt zu werden. Sie sind ja in erster Linie zur Vertretung ihrer Mandanten, der Wähler, verpflichtet. Das Recht eines jeden Bürgers, sich an die – schließlich von ihnen gewählten – Parlamentarier zu wenden, dürfte sich nicht in dem Grundrecht erschöpfen, eine solche „Bittschrift" (Petition) überhaupt einbringen zu dürfen.(217) Welch obrigkeitlicher Geist aus den lapidaren verfassungsrechtlichen Regeln über den Verkehr zwischen Mandataren und Mandanten weht, mag „jedermann" für sich beurteilen.

(212) Z. B. VwGH 2006/06/0125

(213) Verwaltungsgerichtshof VwSlg 12833 A/1988 u.a

(214) Bericht der Volksanwaltschaft an das Parlament 2011

(215) Vgl. Walter/Mayer/Kucsco-Stadlmayer, Bundesverfassungsrecht, 581

(216) Näheres zur einschlägigen EuGH-Judikatur: Rudolf Thienel: Der Verfahrenshilfeanwalt – ein Menschenrecht auch im Zivilprozess. In: Rechtsschutz gestern – heute – morgen. Tübingen 2008, 931 ff

(217) Art. 11 Abs 1 StGG: Das Petitionsrecht steht jedermann zu.

3.10. Das Caspar-Hauser-Syndrom und die Wrestlingshow

Die politische Bildung

„Der Feind, den wir am tiefsten hassen, der uns umlagert schwarz und dicht, das ist der Unverstand der Massen, den nur des Geistes Schwert durchbricht.“
(Jacob Audorf, Arbeiter-Marseillaise)

„Nächstes Jahr nach der Wahl“ ist ein (unheiliges) Grußwort unter politischen Funktionären. Nächstes Jahr nach der Wahl wird man die Steuern- oder Krankenkassenbeiträge erhöhen, Pardon, anpassen, nächstes Jahr nach der Wahl wird man das Pensionsalter hinaufsetzen, werden die Reichen mehr zahlen müssen und die Bedürftigen weniger Beihilfen erhalten. Nächstes Jahr nach der Wahl werden die Gebühren und Tarife erhöht. Gewiss wären diese Maßnahmen im Interesse des Staatshaushaltes oder des Bürgerwohls schon jetzt dringend nötig, sonst würde man sie sich nicht schon konkret vornehmen. Aber vor einer Wahl darf nichts geschehen, was den Bürger ärgern und daher in seinem Stimmverhalten beeinflussen könnte.

Wie oft haben Journalisten, Parteikollegen oder sonstige politische Insider diese Worte gehört: *„Nach der Wahl muss man ...“* oder *„Vor der Wahl kann man auf keinen Fall mehr“*. Immer geht es um irgendwelche, mehr oder weniger große belastende Maßnahmen, auf die man zwar nicht zu verzichten können glaubt, welche aber das Wählervolk erst zu wissen und zu spüren bekommen soll, wenn es seine Stimme bereits abgegeben hat. Da ehrliche Ankündigungen notwendiger Maßnahmen vor der Wahl von den Wählern mit Stimmenentzug bestraft werden, insbesondere dann, wenn die jeweilige Gegenpartei vorgibt, ohne dieselben auskommen zu können, lässt man das Wählervolk über seine wahren Absichten lieber im Unklaren.

Der luxemburgische Ministerpräsident und Europapolitiker Jean Claude Juncker wird mit dem resignierenden Satz zitiert: *„Wir Politiker wissen ja, was zu tun ist. Wir wissen bloß nicht, wie man danach wieder gewählt wird.“* Wenn dem tatsächlich so ist, wenn politische Mehrheiten nur durch Tarnen und Täuschen über das zum Besten der Allgemeinheit wirklich Notwendige und Sinnvolle zu erlangen sind, dann ist es schlecht um unsere demokratische Staatsform bestellt. Denn der Verzicht auf nötige Reformen oder die verantwortungslose Lizitation mit staatlichen Leistungen muss mit der Zeit zur Anarchie und in weiterer Folge zu undemokratischen Herrschaftsformen führen, wie wir aus der Geschichte wissen.

Der Ausweg aus dem Dilemma kann nur in einer ausreichenden politischen Bildung möglichst vieler Bürger liegen. Freilich eine Art der politischen Bildung, die weit mehr und anderes ist als das im öster-reichischen Schulwesen vorgesehene Unterrichtsprinzip, welches den Lehrern eine Kompetenz abverlangt, die sie mangels entsprechender Ausbildung gar nicht erbringen können. Der Politologe Peter Filzmaier vergleicht dies mit einem Unterricht in Englisch oder Mathematik, bei dem die Lehrerausbildung aus einem sommerlichen Sprachkurs in Brighton oder als Kellner eines Restaurants besteht.(218) Zwar hat sich in den Lehrplänen für politische Bildung bereits die Erkenntnis durchgesetzt, dass es dabei um mehr geht, als zu wissen, wie viele Mitglieder der Nationalrat hat oder wie nach der Verfassung ein Bundesgesetz zustande kommt, was – so Filzmaier – nicht politisch Gebildete, sondern eher Fachidioten erzeugt.(219) Aber wie viele Lehrkräfte sind wirklich erstens genug gut unterrichtet und zweitens mutig genug, ihren Schülern den Unterschied zwischen Verfassungsnorm und Verfassungsrealität beim Zustandekommen eines Gesetzes zu verdeutlichen? Oder den jungen Menschen den Einfluss von Medien, Standesvertretungen und anderen „pressure groups“ auf politische Entscheidungsvorgänge objektiv darzulegen? Da lässt man lieber aufwändig um nicht wenig Steuergeld die Kids und Jugendlichen in diversen „Werkstätten“, „Kinder- und Jugendparlamenten“ Demokratie spielen. Sie lernen dort bestenfalls, wie Demokratie im Idealfall funktionieren könnte, kaum aber, wie sie tatsächlich in der alltäglichen Praxis abläuft.

Eine funktionierende Demokratie bedarf darüber hinaus der politischen Bildung aller wahl- und stimmberechtigten Bürger. Die maßgeblichen politischen Kräfte unseres Landes scheinen dies (noch) nicht erkannt zu haben. Wäre es sonst denkbar, dass führende Vertreter der politischen Parteien und der ihnen nahestehenden Vereinigungen seit Jahr und Tag bemüht sind, das Volk über machtpolitische Vorgänge zu täuschen, über gesellschaftliche und wirtschaftliche Entwicklungen in Unwissenheit zu halten. Das Kaspar-Hauser-Syndrom, die geistige Vernachlässigung nicht nur eines, sondern einer Vielzahl von Menschen durch die Politik, hat anscheinend Methode.

Man muss da keineswegs in die 70er Jahre des letzten Jahrhunderts zurückgehen, als uns beschieden wurde, dass die langfristige Versorgung Österreichs mit Strom nicht anders als durch Kernenergie zu sichern sei. Auch dass man uns die Zusammenlegung von Creditanstalt und Bank-Austria mit der Notwendigkeit einer dauerhaft selbständigen österreichischen Großbank schmackhaft zu machen suchte, ist schon so lange her, dass sich vielleicht nur mehr wenige daran erinnern, wie oft dieses Institut inzwischen schon in ausländischen Unternehmungen aufgegangen ist. Bleiben wir im 21. Jahrhundert. In nahezu inhaltsgleichen Briefen der Exponenten der Regierungskoalition Gusenbauer/ Molterer wurden die *„lieben Seniorinnen und Senioren“* davon in Kenntnis gesetzt, dass die Pensionen *„kräftig erhöht“* werden. Der aus dieser Zeit stammende ÖVP-Slogan *„Mitte ist, wer vorne ist“* scheint mir ebenfalls nicht zur politischen Bildung der Adressaten beizutragen. Genauso wenig wie der von einem – inzwischen erfolgreichen – SPÖ-Landeshauptmann-Kandidaten in einer Wahlkampfveranstaltung mit Volksfestcharakter gewählte Einleitungssatz *„I wüll net zu sehr politisch werd'n.“*(220) In den Funktionärsschulen klassischer Oppositionsparteien lernt man demgegenüber *„Zeichnen Sie ein Horrorszenario“*.(221)

All diesen unzähligen Albernheiten aus den Think-Tanks der politischen Parteien ist das Bestreben gemeinsam, die Menschen über die politischen Machtinteressen hinwegzutäuschen und ihnen eine – je nach Regierungskonstellation – heile oder böse Welt vorzumachen, die mit dem, was gemeinhin als Politik bezeichnet wird, wenig zu tun hat. Nur so kann man überhaupt Äußerungen wie die des Ex-Ministers Karl Schlögl über Alfred Gusenbauer – damals immerhin Bundeskanzler – verstehen: *„Er konzentriert sich auf seine persönliche Präsentation, mischt sich wenig in die Innenpolitik ein. Das nützt ihm.“*(222) Oder die Plauderei von Young&Rubicam-Chef Alois Schober aus dem Nähkästchen eines Präsidentenmachers: *„Wir mussten ihn (Heinz Fischer – Anm.) also von der Partei lösen und als überparteiliche moralisch-ethische Instanz etablieren. Wenn das nicht gelungen wäre, hätten wir die Wahl nicht gewonnen.“*(223) Die höchsten Repräsentanten der Republik dürfen demnach mit Innen- oder Parteipolitik nicht in Verbindung gebracht werden, um bei den Wählern zu reüssieren. Wer da noch im Fach „Politische Bildung“ furchtlos von unserem politischen System zu schwärmen vermag, dem ist nicht zu helfen.

Gewiss, man wird nicht fünf Millionen Österreicher dazu gewinnen, sich ernsthaft mit Politik auseinanderzusetzen. Freiheit ist – so Robert Menasse – auch die Freiheit zur Dummheit. Aber, so setzt er hinzu: Es kann keine Demokratie von Idioten geben. Politische Partizipation setzt den freien gebildeten Menschen notwendig voraus.(224)

Das Kaspar-Hauser-Syndrom in der Politik ist dem in den öffentlichen Rundfunkanstalten nicht unähnlich. Auch da heißt es, man müsse sich wegen der wirtschaftlich unumgänglichen Quote zumindest in der „Prime Time“ dem Publikumsgeschmack beugen. Jens Jessen schrieb dazu schon vor einigen Jahren in der „Zeit“ unter dem Titel „Die Quotenidioten“: *„Eine Demokratie lebt davon, dass sie hoch von ihren Bürgern denkt. Sie muss ihnen zutrauen, dass sie sich ein qualifiziertes Urteil über Politik und Gesellschaft bilden und in einer Wahlentscheidung niederlegen. Gewiss sind Zweifel an dieser idealen Urteilskraft erlaubt; aber wenn solche Zweifel von öffentlich geförderten Sendern gehegt werden, dann müssen diese ihren öffentlichen Auftrag eben ernst nehmen und das soziale, politische, auch ästhetische Urteil ih-*

rer Zuschauer trainieren."(225) Dass solches nicht unmöglich ist, zeigen die hohen Einschaltziffern, die bei Opernaufführungen des ORF erzielt werden können.

Der Autor von „Schöne Neue Welt" Aldous Huxley wünscht sich Gesetze, die politische Kandidaten nicht nur daran hindern, zu viel für den Wahlkampf auszugeben, sondern *„auch zu der Art von vernunftwidriger Propaganda zu greifen, die aus dem ganzen demokratischen Verfahren Unsinn macht"*.(226) Gesetze gegen „fokussierte Unintelligenz"? Der Kampf gegen den Nonsens muss wohl früher beginnen als in einer Wahlauseinandersetzung und bei den Ursachen ansetzen.

Politische Themen sind in unserer komplizierten Gesellschaft nicht geeignet, um nur mit den üblichen Methoden der Massenmedien vermittelt zu werden. Wer zu einem Fernsehinterview gebeten wird, muss vorher seine zwei, drei wichtigsten Aussagen in ebenso wenigen Sätzen präpariert haben, um anzukommen. Unroutinierte Politiker wirken dabei mitunter recht komisch, wenn sie meilenweit am Inhalt der Fragen vorbeizielend, ihre Botschaft – meist die eigenen Leistungen oder die ihrer Partei – herunterleiern.

Die Parteien und politischen Verbände nehmen angesichts dieser Schwierigkeit zu Methoden der Werbung Zuflucht. Von einer Interessensvertretung war vor einiger Zeit der Werbespruch zu hören: *„Geht's der Wirtschaft gut, geht's uns allen gut"*.

Dazu fällt einem ein Slogan ein, der vor längerer Zeit aus der gleichen Ecke gekommen ist: *„Die Wirtschaft sind wir alle"*. Setzt man die Aussage, dass „wir alle" die Wirtschaft seien, in den erstgenannten Slogan ein, so lautet dieser: *„Geht's uns allen gut, geht's uns allen gut"*. Offenkundig haben die beiden Werbesprüche unterschiedliche Inhalte des Begriffs „Wirtschaft". Aber auch mit dem „Gutgehen" ist das bekanntlich so eine Sache. Sagt doch der Volksmund treffend: *„Geld macht nicht glücklich!"* Das menschliche Wohlergehen hat auch andere als materielle Voraussetzungen. Die Aussage müsste also korrekt lauten: *„Sind jene erfolgreich, die wirtschaftliche Gewinne zu erzielen trachten, sind die Voraussetzungen dafür geschaffen, dass es uns allen* *wirtschaftlich gut geht*". Das ist natürlich kein Werbespruch, wohl aber der Beweis dafür, dass sich politische Zusammenhänge nicht sinnvoll als Werbesprüche darstellen lassen.

Politische Bildung und Wahlwerbung sind eben nicht das Gleiche. Der Politikwissenschaftler Giovanni Sartori unterscheidet zwischen „problemorientiertem Wählen", bei dem aufgrund von Wahrnehmungen in Sachfragen Kandidaten oder Parteien gewählt werden, und einem „Parteiidentifikationsmodell" des Wählens, bei dem aufgrund des Parteibildes gewählt wird.(227) Je weniger die Wähler mangels entsprechender politischer Bildung in der Lage sind, problemorientierte Entscheidungen zu treffen, umso mehr müssen sie sich mit Parteien identifizieren und umso mehr wächst die Tendenz der Parteien zur Polarisierung. Politische Bildung wäre daher auch ein Beitrag, um die zentrifugalen Tendenzen im Parteienspektrum einzudämmen.

Politische Bildung der Allgemeinheit hieße, einerseits die Menschen bis zur Schmerzgrenze eines vermeintlichen Imageverlustes, der sich dann vielleicht sogar als Imagegewinn entpuppen könnte, über die realen Gegebenheiten aufzuklären, unter denen man als Partei oder Politiker zu agieren hat, statt ihnen das Bild des alles wissenden und alles könnenden Polit-Zampanos vorzugaukeln. Politische Bildung hieße weiters, einzelne Sachprobleme, und zwar vor allem jene, die als Gegenstand der Wahlauseinandersetzung oder einer Volksabstimmung oder -befragung vorgesehen sind, in einem Maß verständlich zu machen, das es einer großen Mehrzahl von Bürgern erlaubt, ihre eigene Entscheidung zu treffen und nicht auf „Empfehlungen" ihres Stimmverhaltens angewiesen zu sein.

Ein wichtiger Beitrag zur politischen Bildung käme den Medien zu. Insbesondere der oft missachtete „Boulevard" kann – mancher Kritik zum Trotz – einen positiven Beitrag sowohl zur Artikulation als auch zur Bildung der Meinung breiter Bevölkerungsschichten leisten, wenn er den Politikern einen Einblick in die Meinung der Massen bietet und ihnen die Möglichkeit gibt, sich breiten Schichten gegenüber artikulieren zu können.

Freilich, diese massenmediale Berichterstattung birgt auch Gefahren in sich. Dann nämlich, wenn Herausgeber sich nicht darauf beschränken, die Meinung der Massen zu artikulieren, sondern diese im Auftrag oder gar gegen Inseratenzahlungen seitens regierender Politiker manipulieren, um den beiderseitigen Interessen, hier Erhöhung der Auflage, dort Vermehrung der Wählerstimmen, zu dienen. Solche Medien fördern *„nicht den mündigen Bürger, sondern den unmündigen, nicht die aufgeklärte, sondern die autoritär geführte Gesellschaft".*(228) Sie missbrauchen ihre Aufgabe, für den ungehinderten Güterverkehr zwischen der Volksmeinung und der der politischen Entscheidungsträger zu sorgen, und sind Rotkreuzfahrzeugen vergleichbar, die mit Kriegsmaterial beladen wurden.

Die Zeitung „Falter" berichtete von anonymen Informanten, die von glatten Erpressungsversuchen einzelner Medienleute gegenüber Politikern (hier Inserat oder Förderung – da positive Berichterstattung) zu erzählen wissen.(229) Auch ich weiß durch persönliche Berichte von solch mafiosen Begebenheiten, die sich meist aber etwas anders abspielen. Der mächtige Herausgeber und der ebenso mächtige Politiker klatschen sich, nachdem solche Äußerungen gefallen sind, vergnügt auf die Schenkel, ob dieses „guten Witzes". Denn natürlich ist der Herausgeber kein gemeiner Erpresser und der hohe Politiker würde niemals vor einer Zeitung in die Knie gehen. Sie finden sich – höchst freiwillig – in der unheiligen Allianz vereint, die Bürger sicherheitshalber in ihrem Kaspar-Hauser-Verlies zu belassen.

Was Medienleute dazu bewegt, ist aber nicht allein das wirtschaftliche Interesse ihrer Herausgeber oder deren Bedürfnis, selbst Politik zu machen. Es dürfte wohl auch mangelndes Engagement und nicht zuletzt ein Stück der noch nicht ausgerotteten Untertanenmentalität für den von dem deutschen Politologen Thomas Meyer apostrophierten „ Mikrofonhalterjournalismus"(230) verantwortlich sein. Man gibt sich damit zufrieden, die Politphrasen einzelnen Parteienexponenten brav abgefragt zu haben, insbesondere wenn man einer politischen Neutralität verpflichtet ist. Man will sich schließlich nicht vom Chef den Rüffel einhandeln: *„Wieso haben wir das nicht?“* Daher steht oft nicht die Bedeutung der Sache, sondern der Person im Mittelpunkt der Berichterstattung. Ähnlich wie Ärzte mitunter den Menschen hinter dem medizinischen Fall vergessen und von der „Galle“ oder dem „Blinddarm“ reden, übersehen politische Redakteure hinter dem Politiker oder der Partei das eigentliche Problem. Im alltäglichen Journalistenjargon hört sich das dann so an: *„Ich hab schon einen Faymann“, „Ich liefere den Spindelegger“, „Ich brauch noch einen Strache/eine Glawischnigg“* usw.

Dementsprechend wünscht man sich oft nicht so sehr die Information über das Thema als darüber, wer dafür oder dagegen ist. Fragen an den Parteiobmann, wie er denn damit umzugehen beabsichtige, dass der siebente Zwerg seiner Partei eine andere Auffassung vertreten habe, erscheinen dann allemal interessanter als das Thema selbst. Streitigkeiten unter oder innerhalb der Parteien befriedigen zweifellos die voyeuristischen Bedürfnisse der Medienkonsumenten, die darin ihre negative Meinung über die Politik bestätigt finden. Wenn jede sachliche Äußerung mit Gähnen quittiert wird, dann wird es diese nicht mehr geben, vermutet der Soziologe Manfred Prieschin.[231] Politische Bildung wird so sträflich vernachlässigt. Gewiss hat Journalismus einen Informations- und auch Unterhaltungsauftrag, sollte sich aber auch eines (politischen) Bildungsauftrages befleißigen. Wenn aber Politiker hohe Millionenbeträge für Zeitungsinserate und Medienkooperationen ausgeben, wenn Staatsbetriebe wie ASFINAG, die über eine Monopolstellung verfügen, für ihre Dienstleistungen um teures Geld werben, wenn bisweilen der Sarkasmus von Paul Sehte Geltung hat, wonach Pressefreiheit die Freiheit von 200 reichen Leuten ist, ihre Meinung zu verbreiten, muss die unverzichtbare politische Bildungsfunktion der „vierten Gewalt“ auf der Strecke bleiben.

Was aber braucht das Land? Das Land braucht Politiker, die sich bei ihren Entscheidungen, insbesondere vor Wahlen, nicht vor ihrem Volk fürchten, sondern sich an seiner Seite wissen. Die sich nur der von ihnen übernommenen Aufgabe als Staats-, Landes- oder Gemeindeorgan, als Volksvertreter oder Regierende verpflichtet fühlen. Das setzt allerdings fachliche Autorität und moralische Integrität voraus, die wiederum nur auf dem Boden persönlicher Unabhängigkeit gedeihen können.

Das Land benötigt ein Rechtssystem mit klaren Rechtssätzen, allen voran der Freiheit, der Gleichheit und der sozialen Verantwortung, aber auch konkreter und nicht nur auf tagespolitischen Zuruf entstandener Staatsziele, aufgrund derer wirklich unabhängige und ethisch vorbildliche Richter „gerechte" Entscheidungen treffen können.

Das Land braucht schließlich Menschen, die bereit sind, Politik nicht vornehmlich als Wrestlingshow zu konsumieren, bei der man nur die „Helden" beklatscht und die „Bösewichte" auspfeift, sondern die sachverständig genug sind, um neben dem schauspielerischen Talent auch die tatsächlichen Fähigkeiten der Wrestler, Pardon, der Politiker beurteilen zu können. Das ist zwar mühsamer und mitunter langweiliger, aber für die Demokratie notwendig, nicht zuletzt auch, um den quotenabhängigen Journalismus zu entsprechender Qualität der politischen Berichterstattung zu veranlassen.

All diese Erfordernisse im Interesse der Zukunft unserer Demokratie werden nicht durch einen neuen Verfassungskonvent erfüllt, auch nicht durch neue Gesetze à la Demokratiereformpakete, Transparenzregeln oder Ethikgebote, nach deren Beschlussfassung man, zufrieden über die Erledigung einer Aufgabe, wieder zur Tagesordnung übergeht, bis wieder einmal ein vermeintlich neuer, noch nicht geregelter Missstand zu neuen Regeln Anlass gibt.

Das Land benötigt einen ständigen und ehrlich geführten Dialog zwischen dem Volk und seinen demokratischen Vertretern, der von Wissenschaftlern und Journalisten unterstützt wird. Dazu aufgrund langjähriger beruflicher Erfahrung einen winzigen Beitrag zu leisten, war das Ziel dieser Arbeit.

(218) Peter Filzmaier: Wie wir politisch ticken. Wien 2007, 182

(219) Filzmaier, Wie wir politisch ticken, 180

(220) Die Presse, 23.9.2005

(221) Der Standard, 11./12.3.2006

(222) Kurier, 3.1.2008

(223) Format 30/05

(224) Robert Menasse: Das B-Wort. In: Die Presse/Spectrum, 16.4.2011

(225) Die Zeit Nr. 36/2000

(226) Aldous Huxley: Schöne neue Welt – dreißig Jahre danach. München-Zürich 1976, 319

(227) Sartori, Demokratietheorie, 120

(228) Claus Reitan: Wollt ihr den totalen Boulevard? In: Österreichisches Jahrbuch für Politik 2008, 309

(229) Falter 29/2011

(230) Der Standard, 29/30.5.2010

(231) Die Furche, 16.4.2009

FINDELKINDER

Eine Zeitreise.

von Dr. Ilse Krumpöck

Dieser Roman spielt in drei Zeitebenen. Einerseits beschäftigt er sich mit den „hinweggelegten" Kindern und basiert gleichzeitig auf der Tatsache, dass zahlreiche Säuglinge aus der Gebär- und Findelanstalt, die Josef II. für die „schamlosen Armen" in Wien errichten ließ, in Pflege kamen.

ISBN 978-3-901392-22-1
288 Seiten im Format 123 x 190mm
gebundene Ausgabe, mit Hardcover
und Schutzumschlag

HITLERS GROSSMUTTER

Die Romanbiografie.

von Dr. Ilse Krumpöck

Die Geschichte der armen Anna Maria Schickelgruber und ihres „uneheleiblichen" Sohnes Aloys. Die Lebensgeschichte der Großmutter Hitlers ist in einem Roman verpackt, der die Biografie dieser Köchin widerspiegelt. Die fiktiven Erlebnisse einer Schicksals bedingt moralisch geschädigten Köchin, deren Hass sich schließlich auf ihre Nachkommen vererbt.

ISBN 978-3-901392-21-4
288 Seiten im Format 148 x 210mm
gebundene Ausgabe, mit Hardcover
und Schutzumschlag

Jetzt im Buchhandel und unter www.steinverlag.at